# Ciencias Sociales 1

## Comunicación y Sociedad



Javier Ibarra Alonso
Jorge Sanz Sande
Carlos Cobo Cueva
Álvaro Cruz García

macmillan education

Todas las actividades de este libro deben realizarse en un cuaderno, nunca en el propio libro.

# ÍNDICE

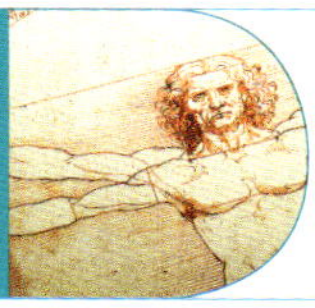

# CÓMO SE USA

## Estructura de la unidad

### Desarrollo de los contenidos

En la página de inicio podrás conocer el **sumario,** que muestra los contenidos desarrollados en la unidad y las **técnicas de trabajo** correspondientes.

Los contenidos se presentan desarrollados de forma clara y sencilla, acompañados de **fotografías, ilustraciones, gráficos** y **mapas,** que te facilitarán su comprensión.

Asimismo se incluye gran cantidad de **actividades propuestas** para que puedas comprobar tu aprendizaje.

Además se aporta información adicional destacada:

Sabías que · Vocabulario · Ampliación · Anexo

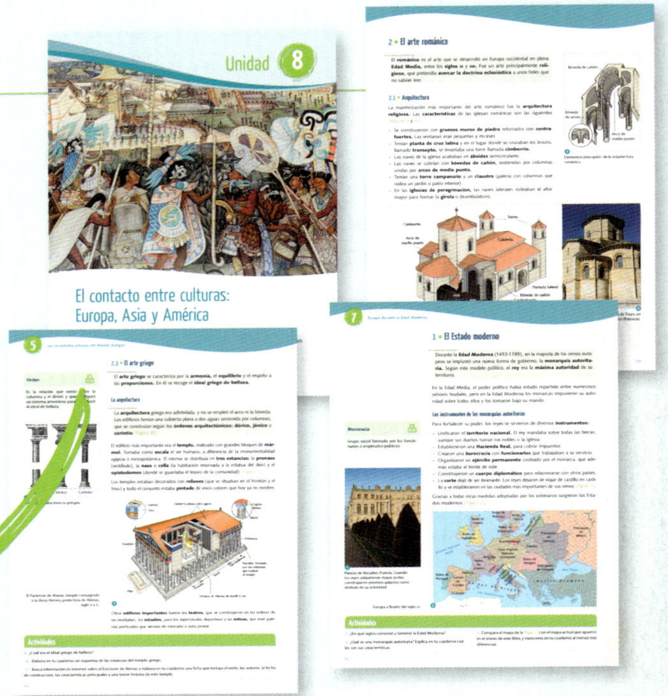


### Páginas finales

Todas las unidades didácticas terminan con:

- **Técnicas de trabajo,** con procedimientos explicados paso a paso, para que puedas aplicarlos de forma práctica en tu aprendizaje.
- **Actividades finales,** clasificadas por tipología, cuyo objetivo es comprobar que has adquirido los conocimientos expuestos en la unidad.
- **Ideas clave** y **Autoevaluación,** resumen de los principales contenidos y preguntas tipo test para comprobar lo que has aprendido.

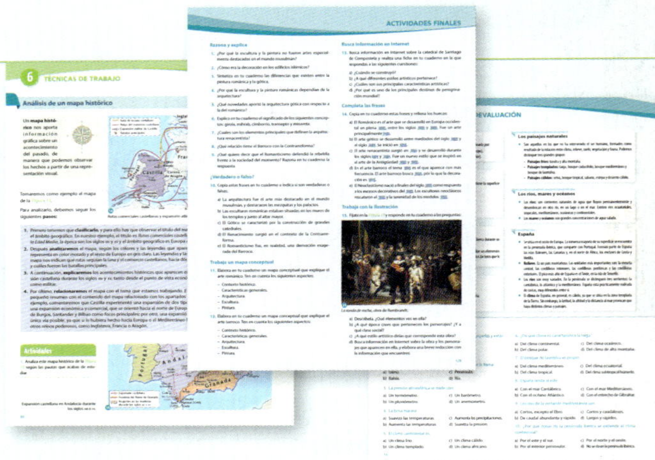


## Proyectos finales y Anexo

El libro finaliza con:

- Tres **proyectos** con los que aplicarás los conocimientos adquiridos en este módulo en un entorno laboral.
- **Anexo,** con mapas de consulta que te permitirán el estudio de los contenidos.

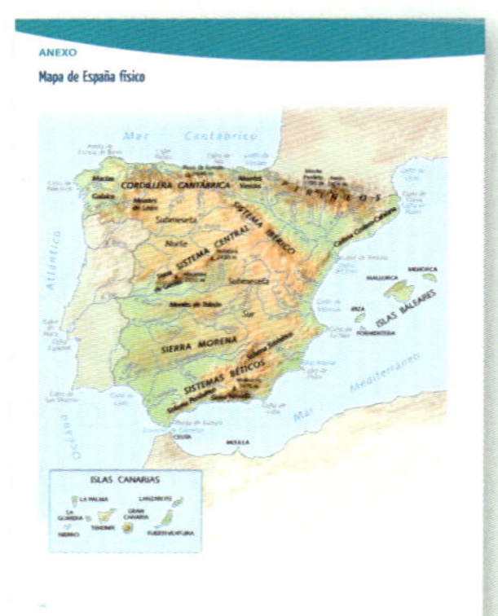

Unidad 1

# Los paisajes naturales

## SUMARIO

- Las formas del relieve
- El clima
- Los paisajes naturales
- Los ríos, mares y océanos
- España

## TÉCNICAS DE TRABAJO

- Elaboración de un climograma

# 1 • La Tierra

La **Tierra** es un planeta del sistema solar. Tiene forma de esfera ligeramente aplastada por los polos y algo ensanchada por el centro.

La **superficie terrestre** está formada por:

- Las **tierras sumergidas** (cubiertas por el agua). Ocupan el **71%** de la superficie terrestre. La gran masa de **agua** que las cubre es **salada** y forma los **océanos** y los **mares:**
  - **Océanos.** Son cinco: **Atlántico, Índico, Pacífico, Glacial Ártico** y **Glacial Antártico,** y se conectan entre sí.
  - **Mares.** Son más pequeños que los océanos. Entre otros, podemos citar el mar Mediterráneo, el Cantábrico o el mar del Norte.
- Las **tierras emergidas** ocupan el **29%** de la superficie terrestre. Se dividen en dos tipos:
  - **Continentes.** Se trata de grandes extensiones de tierra separadas por los océanos. Son seis: **África, América, Antártida, Asia, Europa y Oceanía** (Figura 1).
  - **Islas.** Son extensiones de tierra más pequeñas que los continentes y **rodeadas de agua** por todas partes. Un conjunto de islas agrupadas se llama **archipiélago.** Por ejemplo, Mallorca es una isla que forma parte del archipiélago de las Baleares.

1 Océanos y continentes de la Tierra.

## Actividades

1. ¿Qué forma tiene la Tierra? ¿Qué tipo de tierras forman su superficie? Pon algún ejemplo en tu cuaderno de cada una de ellas.

2. Indica en tu cuaderno si las siguientes afirmaciones son verdaderas o falsas. Escribe correctamente las que sean falsas.

a) Las tierras sumergidas ocupan el 71% de la superficie terrestre.
b) Los mares están formados por agua dulce.
c) Las tierras emergidas son la mitad de la superficie terrestre.
d) Un archipiélago es un conjunto de islas agrupadas.

3. Localiza en el mapa de la Figura 1 entre qué continentes se encuentra el océano Índico. Indica en tu cuaderno qué océanos bañan América del Sur.

### El sistema solar ?

Se encuentra en la galaxia llamada Vía Láctea. Alrededor del Sol, que es su estrella central y única, giran ocho planetas: Mercurio, Venus, Tierra, Marte, Júpiter, Saturno, Urano y Neptuno.

### La red geográfica +

Para localizar un punto de la superficie terrestre se ha creado la **red geográfica,** formada por unas líneas imaginarias:

- Los **paralelos:** son líneas perpendiculares al eje de la Tierra trazadas de oeste a este. El paralelo central es el ecuador, que divide la Tierra en dos hemisferios: norte y sur.
- Los **meridianos:** son líneas trazadas de norte a sur, desde un polo hasta el otro. El meridiano principal es el de Greenwich.

### Las coordenadas geográficas +

Para localizar con exactitud un punto de la superficie terrestre, es necesario saber sus coordenadas geográficas:

- **Latitud:** es la distancia entre cualquier punto y el ecuador. Puede ser norte o sur.
- **Longitud:** es la distancia entre cualquier punto y el meridiano de Greenwich. Puede ser este u oeste.

Las dos se expresan en grados (°), minutos (') y segundos ('').

# 2 • Las formas del relieve

El **relieve** es el conjunto de formas que tiene la superficie de la Tierra.

Se clasifica en **tres tipos** (Figuras 2, 3 y 4):

- **Relieve continental** (tierras emergidas): sus formas más importantes son:
  - **Montaña.** Es una elevación del terreno superior a los 700 metros. Si su altitud es inferior, se denomina **colina.** Cuando las montañas se entrelazan, tenemos una **sierra,** y un conjunto de sierras es una **cordillera.**
  - **Depresión** o **cuenca.** Se trata de un espacio de altitud inferior a las formas del relieve que la rodean. Si tiene forma alargada y está entre montañas, se llama **valle,** normalmente recorrido por un río.
  - **Meseta.** Corresponde a una zona del terreno de forma plana y situada a cierta altitud. Si se encuentra entre dos cordilleras se llama **altiplano.**
  - **Llanura.** Es una superficie llana o poco ondulada, situada a escasa altitud.
- **Relieve costero** (zona de contacto entre las tierras emergidas y el mar): sus formas más importantes son:
  - **Cabo.** Se trata de una porción de tierra que penetra en el mar.
  - **Golfo.** Es una entrada del mar en la tierra de forma más o menos redondeada. Si tiene pequeñas dimensiones se llama **bahía.**
  - **Península.** Corresponde a una extensión de tierra rodeada de agua por todas partes menos por una.
  - **Istmo.** Es una franja alargada y estrecha de tierra que puede unir una península con un continente, dos continentes entre sí o dos partes de un continente.
  - **Isla** y **archipiélago.**
  - **Ría.** Se produce cuando el mar penetra en la costa por la desembocadura de un río. Si el mar ocupa un antiguo valle glaciar se llama **fiordo.**
- **Relieve submarino** (tierras sumergidas): sus formas más importantes son:
  - **Plataforma continental.** Es una prolongación de los continentes bajo el mar, normalmente en forma de suave pendiente.
  - **Talud continental.** Se trata de una zona de fuerte pendiente que une la plataforma continental con una llanura abisal.
  - **Llanura abisal.** Es una planicie submarina situada entre los 2000 y los 6000 metros de profundidad.
  - **Dorsal oceánica.** Recibe este nombre la cordillera submarina de gran extensión y notable altitud, entre los 2000 y los 3000 metros de media.
  - **Fosas marinas.** Son depresiones marinas, estrechas y profundas, que pueden alcanzar hasta 11 000 metros.

2 Relieve continental.

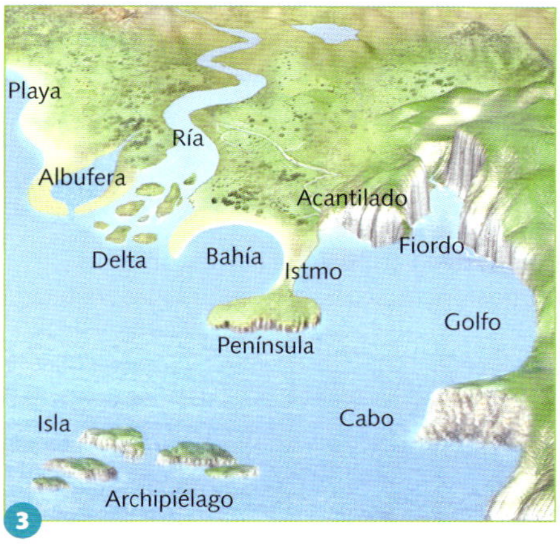


3 Relieve costero.

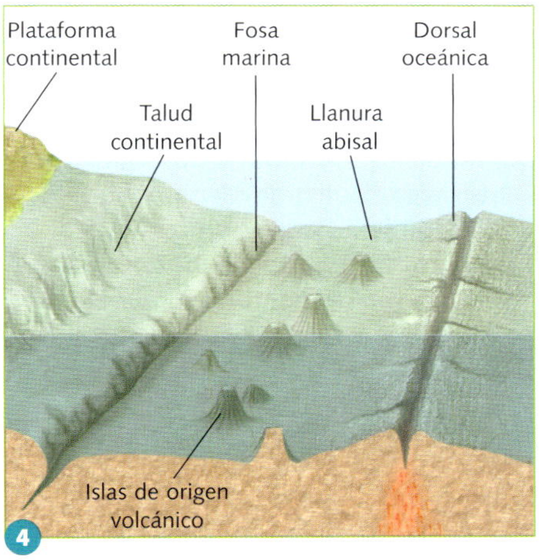


4 Relieve submarino.

## Actividades

4. Elabora en tu cuaderno un dosier fotográfico con las formas más importantes del relieve continental.
5. ¿Puede haber cordilleras con altitudes inferiores a los 700 metros? ¿Por qué?
6. Explica en tu cuaderno las diferencias entre: sierra y cordillera, plataforma y talud continental, y fosa marina y dorsal oceánica.
7. Investiga cómo se llama el istmo que une América Central y América del Sur.

# 3 • El clima

El **clima** es el estado de la atmósfera en una zona determinada de la Tierra durante un periodo de más de 30 años (Figura 5).

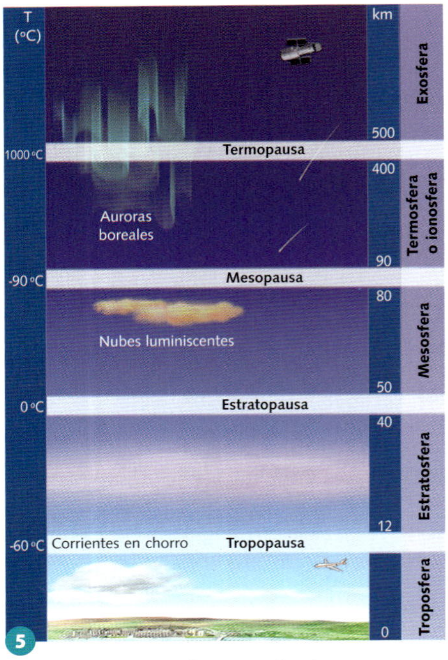


5 Capas de la atmósfera. Los fenómenos atmosféricos se producen en la troposfera.

## 3.1 • Los elementos del clima

Para conocer las características de un clima, tenemos que estudiar los **elementos** que lo constituyen: la **temperatura,** las **precipitaciones,** la **presión atmosférica** y el **viento.**

- La **temperatura.** Es el grado de **calor del aire** que hay en la atmósfera debido a los rayos del sol. Se mide en **grados centígrados** o Fahrenheit con un **termómetro.**
- Las **precipitaciones.** Llamamos así al **agua** que cae a la superficie terrestre en forma de lluvia, nieve o granizo. Se miden en **milímetros de precipitación,** mediante un **pluviómetro.**
- La **presión atmosférica.** Es el **peso de la masa de aire** atmosférico sobre un punto determinado. Se expresa en **milibares (mbar)** y se mide con un **barómetro.** La presión normal son 1016 mbar.
- El **viento.** Es el **movimiento del aire** en la superficie terrestre. Se mide en **kilómetros por hora,** mediante un **anemómetro.**

### La presión atmosférica ?

Cuando la presión atmosférica es inferior a 1016 mbar se produce una **borrasca,** que trae tiempo húmedo e inestable. Si la presión es superior a 1016 mbar se produce un **anticiclón,** lo que significa tiempo estable, sin lluvias, aunque puede hacer frío o calor.

## 3.2 • Los factores del clima

Los climas vienen determinados por diversos **factores** que los modifican significativamente: la **latitud**, la **altitud** y la **distancia al mar.**

- La **latitud** es muy importante porque los **rayos del sol no inciden** igual sobre la superficie terrestre. Cerca del **ecuador,** las temperaturas son **más elevadas** porque los rayos solares inciden perpendicularmente. A medida que nos alejamos van descendiendo las temperaturas, hasta los **polos,** donde son muy frías ya que los rayos del sol llegan de forma oblicua.
- La **altitud** determina la temperatura. A mayor altitud desciende la temperatura y también aumenta el nivel de precipitaciones.
- La **distancia al mar** es importante: la brisa marina **suaviza las temperaturas** porque el mar se enfría y se calienta más despacio que la tierra. Al alejarnos de la costa, el papel regulador del mar desaparece y las temperaturas descienden. También las lluvias son menos frecuentes.

## Actividades

8. Copia en tu cuaderno las dos columnas siguientes y relaciónalas:

| | |
|---|---|
| 1. Temperatura. | a. Pluviómetro. |
| 2. Precipitaciones. | b. Anemómetro. |
| 3. Presión atmosférica. | c. Barómetro. |
| 4. Viento. | d. Termómetro. |

9. Explica en tu cuaderno cómo influye la latitud en el clima.

# 4 • Los climas de la Tierra

En la Tierra hay **tres tipos de climas: fríos, templados** y **cálidos.** Cada uno de ellos, a su vez, se subdivide en otros (Figura 6).

- Los **climas fríos** son propios de las **zonas polares** y de **alta montaña.** Se subdividen en dos variedades:
  - **Clima polar.** Sus temperaturas son frías todo el año (inferiores a 0 °C de media), y sus precipitaciones escasas y en forma de nieve.
  - **Clima de alta montaña.** Con inviernos fríos, veranos frescos (la temperatura desciende cuando aumenta la altitud) y precipitaciones abundantes, en forma de nieve en invierno (Figura 7).
- Los **climas templados** se encuentran en las **latitudes medias.** Se distinguen cuatro tipos:
  - **Clima atlántico** u **oceánico.** Con temperaturas suaves durante el invierno y en verano, y precipitaciones abundantes y constantes a lo largo de todo el año.
  - **Clima continental.** Tiene inviernos muy fríos (normalmente con temperaturas inferiores a 5 °C) y veranos cálidos (con una media de 20 °C) pero cortos, y precipitaciones variables pero no escasas.
  - **Clima mediterráneo.** Con veranos calurosos y secos e inviernos suaves, lluvias escasas que se suelen concentrar en primavera y otoño, y sequía en verano.
  - **Clima subtropical.** Se caracteriza por temperaturas elevadas en verano y suaves en invierno, y precipitaciones regulares todo el año, más abundantes en verano.
- Los **climas cálidos** se dan entre el **ecuador** y los **trópicos.** Son los siguientes:
  - **Clima ecuatorial.** Con temperaturas cálidas todo el año, en torno a los 26 °C, y precipitaciones abundantes, casi diarias.
  - **Clima tropical húmedo.** Se caracteriza por altas temperaturas todo el año, superiores a los 20 °C, y dos estaciones: una larga y lluviosa y otra seca, más corta.
  - **Clima tropical seco.** Tiene inviernos suaves y veranos cálidos, entre 18 °C y 20 °C de media anual, una estación seca larga y escasas precipitaciones pero torrenciales.
  - **Clima desértico.** Con temperaturas altas (superiores a 25 °C) durante el día que descienden mucho por la noche y muy escasas o nulas precipitaciones.

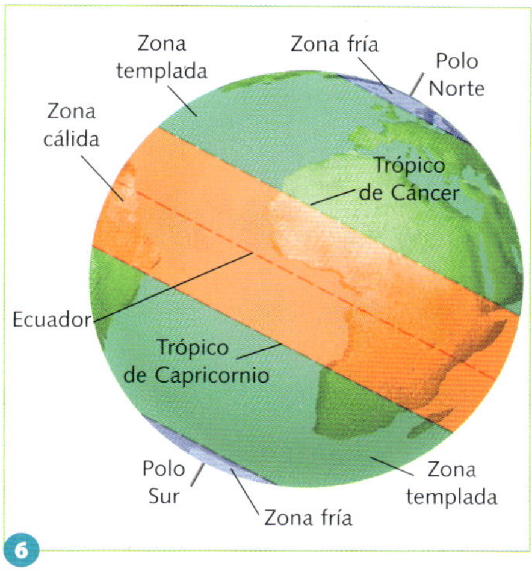


6 Si se toma como referencia la latitud, se pueden diferenciar en la Tierra cinco zonas climáticas: una cálida, dos templadas y dos frías.

7 El clima de alta montaña se da en las elevaciones de terreno que superan los 2500 metros de altitud.

## Actividades

10. Elabora un esquema en tu cuaderno con los diferentes tipos de climas.

11. ¿Qué diferencias encuentras entre el clima continental y el mediterráneo? ¿Qué tipos de clima crees que se dan en España?

12. ¿Cuáles son las características del clima ecuatorial y del desértico?

# 5 • Los paisajes naturales

8 Bosque de coníferas típico de la taiga.

9 Pinar característico del bosque mediterráneo.

Los **paisajes naturales** son aquellos en los que no ha intervenido el ser humano, formados como resultado de la relación entre clima, relieve, suelo, vegetación y fauna.

Podemos distinguir tres grandes grupos: **paisajes fríos, templados** y **cálidos.**

- Los **paisajes fríos** son los siguientes:
  - **Tundra.** Es el paisaje de las regiones de **clima polar.** La **vegetación** se compone de especies de pequeño tamaño, como musgos y líquenes, y la **fauna** (osos polares, zorros árticos, liebres árticas, renos, etc.) está adaptada al frío.
  - **Alta montaña.** Es el paisaje de las regiones con ese mismo clima, de altitud superior a los 2500 metros. La **vegetación** se presenta escalonada, con árboles en la base, arbustos y matorral en la zona central y hierbas en la cima. La **fauna** es variada, y son típicas las aves rapaces y la cabra montesa.
- Los **paisajes templados** son los siguientes:
  - **Taiga.** Es propia del **clima continental.** La **vegetación** característica es el bosque de coníferas (pinos, abetos, etc.) (Figura 8). También son habituales las praderas. En cuanto a la **fauna,** encontramos ardillas, conejos, alces, osos, lobos, visones, comadrejas, liebres, un buen número de insectos en verano, etc.
  - **Bosque caducifolio.** Es habitual del **clima oceánico.** La **vegetación** está formada por grandes bosques de hayas y robles, que pierden sus hojas en otoño. En las zonas de costa aparecen las **landas,** que son extensiones de arbustos como el helecho, el brezo o la retama. También hay **praderas** de hierba. La **fauna** es muy variada y se encuentran conejos, ciervos, jabalíes, topos, lobos, linces, osos y aves rapaces.
  - **Bosque mediterráneo.** Es el paisaje característico de este mismo clima. Su **vegetación** está formada por árboles de hoja perenne como la encina, el alcornoque, el pino o el quejigo (Figura 9). La degradación de este bosque da lugar a espacios en los que abundan los matorrales (romero, tomillo, retama, etc.). La **fauna** es abundante y variada, con liebres, conejos, linces, jabalíes o aves rapaces.
  - **Bosque de laurisilva.** Se encuentra en regiones de **clima subtropical húmedo.** Presenta una **vegetación** densa, con árboles grandes y de hoja perenne como laureles o araucarias, que pueden alcanzar hasta los 50 metros de altura. También hay helechos y brezos. Los árboles se acompañan de enredaderas y lianas que hacen el bosque casi impenetrable.

## Actividades

13. Elabora en tu cuaderno un mapa conceptual de los paisajes fríos en el que se incluya el nombre del paisaje, el clima, la vegetación y la fauna.

14. ¿Dónde encontramos la taiga? ¿Cuáles son su vegetación y su fauna características? ¿Podemos encontrar un paisaje de taiga junto al mar Mediterráneo? Razona tu respuesta.

- Los **paisajes cálidos** son los siguientes:
  - **Selva.** Corresponde al **clima ecuatorial,** con una **vegetación** exuberante y muy variada. Los árboles están muy juntos, se mezclan con plantas trepadoras y alcanzan alturas de casi 100 metros. La luz apenas penetra en el interior del bosque. La **fauna** es muy variada, con pájaros y monos en las copas de los árboles, reptiles e insectos, y grandes depredadores, como el jaguar, en la zona baja (Figura 10).
  - **Bosque tropical.** Es habitual de los **climas tropicales lluviosos.** Como la pluviosidad es menor que en la selva, los **árboles** se van distanciando y aparece un sotobosque de arbustos, más variado. La **fauna** es diversa, con monos, tigres, serpientes, cocodrilos, ranas, loros, tucanes, etc.
  - **Sabana.** Se da en el **clima tropical seco.** En la **vegetación** son características las hierbas altas, que alcanzan hasta 2 metros de altura y crecen durante la estación lluviosa, y los árboles dispersos, con copas en forma de parasol (Figura 11). La **fauna** es muy diversa, con grandes herbívoros (cebras, elefantes, jirafas, antílopes, etc.), carnívoros (leones, leopardos, etc.), y carroñeros como buitres o hienas.
  - **Estepa.** Corresponde al **clima tropical seco,** en el que la estación de las lluvias es muy corta. La **vegetación** está formada por hierbas bajas y matorrales. La **fauna** no es muy abundante: liebres, bisontes, caballos o aves que emigran en busca de agua.
  - **Desierto cálido.** Se asocia, lógicamente, al **clima desértico.** La casi total ausencia de agua hace que la **vegetación** sea muy escasa y se compone solo de cactus y matorrales con largas raíces. En las zonas de los **oasis** la vegetación es abundante, con palmeras y arbustos. La **fauna** es también escasa y poco variada (serpientes, lagartos, insectos, chacales, etc.).

10 La selva ecuatorial tiene árboles altos y una fauna muy variada.

11 Vegetación de la sabana.

## Actividades

15. ¿A qué clima corresponde la selva? ¿Cómo es su vegetación? ¿Y la fauna?

16. Con ayuda de la Figura 11 describe cómo es la vegetación de la sabana. ¿Qué especies de animales viven en ella? ¿Por qué crees que la fauna es tan diversa en la sabana? Razona tu respuesta.

17. Copia en tu cuaderno las siguientes frases y complétalas:

La ____ corresponde al clima tropical seco. La vegetación está formada por ____ bajas y ____. La fauna ____ es muy abundante.

18. ¿Por qué abunda la vegetación en los oasis del desierto? ¿Por qué crees que la fauna es muy escasa?

# 6 • Los ríos, mares y océanos

**Anexo**

En el mapamundi del anexo de este libro podrás observar los ríos, mares y océanos más importantes de la Tierra.

La **hidrosfera** es el conjunto de todas las aguas del planeta. Está formada por los ríos, los mares, los océanos, los lagos, los glaciares, las aguas subterráneas y el vapor de agua que contiene la atmósfera.

## 6.1 • Los ríos

Un **río** es una corriente natural de agua que fluye permanentemente y desemboca en otro río, en un lago o en el mar.

Los ríos son capaces de modificar profundamente el relieve a medida que ahondan su cauce. Su capacidad para hacerlo depende del **caudal,** que es la cantidad de agua que lleva el río; la **carga,** que es el material que transporta; y la **fuerza** con que discurran sus aguas. Existen distintos **tipos de ríos:**

- **Ríos ecuatoriales.** Son caudalosos (discurren por zonas muy lluviosas) y regulares (la cantidad de agua que llevan a lo largo del año es similar). Un ejemplo es el Amazonas, que es el río más largo y caudaloso del mundo.
- **Ríos tropicales.** Son irregulares, como por ejemplo el río Nilo (Figura 12), pues reflejan la alternancia de lluvias procedentes de periodos secos y húmedos, lo que hace que su caudal varíe durante el año. En las zonas tropicales áridas, debido a la escasez de lluvias, los ríos se convierten en cauces casi siempre secos llamados ***wadis.***
- **Ríos mediterráneos.** Se caracterizan por su gran irregularidad. Su caudal es muy bajo en verano y sube en primavera y, sobre todo, en otoño, durante el periodo de lluvias. Por ejemplo, el Tíber y el Turia.
- Los ríos del clima **oceánico,** como el Támesis o el Loira, y del clima **continental,** como el Danubio o el Volga, son más regulares, pero también acusan variaciones en su caudal, lo cual depende de las estaciones.

12
El Nilo es el mayor río de África.

## 6.2 • Los mares y océanos

Los **mares** y los **océanos** son grandes concentraciones de agua salada.

- Los **océanos** se extienden entre los continentes. Están recorridos por **corrientes marinas** cálidas, originadas en la zona intertropical, y frías, formadas en latitudes altas (Figura 13).
- Los **mares** son extensiones de agua salada más reducidas que los océanos. También se llama mar a sectores de océanos o de otros mares. Por ejemplo, el mar Báltico y el Caribe se encuentran en el océano Atlántico, y el mar Egeo y el Jónico en el mar Mediterráneo.

13
Maui, isla de Hawái, situada en el Pacífico, que es el mayor océano de la Tierra.

## Actividades

19. ¿Qué es el caudal de un río? ¿Por qué puede variar?
20. ¿Qué diferencias hay entre los ríos ecuatoriales y los tropicales?
21. Consulta el mapamundi que aparece en el anexo y cita dos ríos que desemboquen en el océano Pacífico y dos en el Índico.

# 7 • España

**España** se sitúa en el **oeste de Europa.** Tiene una extensión de 504 645 kilómetros cuadrados. La inmensa mayoría de su superficie se encuentra en la **península ibérica,** que comparte con Portugal. Además, forman parte de España las islas **Baleares** y las **Canarias,** así como los enclaves de **Ceuta** y **Melilla,** en el norte de África.

Sus **límites** son: al norte, el mar Cantábrico, el golfo de Vizcaya y los Pirineos. Al sur, el océano Atlántico, el estrecho de Gibraltar y el mar Mediterráneo. Al este, el mar Mediterráneo. Al oeste, el océano Atlántico y Portugal.

**Anexo**

En el mapamundi del anexo de este libro podrás observar la situación de España.

## 7.1 • El relieve

España es un país **montañoso,** con una altitud media de 660 metros. Las unidades más importantes del **relieve** son (Figura 14):

- La **meseta central.** Es un altiplano que ocupa la mayor parte del centro de la Península.
- Las **cordilleras interiores.** Cruzan la meseta de oeste a este. Son dos: el **sistema Central** y los **montes de Toledo.** El pico más alto es el **Almanzor,** en el sistema Central.
- Las **cordilleras periféricas.** Están alrededor de la meseta. Son los **montes de León,** la **cordillera Cantábrica,** el **sistema Ibérico** y **Sierra Morena.** El pico más alto es el **Moncayo,** en el sistema Ibérico.
- Las **cordilleras exteriores.** Se encuentran en los bordes de la Península. Son el **macizo Galaico,** los **montes Vascos,** los **Pirineos,** la **cordillera Costero-catalana** y las **cordilleras Béticas.** El pico más alto de toda la península ibérica es el **Mulhacén,** en la cordillera Penibética.

Las **islas Baleares,** en el Mediterráneo, son de escasa altitud. La mayor elevación es la **sierra de Tramontana** en la isla de Mallorca.

Las **islas Canarias** forman un archipiélago de origen volcánico, donde abundan formas del relieve como **conos, calderas** y **roques.** El pico más alto de España es el **Teide** (3718 metros), que se encuentra en la isla de Tenerife.

14 Mapa del relieve de España.

## Actividades

22. ¿Qué mares y océanos rodean la península ibérica? ¿En cuál de ellos se encuentra el golfo de Vizcaya?

23. Elabora un mapa conceptual en tu cuaderno con las principales unidades del relieve de España.

24. Consulta el mapa de la Figura 14 e indica en tu cuaderno dónde se encuentran el Aneto, el Moncayo, el Mulhacén, los Picos de Europa y el Teide. Señala también dónde desembocan los ríos Duero, Ebro, Tajo, Guadalquivir, Guadiana, Segura y Miño.

**Anexo**

En el mapa de España del anexo de este libro podrás observar el relieve, las costas y los ríos más importantes de España.

15 Acantilado de la costa gallega.

16 Cala de la costa balear.

## 7.2 • Los ríos y las costas

Los **ríos** de España son muy **variados.** En la España peninsular, el relieve montañoso y los diferentes climas hacen que haya ríos largos y caudalosos, junto con otros más cortos y rápidos. En Baleares y Canarias, los ríos son cortos y de escaso caudal.

En la España peninsular hay **tres vertientes:**

- **Cantábrica.** Corresponde a la España húmeda y lluviosa, por lo que sus ríos tienen un **caudal abundante** y **regular.** Como nacen muy cerca de la costa, en la cordillera Cantábrica, son **fuertes** y **rápidos.** El Nalón, el Nervión o el Sella son algunos de los más importantes.
- **Atlántica.** En Galicia, los ríos son cortos y su caudal es regular y abundante, debido a las lluvias. Los ríos que atraviesan la meseta, como el **Duero,** el **Tajo** o el **Guadiana,** son largos y su caudal es variable, ya que dependen de las precipitaciones. Estas son abundantes en primavera y otoño, pero escasas en verano y en invierno.
- **Mediterránea.** Sus ríos son **cortos,** por la cercanía de las montañas a la costa, y no son caudalosos, ya que las lluvias son escasas. Buena parte del año están secos, pero las intensas precipitaciones de otoño o de primavera pueden provocar inundaciones. El **único río caudaloso** y **largo** de esta vertiente es el **Ebro,** que se alimenta del deshielo de los Pirineos.

En España los **lagos** son escasos y poco profundos. Hay también marismas, albuferas y embalses.

España es un país prácticamente rodeado de costas, muy diferentes entre sí. Son las siguientes:

- **Cantábricas.** Son **escarpadas,** ya que las montañas están cerca del mar. Abundan los acantilados y las playas pequeñas.
- **Atlánticas gallegas.** Son muy recortadas y se caracterizan por las **rías,** los acantilados y las playas arenosas (Figura 15).
- **Atlánticas andaluzas.** Tienen playas extensas y arenosas. Hay zonas inundadas, llamadas **marismas.**
- **Mediterráneas andaluzas.** Las montañas cercanas al mar forman acantilados, **calas** y playas rocosas.
- **Mediterráneas levantinas.** Sus **playas** son **arenosas.**
- **Mediterráneas catalanas.** Tienen playas de arena, acantilados y **calas.**
- **Canarias.** Alternan los **acantilados** con las **playas arenosas.**
- **Baleares.** Tienen grandes playas de arena, acantilados y **calas** (Figura 16).

## Actividades

25. Haz un esquema en tu cuaderno en el que indiques cuáles son las vertientes peninsulares, sus características y sus ríos principales.

26. Busca información en un diccionario y escribe en tu cuaderno qué son los siguientes elementos:

a) Albufera.
b) Marisma.
c) Acantilado.
d) Cala.

## 7.3 • Los climas y los paisajes

El **clima de España,** en general, es cálido, ya que se sitúa en la **zona templada** de la Tierra. Sin embargo, la latitud, la altitud y la distancia al mar provocan que haya distintos climas y paisajes. Son los siguientes (Figura 17):

- **Zona atlántica.** En el norte y el oeste de la Península. Las temperaturas son suaves en invierno y moderadas en verano, con **lluvias abundantes** y **regulares** todo el año. Los bosques son densos, con árboles de **hoja caduca** (hayas, robles, castaños, etc.). Hay también prados naturales y landas.
- **Zona mediterránea.** En el este y el sur de la Península. Los veranos son secos y calurosos, y los inviernos muy suaves. Las precipitaciones son **escasas e irregulares.** La vegetación resiste bien las sequías. Predomina el **bosque mediterráneo** (alcornoques, encinas, etc.), la garriga (romero, brezo, etc.) y la estepa (tomillo, esparto, etc.).
- **Zona continental.** Ocupa el interior peninsular, donde la lejanía del mar hace que las temperaturas sean **calurosas en verano** y **frías en invierno.** Las lluvias son escasas y, en invierno, en forma de **nieve.** En las regiones de temperatura más suave, predomina el bosque mediterráneo; en las regiones más frías abunda la **estepa.**
- **Zona de alta montaña.** Las temperaturas son **más bajas** a medida que aumenta la altitud. Los veranos son suaves y cortos, y los inviernos fríos. La vegetación es diferente según la altura. En las zonas bajas predominan los árboles que soportan bien el frío (pinos, abetos, abedules, etc.). En las zonas altas crecen los **prados alpinos,** con plantas resistentes a la nieve.
- **Zona subtropical canaria.** Por su latitud, las islas Canarias se sitúan en una zona de clima subtropical: con temperaturas **suaves** todo el año y escasas precipitaciones, concentradas en el invierno. En las islas orientales, la cercanía de África y el Sahara hace que haya zonas **desérticas** y la vegetación es escasa. En las orientales, con más precipitaciones, el paisaje es más verde y crece la **laurisilva.**

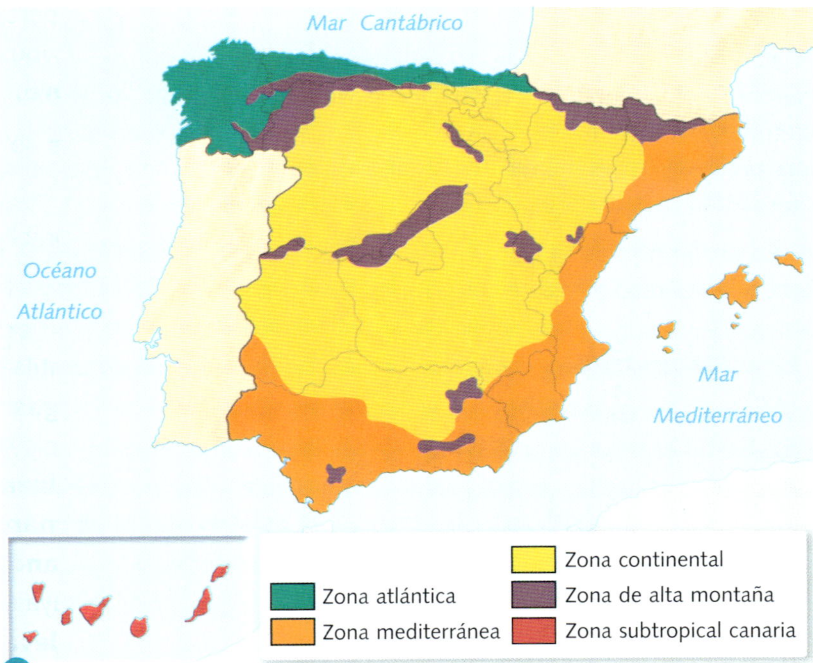


17 Mapa de los climas y paisajes de España.

## Actividades

27. Elabora en tu cuaderno una tabla en la que se describa cómo son las temperaturas, las precipitaciones y la vegetación de cada zona climática de España.

28. Investiga qué son las estepas. ¿Qué especies vegetales son habituales de ellas? ¿En qué zonas del territorio español pueden localizarse?

29. ¿En qué zona climática se sitúan las islas Canarias? ¿Cómo son sus paisajes?

30. ¿Cuál es el clima que corresponde a tu comunidad? Describe en tu cuaderno cómo es su paisaje.

## Elaboración de un climograma

Un **climograma** es un gráfico donde se representan las temperaturas y las precipitaciones de un determinado lugar durante un año.

Estos son los **pasos** necesarios para elaborarlo:

**1.** Utilizamos un papel cuadriculado. En la parte inferior, trazamos una línea horizontal que dividimos en doce partes iguales, correspondientes a los meses del año. En el centro de cada intervalo, escribimos la letra inicial del mes (Figura 18).

**2.** A la izquierda del eje horizontal, trazamos una línea vertical. Aquí representamos las temperaturas en grados centígrados (°C) y dividimos el eje en intervalos iguales, de 5 °C en 5 °C, partiendo de 0 °C. Hay que considerar si existen valores negativos en la tabla de datos para representarlos debajo de 0 °C. A continuación, señalamos la temperatura media de cada mes con un punto de color rojo. Para finalizar, unimos todos los puntos con una línea, también de color rojo (Figura 19).

**3.** A la derecha del eje horizontal, trazamos otra línea vertical para representar las precipitaciones, que se expresan en milímetros. También dividimos el eje en partes iguales, de 10 milímetros en 10 milímetros, y hacemos que siempre coincidan los grados centígrados con el doble de milímetros; por ejemplo, 5 °C en el eje de la izquierda y 10 milímetros en el de la derecha. Las precipitaciones totales mensuales se representan con una barra vertical que pintaremos de color azul (Figura 20).

**4.** En el climograma hay que incluir siempre el nombre del lugar, la temperatura media anual y las precipitaciones totales anuales (Figura 21).

Para **interpretar** el climograma, debemos responder a las siguientes preguntas:

a) ¿Cómo es la temperatura media anual, baja o alta?
b) ¿Qué mes registra la temperatura más elevada? ¿Y qué mes es el más frío?
c) ¿Qué diferencia hay entre la temperatura del mes más cálido y la del mes más frío? Esta diferencia se denomina amplitud térmica.
d) ¿Cuál es el nivel de precipitaciones totales anuales, son cuantiosas o escasas?
e) ¿Cuál es el mes más lluvioso? ¿Y el más seco?
f) ¿Hay una estación seca, es decir, una época en la que la línea roja de las temperaturas está por encima de las barras de las precipitaciones? ¿En qué meses ocurre?

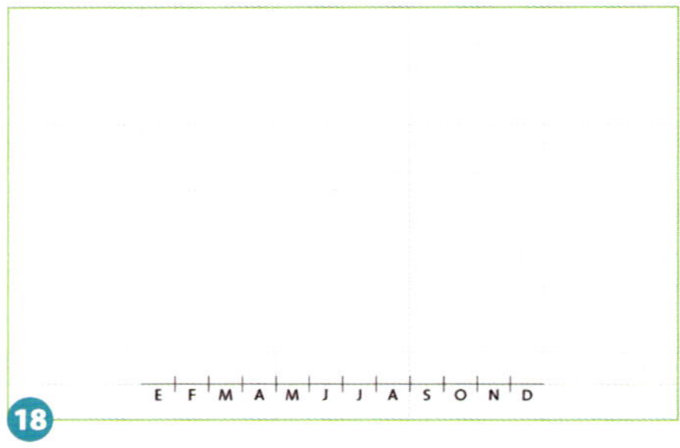


18 Climograma. Paso 1.

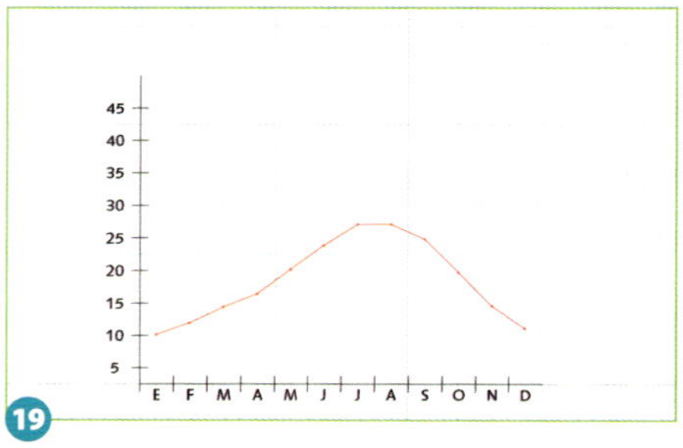


19 Climograma. Paso 2.

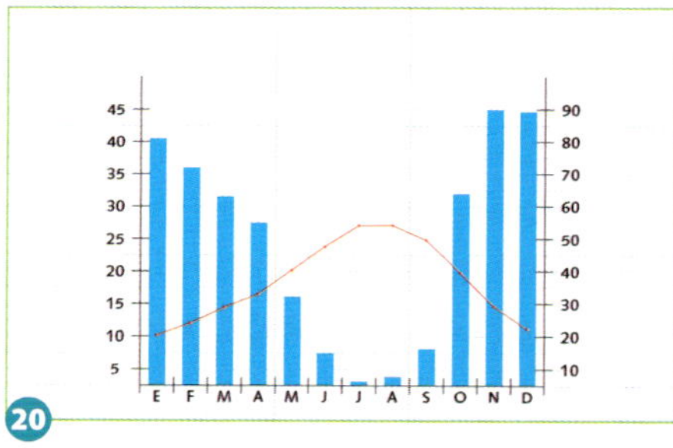


20 Climograma. Paso 3.

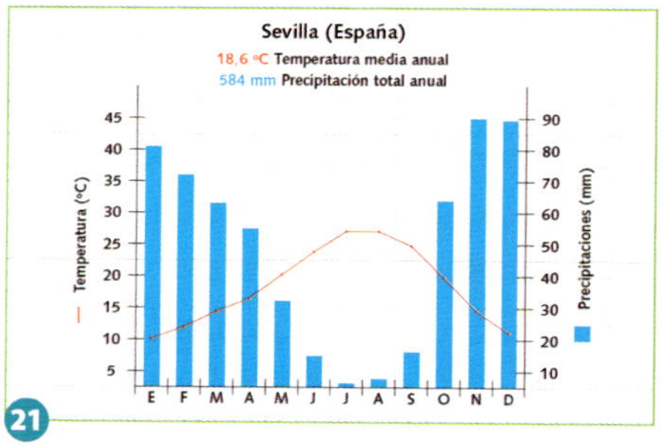


21 Climograma. Paso 4.

## Actividades

1. ¿A qué tipo de clima consideras que corresponden los datos que ves en la siguiente tabla?

Elabora en tu cuaderno un climograma con estos datos e interprétalo.

| | Medidas mensuales | | | | | | | | | | | |
|---|---|---|---|---|---|---|---|---|---|---|---|---|
| | ENE | FEB | MAR | ABR | MAY | JUN | JUL | AGO | SEP | OCT | NOV | DIC |
| P (mm) | 27 | 23 | 26 | 44 | 43 | 47 | 31 | 23 | 24 | 31 | 36 | 37 |
| T (ºC) | 5,80 | 7,50 | 9,80 | 11,40 | 15,30 | 19,00 | 22,20 | 22,30 | 19,10 | 14,10 | 9,20 | 6,60 |

## Trabaja un mapa conceptual

**1.** Elabora un mapa conceptual en tu cuaderno con los siguientes elementos de la Tierra:

- La superficie terrestre.
- El relieve.
- El clima.
- Los paisajes naturales.
- Los ríos, mares y océanos.

**2.** Elabora un mapa conceptual en tu cuaderno con los siguientes elementos de España:

- El relieve.
- Las vertientes.
- Las costas.
- Los climas y los paisajes.

## Razona y explica

**3.** Cita dos ejemplos en tu cuaderno de tierras emergidas y dos de tierras sumergidas.

**4.** Indica en tu cuaderno a qué tipo de relieve corresponde cada una de las siguientes formas:

a) Depresión.
b) Llanura abisal.
c) Península.

**5.** ¿Qué es la plataforma continental?

**6.** ¿Cómo influye la altitud en la temperatura?

**7.** ¿Qué características tiene el clima ecuatorial? ¿En qué zona de la tierra se localiza?

**8.** ¿Qué características tiene la tundra? ¿En qué tipo de clima se desarrolla?

**9.** ¿Cómo es un bosque caducifolio? ¿Qué especies lo forman? ¿De qué clima es habitual este tipo de bosque?

**10.** ¿Cuál es el río más largo y caudaloso de la Tierra?

**11.** ¿Por qué crees que los ríos en España son poco caudalosos?

**12.** ¿Cuál es el río más cercano a tu población? ¿A qué vertiente pertenece?

**13.** ¿Por qué en España hay diferentes climas y paisajes?

**14.** ¿Por qué la vegetación es más abundante en el norte de España que en el sur?

## Busca información en Internet

**15.** Investiga en Internet qué características tiene el clima chino. ¿En qué regiones de la Tierra se da?

**16.** Averigua en Internet a qué se denomina en Geografía "mar de nubes". ¿En qué parte de España es muy característico este fenómeno?

## Completa las frases

**17.** Copia en tu cuaderno las siguientes frases y complétalas:

a) La estepa corresponde al clima ___ ___, en el que la estación de lluvias es muy ___.
b) El pico Almanzor se encuentra en el sistema ___ y el Moncayo en el ___.
c) El río Ebro es ___, y ___ y se alimenta del deshielo de los ___.
d) En Galicia, los ríos son ___ y su caudal es ___ y ___.

## ¿Verdadero o falso?

**18.** Indica en tu cuaderno si estas afirmaciones son verdaderas o falsas. Escribe correctamente las que sean falsas:

a) Las tierras emergidas ocupan el 71% de la superficie terrestre.
b) Un golfo es una porción de tierra que penetra en el mar.
c) Los árboles de hoja caduca son los que predominan en la zona mediterránea.
d) Las islas Canarias son de origen volcánico.
e) El clima en España es predominantemente cálido, ya que se sitúa en la zona cálida de la Tierra.

## Relaciona conceptos

**19.** Copia en tu cuaderno las dos columnas siguientes y relaciona sus componentes.

| | |
|---|---|
| 1. Zona atlántica. | a. Estepa. |
| 2. Zona mediterránea. | b. Laurisilva. |
| 3. Zona continental. | c. Alcornoques, encinas. |
| 4. Zona de alta montaña. | d. Hayas, robles, castaños. |
| 5. Zona subtropical canaria. | e. Prados alpinos. |

## Trabaja con la ilustración

**20.** Interpreta en tu cuaderno el climograma de la Figura 22 según las pautas que has aprendido en la sección *Técnicas de trabajo*. ¿A qué tipo de clima corresponde?

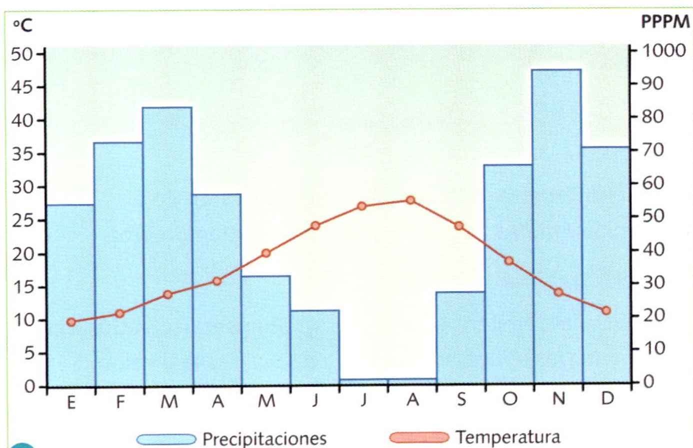


22 Climograma.

# 1 IDEAS CLAVE Y AUTOEVALUACIÓN

## La Tierra

- Es un planeta del sistema solar. La superficie terrestre está formada por:
  - **Tierras sumergidas** (ocupan el 71% de la superficie terrestre).
  - **Tierras emergidas** (ocupan el 29% de la superficie terrestre).

## Las formas del relieve

- El **relieve** es el conjunto de formas o irregularidades que tiene la superficie de la Tierra.

  Existen tres tipos:
  - **Relieve continental.**
  - **Relieve costero.**
  - **Relieve submarino.**

## El clima

- Es el estado de la atmósfera en una zona determinada de la Tierra durante un periodo de más de 30 años.

  Para conocer las características de un clima tenemos que estudiar sus elementos (temperatura, precipitaciones, presión atmosférica y viento) y los factores que lo modifican (latitud, altitud y la distancia al mar).

## Los climas de la Tierra

- Existen tres tipos:
  - **Climas fríos:** propios de las zonas polares y de alta montaña.
  - **Climas templados:** propios de las latitudes medias.
  - **Climas cálidos:** se dan entre el ecuador y los trópicos.

## Los paisajes naturales

- Son aquellos en los que no ha intervenido el ser humano, formados como resultado de la relación entre clima, relieve, suelo, vegetación y fauna. Podemos distinguir tres grandes grupos:
  - **Paisajes fríos:** tundra y alta montaña.
  - **Paisajes templados:** taiga, bosque caducifolio, bosque mediterráneo y bosque de laurisilva.
  - **Paisajes cálidos:** selva, bosque tropical, sabana, estepa y desierto cálido.

## Los ríos, mares y océanos

- Los **ríos:** son corrientes naturales de agua que fluyen permanentemente y desembocan en otro río, en un lago o en el mar. Existen ríos ecuatoriales, tropicales, mediterráneos, oceánicos y continentales.
- Los **mares** y **océanos** son grandes concentraciones de agua salada.

## España

- Se sitúa en el oeste de Europa. La inmensa mayoría de su superficie se encuentra en la península ibérica, que comparte con Portugal. Forman parte de España las islas Baleares, las Canarias y, en el norte de África, los enclaves de Ceuta y Melilla.
- **Relieve.** Es un país montañoso. Las unidades más importantes son: la meseta central, las cordilleras interiores, las cordilleras periféricas y las cordilleras exteriores. El pico más alto de España es el Teide, en la isla de Tenerife.
- Los **ríos** son muy variados. En la península se distinguen tres vertientes: la cantábrica, la atlántica y la mediterránea. España está prácticamente rodeada de costas, muy diferentes entre sí.
- El **clima** de España, en general, es cálido, ya que se sitúa en la zona templada de la Tierra. Sin embargo, la latitud, la altitud y la distancia al mar provocan que haya distintos climas y paisajes.

**Anota en tu cuaderno la opción correcta:**

1. ¿Cómo se llaman las depresiones cuando son alargadas y están entre montañas?

a) Meseta. c) Valle.
b) Cordillera. d) Altiplano.

2. Cuando un golfo es de pequeñas dimensiones se le llama:

a) Istmo. c) Península.
b) Bahía. d) Ría.

3. La presión atmosférica se mide con:

a) Un termómetro. c) Un barómetro.
b) Un pluviómetro. d) Un anemómetro.

4. La brisa marina:

a) Suaviza las temperaturas. c) Aumenta las precipitaciones.
b) Aumenta las temperaturas. d) Suaviza la presión.

5. El clima continental es:

a) Un clima frío. c) Un clima cálido.
b) Un clima templado. d) Un clima africano.

6. ¿De qué clima es característica la taiga?

a) Del clima continental. c) Del clima oceánico.
b) Del clima polar. d) Del clima de alta montaña.

7. El bosque de laurisilva es propio:

a) Del clima mediterráneo. c) Del clima ecuatorial.
b) Del clima tropical. d) Del clima subtropical húmedo.

8. España limita al este:

a) Con el mar Cantábrico. c) Con el mar Mediterráneo.
b) Con el océano Atlántico. d) Con el estrecho de Gibraltar.

9. Los ríos de la vertiente mediterránea son:

a) Cortos, excepto el Ebro. c) Cortos y caudalosos.
b) De caudal abundante y rápido. d) Largos y rápidos.

10. ¿Por qué zonas de la península ibérica se extiende el clima continental?

a) Por el este y el sur. c) Por el norte y el oeste.
b) Por el interior peninsular. d) No se da en la península ibérica.

Unidad 2

# La población

## SUMARIO

- Evolución y distribución de la población
- Los movimientos naturales de la población
- La estructura de la población
- La población española

## TÉCNICAS DE TRABAJO

- Interpretación de una pirámide de población

# 1 • Evolución y distribución de la población

La **población** es el conjunto de personas que viven en un determinado territorio.

La ciencia que estudia la composición y las características de la población es la **demografía.**

## 1.1 • Evolución de la población mundial

A lo largo de la historia, la población mundial no ha crecido siempre al mismo ritmo. Podemos distinguir **tres fases demográficas.**

| Fases demográficas | |
|---|---|
| Fase antigua | – Había una **elevada natalidad,** pero también **alta mortalidad** debida a las epidemias, guerras, hambrunas, etc.<br>– El **crecimiento demográfico** era muy bajo y, en ocasiones, **negativo**. |
| Fase de transición | – A partir de la Revolución Industrial (siglos XVIII y XIX), la **mortalidad disminuyó** debido a las mejoras higiénicas y sanitarias, mientras que la natalidad se mantuvo muy elevada.<br>– El **crecimiento demográfico** fue **espectacular,** especialmente en el siglo XX, aunque se moderó cuando la natalidad bajó ligeramente. |
| Fase moderna | En la actualidad el **crecimiento demográfico** se ha moderado un poco porque la **natalidad ha descendido** y se ha situado en nivel similar al de la **mortalidad.** Sin embargo, el **crecimiento sigue siendo elevado** en los países menos desarrollados. |

Si se tiene en cuenta el nivel de desarrollo económico, cultural y social, podemos diferenciar dos **modelos demográficos:**

- Los **países en vías de desarrollo.** Su situación demográfica se corresponde con la **fase de transición,** con una natalidad muy elevada y una mortalidad limitada, por lo que el crecimiento demográfico es muy grande (Figura 1).
- Los **países desarrollados.** Se encuentran en la **fase moderna,** ya que la natalidad y la mortalidad están muy equilibradas. El crecimiento demográfico es escaso e incluso negativo en algunos países.

1 Las elevadas tasas de natalidad de los países en vías de desarrollo plantean un problema, ya que estos países no tienen recursos suficientes para afrontar las necesidades de alimentación y educación que precisan los niños y jóvenes.

## Actividades

1. ¿Qué estudia la demografía?
2. ¿Cuáles son las fases demográficas? Explica en tu cuaderno cada una de ellas.
3. Copia la siguiente tabla en tu cuaderno y complétala:

| | Fase demográfica | Natalidad | Mortalidad | Crecimiento |
|---|---|---|---|---|
| Países en vías de desarrollo | ..... | ..... | ..... | ..... |
| Países desarrollados | ..... | ..... | ..... | ..... |

4. ¿Por qué crees que la población aumenta más en los países en vías de desarrollo? Razona tu respuesta.

## 1.2 • Evolución de la población europea

La **población europea** ha evolucionado de manera desigual a lo largo de la historia. En esta evolución se distinguen **tres fases:**

**1. Fase de estabilidad.** Desde la Antigüedad hasta finales del siglo XVII.

- Había una **mortalidad muy elevada** por las numerosas hambrunas, guerras, epidemias, etc.
- Existía una **natalidad** también **muy elevada,** con una media de cinco hijos por familia, pero con un **índice de mortalidad infantil muy alto.**
- El **volumen de población apenas creció** o lo hizo muy despacio; incluso disminuyó en determinados momentos.

**2. Fase de aumento acelerado.** Desde el siglo XVIII a finales del siglo XX.

- A partir del siglo XVIII **descendió drásticamente la mortalidad,** al tiempo que se mantuvo un alto índice de natalidad.
- Se produjo un **incremento de la producción de alimentos** debido a las mejoras técnicas, la introducción de nuevos cultivos (como la patata, procedente de América), el uso de abonos, la roturación de nuevas tierras, etc.
- Se realizaron **avances científicos, tecnológicos** y **médicos,** que mejoraron la calidad de vida de la población, disminuyeron los efectos de las epidemias, etc. Algunos avances significativos fueron la introducción del jabón, la calefacción por carbón o el alcantarillado de las ciudades.
- Se llevó a cabo una **revolución demográfica** al producirse un aumento espectacular de la población.

**3. Fase de reducción en el crecimiento.** Desde finales del siglo XX hasta la actualidad.

- La **natalidad** ha ido descendiendo de un modo muy acelerado: las familias cada vez tienen **menos hijos** y, al mismo tiempo, **ha descendido muy notablemente la mortalidad** por la mejora de las condiciones de vida, el uso generalizado de vacunas, los avances médicos, etc. (Figura 2).
- El efecto de ambos descensos (natalidad y mortalidad) es un crecimiento más lento de la población.

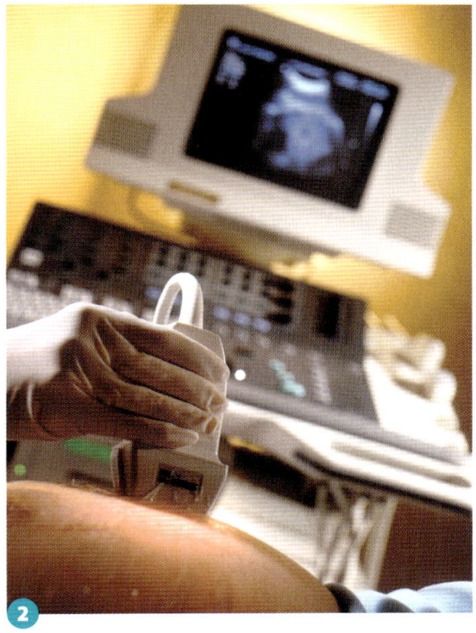

2

Los avances médicos y la mejora en la calidad de vida de los últimos dos siglos han permitido que se reduzca significativamente la mortalidad y que aumente la esperanza de vida de la población.

## Actividades

5. Indica en tu cuaderno si las siguientes afirmaciones son verdaderas o falsas:

a) Desde la Antigüedad hasta finales del siglo XVIII la natalidad era muy elevada, pero la mortalidad era muy baja.
b) A partir del siglo XVIII se produjo una revolución demográfica, con un aumento de la población.
c) Actualmente la población crece muy rápido, ya que hay muchos nacimientos y pocos fallecimientos.

6. Explica en tu cuaderno en qué consistió la revolución demográfica que se produjo durante la fase de aumento acelerado de la población. ¿Qué causas provocaron esta revolución?

7. En tu opinión, ¿es positivo o negativo para los países europeos que las familias tengan cada vez menos hijos? ¿Qué consecuencias puede tener este hecho? ¿Qué soluciones propondrías para afrontar este problema?

## 1.3 • Distribución de la población mundial

La **distribución de la población** en el mundo es **desigual:** encontramos grandes vacíos demográficos y también zonas muy densamente pobladas. Las **causas** que explican esta distribución son de **dos tipos:**

| Causas naturales | |
|---|---|
| Temperaturas extremas | Condicionan la viabilidad de los cultivos y dificultan la vida de los seres humanos, por lo que se eligen preferentemente las zonas templadas. |
| Lluvias | Crean importantes vacíos demográficos, tanto por exceso (en las selvas) como por defecto (en los desiertos). |
| Relieve | La población prefiere las llanuras, los valles recorridos por ríos y las costas para su asentamiento (Figura 3).<br>Se descartan, en cambio, las zonas montañosas porque plantean más dificultades. |

| Causas humanas |
|---|
| A lo largo de la historia determinadas regiones han sido **asentamientos tradicionales** de población: Mesopotamia, Egipto, China, India o Europa. |
| La **situación política** también influye en el asentamiento de las poblaciones, que buscan la estabilidad y huyen de los conflictos armados. |
| Las personas se sienten naturalmente atraídas hacia los lugares donde el **desarrollo económico** es más favorable, con tierras fértiles, buenas comunicaciones, un importante tejido industrial o de servicios, etc.; de ahí que Estados Unidos o la Unión Europea sean zonas de gran atractivo económico para la población mundial. |

3 Valle del río Éufrates, en Siria. Las cercanías de los grandes ríos (Tigris y Éufrates en Oriente Medio, Yangtsé en China, etc.) han sido siempre lugares propicios para que se asentaran las poblaciones y se fundaran pueblos y ciudades.

Para averiguar la relación existente entre la población de un lugar y la superficie que ocupa, se calcula la **densidad de población.**

Para ello se divide el número de habitantes entre la superficie del lugar estudiado. El resultado se expresa en **habitantes por kilómetro cuadrado (hab/km$^2$).**

### Desigual distribución de la población ?

El país o territorio independiente con mayor densidad de población es Macao (China), donde viven 20685 habitantes por kilómetro cuadrado.

En el extremo contrario, Groenlandia o las islas Malvinas tienen una densidad de población inferior a un habitante por kilómetro cuadrado.

## Actividades

8. ¿Por qué decimos que la población en el mundo se distribuye de manera desigual? ¿Qué causas intervienen en la distribución de la población?

Explica en tu cuaderno cada una de ellas.

9. Copia la siguiente tabla en tu cuaderno y complétala con las densidades de población de cada uno de los continentes.

Después, contesta a las preguntas.

| Continente | N.º habitantes (2016) | Superficie (km$^2$) | Densidad (hab/km$^2$) |
|---|---|---|---|
| África | 1179000000 | 30069000 | ..... |
| Asia | 4432000000 | 31651000 | ..... |
| América | 991363000 | 41817000 | ..... |
| Europa | 741000000 | 22919000 | ..... |
| Oceanía | 3946000 | 8524000 | ..... |

a) ¿Qué continente tiene la mayor densidad de población?

b) ¿En cuál de ellos es menor?

## Zonas del mundo con mayor densidad de población

**Asia oriental y meridional**

Acoge a **casi la mitad de la población mundial.** Aquí se encuentran los gigantes demográficos (China e India, con más de 2800 millones de habitantes entre ambos) y otros países muy poblados (Japón, Pakistán o Corea).

**Europa**

A pesar de sus pequeñas dimensiones, acoge a más de 700 millones de personas, por lo que la densidad de población es muy elevada.

**Región del Golfo de Guinea (África)**

Aquí viven más de 200 millones de personas, con países muy poblados como Nigeria, Congo o Camerún.

**América Central**

Tiene más de 150 millones de habitantes. En México viven casi 120 millones de personas, y el resto de países presentan también **elevada densidad de población.**

**América del Norte**

- La **costa atlántica** concentra a más de 100 millones de personas en **grandes ciudades** como Nueva York, Boston o Chicago.
- La **costa del Pacífico** también está densamente poblada: unos 50 millones de habitantes en ciudades como Los Ángeles o San Francisco.

**América del Sur**

Las costas de Brasil y Argentina y la costa del Pacífico alojan a unos 125 millones de personas.

## Grandes vacíos demográficos

**El interior de los continentes**

En algunos de ellos se localizan los grandes desiertos, como el Sahara (África); selvas ecuatoriales y tropicales, como en el Amazonas (América del Sur); y elevadas cadenas montañosas, como el Himalaya (Asia).

**Las zonas polares**

El frío extremo deja grandes vacíos de población en Groenlandia, Canadá, Rusia, Alaska o la Antártida (Figura 4).

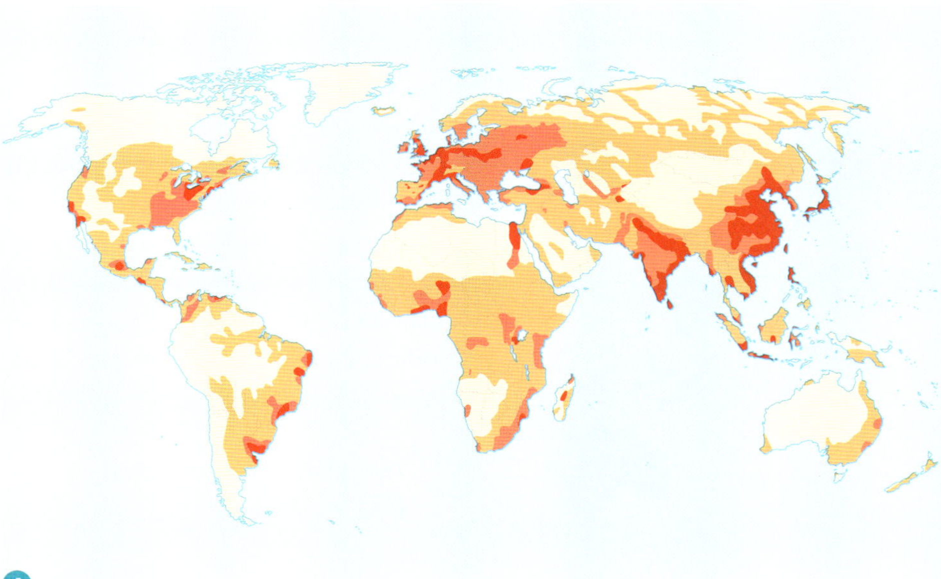

**Población (hab/km²)**

- Menos de 1
- De 1 a 25
- De 25 a 100
- Más de 100

4
Distribución de la población en el mundo (densidad de población).

## Actividades

10. ¿Cuál es el continente más poblado? ¿Y los dos países que tienen más habitantes?

11. ¿Por qué los grandes vacíos demográficos se encuentran en el interior de los continentes? ¿En qué continentes no ocurre esto?

12. Busca información y contesta en tu cuaderno: ¿cuál es la población de la Antártida? ¿Qué causas intervienen en ello?

# 2 • Los movimientos naturales de la población

Para conocer la población de un territorio debemos tener en cuenta **los movimientos naturales (natalidad** y **mortalidad)** y los **movimientos migratorios (desplazamientos de población).**

## 2.1 • La natalidad

La **natalidad** indica el **número de nacimientos** que se producen en un lugar determinado en un periodo de tiempo concreto, que suele ser un año, **en relación con el total de la población.**

La **tasa de natalidad** se calcula dividiendo el número de niños nacidos en un año en un territorio entre la población total, y el resultado se multiplica por mil (se expresa en tantos por mil, ‰). La tasa de natalidad mundial en 2016 es del 19,08‰, pero existen grandes diferencias entre los países.

| Tasa de natalidad mundial | |
|---|---|
| Países desarrollados | **Tasa de natalidad muy baja,** por debajo del 15‰. Por ejemplo, Mónaco, con el 6,72‰, y Singapur, con el 8,10‰. |
| Países en vías de desarrollo | **Tasas intermedias** (entre el 15‰ y el 30‰). Por ejemplo, Kuwait, con el 20,26‰. |
| Países subdesarrollados | **Tasas muy altas**, por encima del 30‰. Por ejemplo, Níger, con el 46,12‰. |

La **fecundidad** indica el **número medio de hijos** en relación con la población femenina de un determinado territorio.

La **tasa de fecundidad** se calcula dividiendo el número de niños nacidos en un año en un territorio entre las mujeres fértiles (de 15 a 49 años), y el resultado se multiplica por mil. La tasa de fecundidad mundial en 2016 es del 2,43‰, pero las diferencias entre países son enormes (Figura 5).

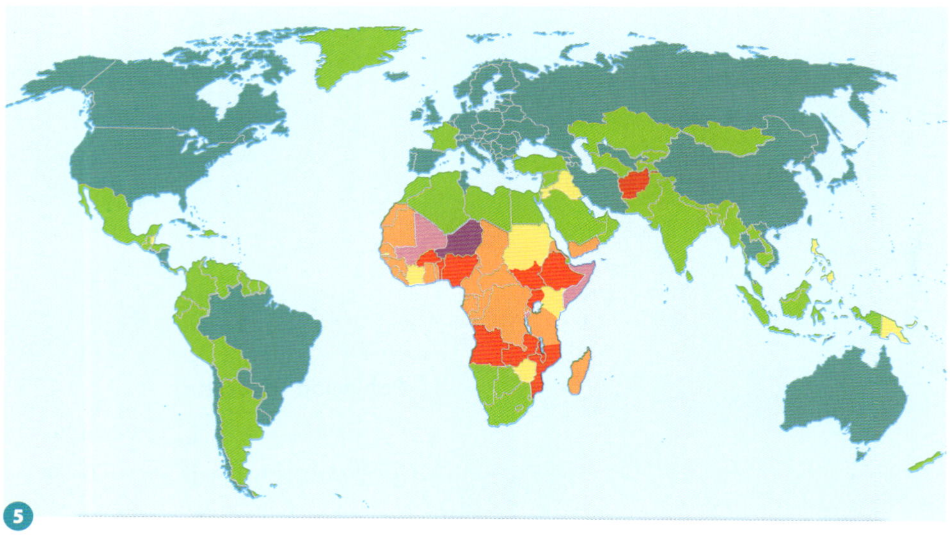

5 Tasa de fecundidad en el mundo.

**Tasa global de fecundidad**

- 7–8 hijos
- 6–7 hijos
- 5–6 hijos
- 4–5 hijos
- 3–4 hijos
- 2–3 hijos
- 1–2 hijos
- 0–1 hijos

## Actividades

13. Define en tu cuaderno con tus propias palabras los siguientes conceptos: movimientos naturales, movimientos migratorios, natalidad y fecundidad.

14. ¿Qué tres grupos de países pueden establecerse en función de la tasa de natalidad? Explica cada uno de ellos.

15. En Internet hay varias páginas que nos ofrecen datos sobre el crecimiento de la población mundial en tiempo real. Investiga en alguna de ellas (por ejemplo, www.worldometers.info/es/) y comprueba cuántas personas nacen en un minuto y cuántas fallecen en ese mismo periodo de tiempo.

## 2.2 • La mortalidad

La **mortalidad** indica el **número de fallecimientos** que se producen en un lugar determinado en un periodo de tiempo concreto, que suele ser un año, **en relación con el total de la población.**

La **tasa de mortalidad** se calcula dividiendo el número de fallecidos en un año en un territorio entre la población total, y el resultado se multiplica por mil. La tasa de mortalidad mundial en 2016 es del 7,89‰, pero existen grandes diferencias entre países.

Es interesante conocer también **otros indicadores** relacionados con la mortalidad, como los siguientes:

- La **tasa de mortalidad infantil.** Indica la relación entre el número de **niños fallecidos durante el primer año de vida** y el total de los nacimientos que se han producido en ese lugar. Se calcula dividiendo el número de niños fallecidos antes de cumplir el año entre el total de los nacidos en ese año, y el resultado se multiplica por mil. Las tasas de mortalidad infantil elevadas son características de países subdesarrollados. Entre las más altas están las de Angola, Afganistán o Sierra Leona (Figura 6). La tasa de mortalidad infantil mundial en 2016 es del 31,7‰.
- La **esperanza de vida.** Es la **media de años** que se espera **que viva una persona desde su nacimiento,** dadas las condiciones de vida en un determinado territorio. Las esperanzas de vida elevadas corresponden a los países desarrollados. En Europa, la esperanza de vida es de 78,40 años, mientras que en África es de 49,10 años. También es mayor la esperanza de vida de las mujeres que la de los hombres (Figura 7).

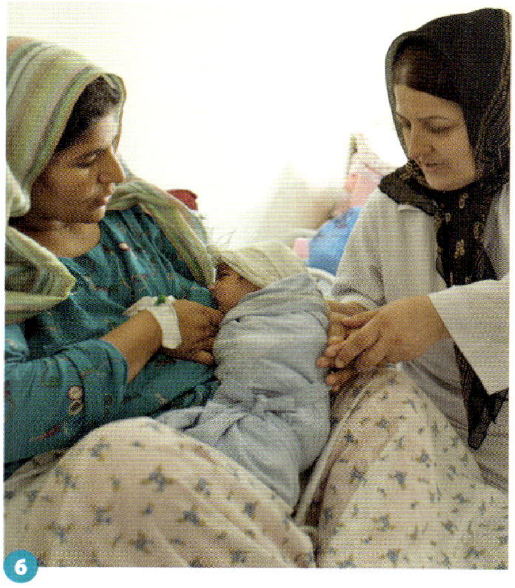

6 Afganistán tiene una de las tasas de mortalidad infantil más alta del mundo.

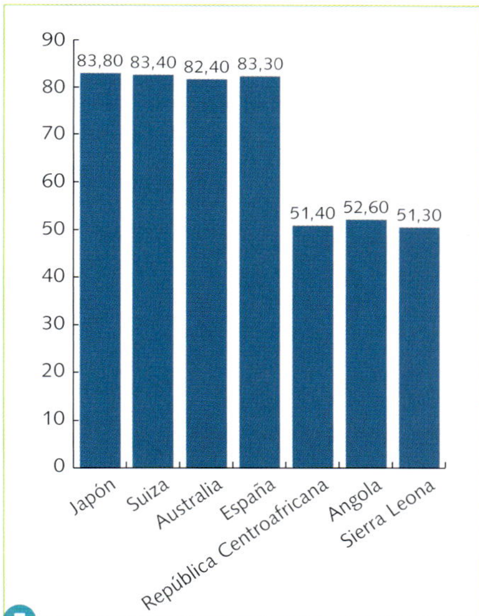


7 Esperanza de vida estimada para 2016. Fuente: OMS (actualizado en junio de 2017, www.who.int/es).

## 2.3 • El crecimiento vegetativo

La diferencia entre el número de nacimientos y el número de fallecimientos en un determinado lugar y en un periodo de tiempo determinado, que suele ser un año, se conoce como **crecimiento vegetativo** o **natural.**

El **crecimiento vegetativo** se calcula **restando a la tasa de natalidad la tasa de mortalidad.** Pero el resultado se expresa en tantos por ciento (%), por lo que el resultado obtenido se divide entre 10.

| Tipos de crecimiento vegetativo | |
|---|---|
| Positivo | Cuando los nacimientos superan a las defunciones. |
| Negativo | Cuando las defunciones superan a los nacimientos. |
| Cero | Si el número de nacidos y el de fallecidos coinciden. |

## Actividades

16. Define en tu cuaderno con tus propias palabras los siguientes conceptos: mortalidad, tasa de mortalidad infantil, esperanza de vida y crecimiento vegetativo.

17. ¿Cómo se calcula el crecimiento vegetativo de una población? Si se producen más nacimientos que defunciones, ¿cómo es el crecimiento vegetativo?

## 2.4 • Los movimientos migratorios

8 Emigrantes en un barco a comienzos del siglo XX.

La cantidad y las características de la población de un territorio dependen también de las **migraciones.**

Una **migración** es un movimiento de personas que cambian su residencia de un lugar a otro por un tiempo prolongado o indefinido.

Los movimientos migratorios son de dos tipos: **emigración** (salida desde el lugar de origen) e **inmigración** (entrada a un lugar determinado) (Figura 8).

Lo normal es que ambos sucedan al mismo tiempo, es decir, que a un país lleguen inmigrantes y salgan de él emigrantes. El balance entre ambos movimientos se conoce como **saldo migratorio.** Este saldo es **negativo** (cuando un país pierde población debido a las migraciones) o **positivo** (cuando la gana).

Hay **dos tipos de migraciones:**

- **Interiores.** Son desplazamientos de población **dentro de un mismo país.** Los más frecuentes son los movimientos del campo a la ciudad, un fenómeno conocido como **éxodo rural.**
- **Exteriores.** Son movimientos de un país a otro.

| Causas de los movimientos migratorios | |
|---|---|
| Económicas | Por la búsqueda de una mejora en las **condiciones de vida,** para encontrar trabajo o un modo de subsistencia. |
| Políticas | Cuando la población huye de **la persecución política o de la guerra.** |
| Naturales | Por **grandes desastres naturales,** como las sequías prolongadas, las inundaciones, la deforestación, etc. |
| Socioculturales | Por la búsqueda de nuevas perspectivas culturales o educativas, como la marcha de científicos a países en los que la investigación está más desarrollada que en los suyos de origen. |

Los movimientos migratorios suponen grandes desplazamientos de población, con importantes **consecuencias para el país receptor y para el emisor.**

| Consecuencias de los movimientos migratorios | |
|---|---|
| Demográficas | – Se reduce la población en el país de origen y aumenta en el de acogida.<br>– La gente que se desplaza suele ser joven, por lo que en ambos países se modifica la estructura de la población. |
| Económicas | – Aumenta la mano de obra en el país de acogida y disminuye en el de origen, lo que tiene importantes repercusiones económicas.<br>– La población que se desplaza suele estar en edad de trabajar y enviar dinero a los familiares que se quedan en el país de origen, lo que genera un importante flujo económico. |
| Sociales | La integración de la población extranjera en el país de acogida no siempre resulta fácil y a veces se producen conflictos motivados por las diferencias culturales, lingüísticas, económicas, religiosas, etc. En ocasiones surgen actitudes racistas y xenófobas. |
| Culturales | Gracias al contacto entre culturas diferentes ambas se modifican, y pueden enriquecerse al adoptar elementos una de otra. |

## Actividades

18. ¿Qué es una migración? ¿En qué se diferencian la emigración y la inmigración?

19. ¿Conoces algún movimiento migratorio que esté sucediendo en la actualidad? Señala en tu cuaderno sus causas.

20. Busca a alguna persona de tu entorno (un familiar, un amigo, un compañero de clase, etc.) que haya emigrado.

Hazle una breve entrevista (no más de diez preguntas) sobre su experiencia y escribe las respuestas en tu cuaderno.

En la **actualidad,** los grandes flujos migratorios se producen en busca de trabajo y mejores posibilidades de subsistencia, aunque también algunos tienen que ver con los conflictos bélicos, como en el caso de los refugiados sirios.

Las principales **zonas emisoras** de emigrantes son:

- **África.** Se producen desplazamientos fundamentalmente hacia Europa para huir del hambre y las guerras.
- **Sureste de Asia.** Las poblaciones emigran hacia países y zonas económicamente más desarrolladas, como Australia, Estados Unidos, Canadá o Europa. También se desplazan en busca de trabajo a países del Golfo Pérsico (Kuwait, Emiratos Árabes, Arabia Saudí, etc.).
- **América Latina.** Los desplazamientos se producen fundamentalmente a Estados Unidos y Europa, por motivos económicos.
- **Este de Europa.** El menor desarrollo económico de esta zona de Europa hace que muchas poblaciones se desplacen hacia otros países europeos, fundamentalmente del centro y del oeste (Alemania, Francia, etc.) (Figura 9).

Muchas veces esta inmigración es irregular, es decir, los inmigrantes no cuentan con permiso para establecerse en los países de acogida, por lo que arriesgan sus vidas para entrar en ellos clandestinamente.

### No es lo mismo migrante que refugiado

Migrante y refugiado son conceptos distintos.

Un **migrante** es una persona que se desplaza tras una decisión libre y personal, generalmente en busca de trabajo o de una vida mejor.

Un **refugiado** es, según el Alto Comisionado de Naciones Unidas para los Refugiados (ACNUR), una persona que huye obligada "para salvar su vida o preservar su libertad", ya sea porque su país está en guerra o porque puede ser perseguida por su raza, religión, motivos políticos, etc.

Según la legislación internacional, un refugiado, a diferencia de un migrante, tiene derecho a pedir asilo en el país de acogida siempre que pueda demostrar que proviene de un país en conflicto o donde peligran su vida o su libertad.

9

Flujos migratorios en el mundo actual.

## Actividades

21. ¿Cuáles son las principales causas de los flujos migratorios en la actualidad?

22. Indica en cada uno de los siguientes ejemplos si se trata de un migrante o un refugiado. Justifica en tu cuaderno la respuesta:

a) Un joven que cambia su residencia a otro país para trabajar.
b) Un joven que huye de la guerra de su país.
c) Una persona de una minoría étnica o religiosa que es perseguida en su país de origen.

23. Busca información y contesta en tu cuaderno: ¿por qué se está produciendo un fuerte movimiento de refugiados sirios hacia Europa en estos últimos años?

24. Observa el mapa de la Figura 9 y contesta en tu cuaderno a las siguientes preguntas:

a) ¿Qué zonas son las principales emisoras de emigración?
b) ¿Cuáles son las principales receptoras?
c) ¿Hacia qué zonas se dirige la emigración procedente de África?
d) ¿Qué rutas sigue la emigración procedente de América?

25. ¿España es un país principalmente emisor o receptor de emigrantes? Justifica en tu cuaderno la respuesta.

26. Debate con tus compañeros qué beneficios demográficos, económicos y culturales puede producir la llegada de emigrantes al país que los recibe. ¿Puede también producir algún problema?

# 3 • La estructura de la población

**La población no es un conjunto homogéneo,** por lo que, para estudiarla, se deben tener en cuenta diversos **criterios.** Los más importantes son el **sexo,** la **edad** y la **actividad económica.**

10 De forma global los hombres son mayoría entre los jóvenes y los adultos; sin embargo, entre la población mayor de 64 años el número de mujeres supera al de hombres.

## 3.1 • La población según el sexo

El porcentaje de hombres y de mujeres en el mundo está muy equilibrado; es prácticamente **equivalente.** Aunque nacen más niños que niñas, en los grupos de mayor edad esta relación se invierte, por lo que hay más mujeres que hombres (Figura 10).

Según el nivel de desarrollo económico y social, se observan **dos tendencias:**

- Países **en vías desarrollo:** la **mortalidad de las mujeres** es **más alta,** por lo que la esperanza de vida de los hombres es mayor.
- Países **desarrollados:** la tendencia es inversa, **mueren más hombres que mujeres,** por lo que estas tienen mayor esperanza de vida (Figura 11).

| | Mujeres | Hombres |
|---|---|---|
| Japón | 87,50 | 80,79 |
| Singapur | 84,90 | 80,40 |
| España | 85,90 | 80,40 |
| Francia | 85,50 | 79,20 |
| Suiza | 85,10 | 80,80 |

11 Países del mundo con mayor esperanza de vida al nacer (años).
Fuente: OMS (actualizado en junio de 2017, www.who.int/es).

## 3.2 • La población según la edad

Los investigadores dividen a la población en **tres** grandes **grupos: jóvenes** (0 a 14 años), **adultos** (15 a 64 años) y **ancianos** (65 en adelante).

La población actual tiende al **envejecimiento,** lo que indica que la esperanza de vida va en aumento, especialmente en los países desarrollados. La causa es el descenso en el número de nacimientos y en el de defunciones. En 1960, la población mundial mayor de 65 años no llegaba al 5%. En 2016 era un 8,48%, lo que muestra esa tendencia al envejecimiento.

## 3.3 • La población según la actividad económica

A partir de este criterio, la población se divide en **dos** grandes **grupos:**

- **Activa.** Está formado por las personas que tienen **edad legal para trabajar** y además **están capacitadas para hacerlo** (no padecen ninguna enfermedad crónica o discapacidad que les impida trabajar). A su vez, la población activa se puede dividir en **dos subgrupos: ocupada** (tiene un trabajo) y **desocupada** (no tiene un trabajo).
- **Inactiva.** Lo forman personas que **no realizan trabajos remunerados,** como pensionistas, estudiantes, personas al cuidado del hogar, gran parte de las personas con discapacidad, etc.

### Actividades

27. Según se piense en un país desarrollado o en uno en vías de desarrollo, ¿qué dos tendencias se observan en la esperanza de vida de hombres y mujeres?

28. ¿Por qué la población mundial tiende al envejecimiento? ¿Qué consecuencias crees que tiene este hecho? Debate con tus compañeros qué soluciones creéis que deberían adoptar los gobiernos para evitar el envejecimiento de la población.

# 4 • La población española

La **población española** ha pasado de un régimen demográfico antiguo, caracterizado por unas tasas de natalidad y mortalidad elevadas, a uno moderno, con esas tasas en un nivel bajo. En la actualidad, la población española asciende aproximadamente a 47 millones de habitantes.

## 4.1 • Evolución de la natalidad y la mortalidad

Durante gran parte del siglo XX la **natalidad en España** alcanzó valores superiores al 20‰, pero en las últimas décadas ha disminuido de forma sustancial y hoy es una de las más bajas del mundo. Actualmente, la **tasa de natalidad española** se sitúa en el **8,75‰.**

La **fecundidad** en España también es muy reducida. El número de hijos por mujer es de 1,33, por lo que no se alcanza la **tasa de reemplazo generacional.** Las causas de este descenso son la incorporación de la mujer al trabajo y el elevado coste económico de los hijos.

Por su parte, la **mortalidad** española estaba todavía por encima del 20‰ a comienzos del siglo XX, pero desde entonces ha ido disminuyendo de forma progresiva. Las causas de este descenso han sido las mejoras sanitarias y de las condiciones de vida. Hoy, la **tasa de mortalidad española** es del **8,76‰.**

La **esperanza de vida** en España es una de las mayores del mundo, y se sitúa en los 85,90 años para las mujeres y los 80,40 para los hombres (Figura 11).

La población española está sufriendo desde hace años un importante **proceso de envejecimiento,** pues ha disminuido en número de jóvenes por la reducción de la natalidad, y ha aumentado la población anciana al prolongarse la esperanza de vida.

**Tasa de reemplazo generacional**

Es la medida que indica si una población genera personas suficientes como para reemplazar en el futuro a todos sus miembros. Para garantizar el reemplazo, el número medio de hijos por mujer debe ser superior a 2,10.

## 4.2 • Distribución de la población

La **densidad** media de población en España es de **92 habitantes por km².** Sin embargo, existen grandes diferencias entre las distintas regiones:

- Las **zonas de baja densidad** son las regiones del interior peninsular, donde algunas provincias, como Soria, Cuenca o Zamora, no llegan a 30 habitantes por km². La única excepción es Madrid, que presenta una de las densidades de población más altas del país: 807 habitantes por km².
- Las **zonas de densidad elevada** se encuentran en el litoral y en los dos archipiélagos. Algunas provincias, como Barcelona, Vizcaya, Valencia o Santa Cruz de Tenerife, superan los 200 habitantes por km² (Figura 12).

12 Alicante. Las áreas de litoral han tenido un crecimiento demográfico importante desde el siglo XIX gracias a su desarrollo industrial y del sector servicios.

## Actividades

29. ¿Qué factores explican el descenso de las tasas de natalidad y de mortalidad en España?

30. Según los datos demográficos que has estudiado, ¿se puede afirmar que España es un país desarrollado? ¿Por qué?

## Interpretación de una pirámide de población

La **pirámide de población** es un gráfico de barras que permite representar la población de un lugar determinado según el sexo y la edad, y relacionar ambas variables.

En función de las características de la población, hay tres **tipos** principales de pirámides:

- En **forma de parasol** o **pagoda.** Se da en poblaciones jóvenes con una base de la pirámide amplia, ya que la natalidad es muy elevada y la mayoría de la población es menor de 15 años. El vértice de la pirámide es muy reducido, pues la población anciana es muy escasa porque la esperanza de vida es baja. Es característica de los países subdesarrollados (Figura 13).
- En **forma de urna** o **campana.** La base y el tronco de la pirámide son muy parecidos, ya que la población joven y la adulta tienen niveles similares. El vértice de la pirámide no es muy amplio, porque la esperanza de vida aún no es muy elevada. La natalidad se reduce ligeramente respecto del modelo anterior. Es característica de los países en vías de desarrollo (Figura 14).
- En **forma de ojiva** o **bulbo.** La base de la pirámide es estrecha, porque la natalidad se ha reducido mucho, y el tronco se ensancha debido al descenso de la mortalidad, lo que provoca también que el vértice sea más ancho porque aumenta la esperanza de vida. Es característica de los países desarrollados (Figura 15).

Para **interpretar una pirámide de población** debemos tener en cuenta:

- La **forma de la pirámide.** Pagoda, campana o bulbo. Nos informa de la tendencia general de la población: natalidad, mortalidad y esperanza de vida.
- Los **grupos de edad.** Distribuidos entre jóvenes (en la base), adultos (en el tronco) y ancianos (en el vértice).
- La **distribución por sexos.** Las mujeres se representan siempre en la derecha y los hombres en la izquierda.
- Los **entrantes y salientes.** Los entrantes indican pérdidas de población debido a emigraciones, guerras, epidemias, etc.; los salientes nos indican un aumento espectacular de la natalidad o la llegada de inmigrantes.

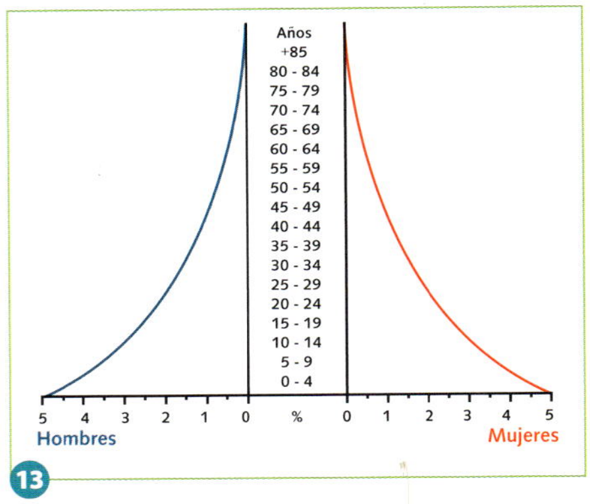


13 Pirámide en forma de pagoda.

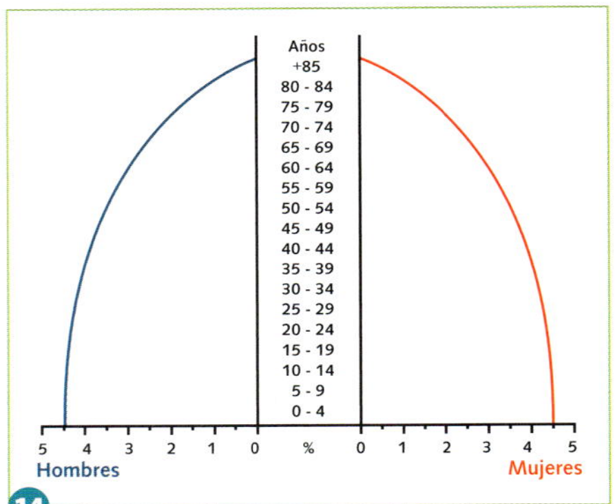


14 Pirámide en forma de campana.

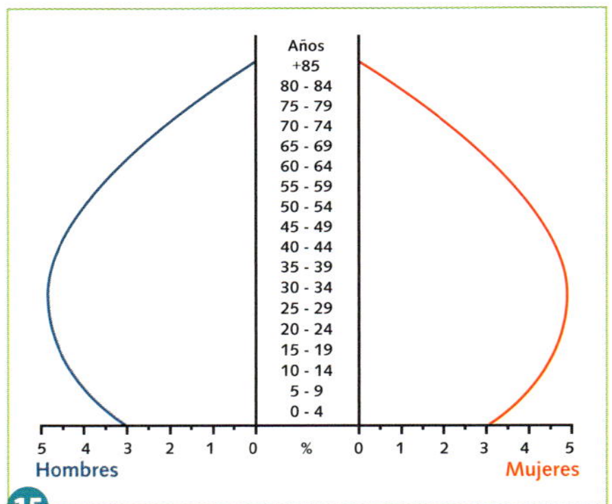


15 Pirámide en forma de bulbo.

## Actividades

1. En la Figura 16 puedes ver cómo era la pirámide de población de España en el año 2015. Interprétala y contesta en tu cuaderno a las preguntas:

a) ¿De qué tipo es? Justifica tu respuesta.
b) ¿Cuál es el grupo de edad más numeroso?
c) En los grupos de edad más elevada, ¿hay más hombres o mujeres? ¿Por qué?
d) ¿Qué ocurrirá en el futuro si no aumenta la proporción de población en los grupos de edad más jóvenes?

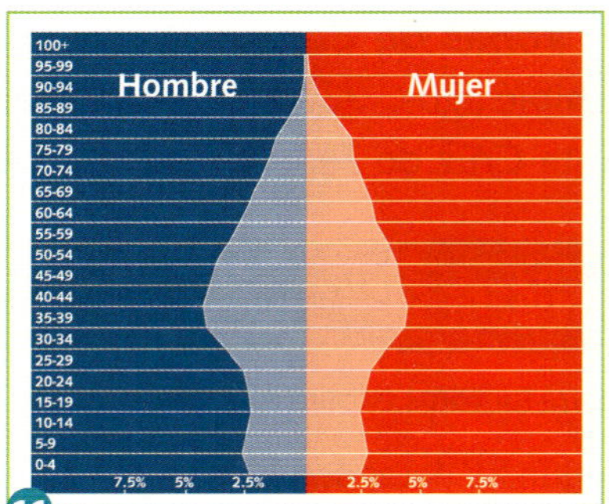


16 Pirámide de población española (2015).

## Sintetiza lo aprendido

1. Copia y completa en tu cuaderno la siguiente tabla:

| Fases demográficas | Características |
|---|---|
| Fase antigua | • • • • • |
| Fase de transición | • • • • • |
| Fase moderna | • • • • • |

## Razona y explica

2. ¿Qué causas naturales y humanas explican la distribución de la población mundial? Coméntalas en tu cuaderno.

3. Calcula en tu cuaderno la densidad de población de Japón y Sudáfrica a partir de los datos que aparecen en la siguiente tabla. Trata de explicar a qué se deben esas diferencias.

| | Japón | Sudáfrica |
|---|---|---|
| Superficie ($km^2$) | 337 800 | 1 221 000 |
| Población (millones de habitantes) | 127 | 55 |

4. Explica en tu cuaderno cuáles son las características del poblamiento de cada una de las siguientes regiones: costa atlántica de América del Norte, América Central, región del Golfo de Guinea, las zonas polares y Asia oriental y meridional.

5. ¿Cuáles son las causas de los movimientos migratorios? ¿Qué dos tipos de migraciones hay?

6. Define en tu cuaderno con tus propias palabras los siguientes conceptos: tasa de natalidad, tasa de fecundidad, tasa de mortalidad, tasa de mortalidad infantil, tasa de crecimiento vegetativo y migración.

7. Resume qué tres criterios se utilizan para estudiar la estructura de la población. Explícalos en tu cuaderno.

## Analiza el texto

8. Lee el siguiente texto y responde en tu cuaderno a las preguntas.

La población europea envejece. En 2010 unos 87 millones de europeos eran mayores de 65 años. El 17 por ciento de la población. En los últimos 50 años, la esperanza de vida en el continente ha aumentado 8 años y las proyecciones demográficas dicen que volverá a aumentar 5 años hasta 2050. El proceso de envejecimiento demográfico, unido a la baja fertilidad de los años 70, será todavía más marcado en los próximos decenios.

Fuente: www.euroxpress.es/noticias

a) Resume el contenido del texto. ¿Qué consecuencias puede tener la situación que describe?
b) ¿Qué características demográficas (natalidad, mortalidad, esperanza de vida, crecimiento vegetativo) tiene la población europea en la actualidad?
c) ¿Qué forma presentará su pirámide de población?

## ¿Verdadero o falso?

9. Indica si las siguientes afirmaciones son verdaderas o falsas. Cambia las que sean falsas y escríbelas correctamente en tu cuaderno.

a) El crecimiento natural actualmente es mayor en los países desarrollados que en los subdesarrollados.
b) Las migraciones provocan un envejecimiento de la población en las áreas de llegada.
c) Los principales movimientos migratorios actuales van desde las zonas económicamente más pobres a las zonas más ricas.

## Trabaja con una ilustración

10. Observa la siguiente imagen y contesta en tu cuaderno a las preguntas.

a) Describe lo que ves en la imagen. ¿Qué situación crees que nos muestra?
b) ¿De qué región del mundo proceden las personas que aparecen en ella?
c) ¿Cómo se llaman las personas que abandonan su país y se instalan en uno distinto?

11. Observa la Figura 17 y contesta en tu cuaderno a las preguntas.

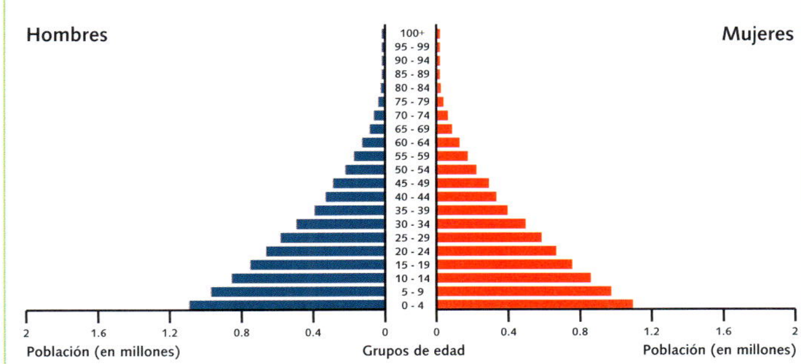


17 Pirámide de población.

a) ¿Qué forma tiene? ¿Por qué?
b) ¿A qué tipo de país puede pertenecer? ¿Desarrollado o subdesarrollado? ¿Por qué?
c) ¿Qué problemas tendrá en el futuro este país? ¿Qué ventajas presenta este tipo de estructura?

# 2 IDEAS CLAVE Y AUTOEVALUACIÓN

### Evolución y distribución de la población

- **Población:** conjunto de personas que viven en un territorio.
- **Demografía:** ciencia que estudia la composición y las características de la población.
- **Evolución de la población mundial:** tres fases: antigua, de transición y moderna. Actualmente, hay dos modelos demográficos: países en vías de desarrollo (fase de transición) y países desarrollados (fase moderna).
- **Evolución de la población europea.** Tres fases: de estabilidad, de aumento acelerado y de reducción en el crecimiento.
- **Causas de la desigualdad en la distribución de la población:** naturales y humanas.
- **Zonas de mayor densidad de población:** Asia oriental y meridional, Europa, región del Golfo de Guinea (África), América Central, costa atlántica de América del Norte y América del Sur.

### Estructura de la población

- **Según el sexo:** porcentaje de hombres y de mujeres equivalente.
- **Según la edad:** tres grandes grupos: jóvenes (0-14 años), adultos (15-64) y ancianos (65 o más). La población actual tiende al envejecimiento.
- **Según la actividad económica:** población activa e inactiva.

### Población española

- **Tasa de natalidad:** es una de las más bajas del mundo: 8,75‰.
- **Tasa de mortalidad:** es del 8,76‰. La esperanza de vida es una de las mayores del mundo, y se sitúa en los 85,90 años para las mujeres y los 80,40 para los hombres.
- **Distribución de la población:** las zonas más densamente pobladas son las regiones litorales y Madrid.

### Movimientos naturales de la población

- **Natalidad:** número de nacimientos en un lugar dentro de un periodo de tiempo concreto.
  - **Tasa de natalidad:** se divide el número de niños nacidos en un año en un territorio entre la población total, y el resultado se multiplica por mil.
- **Fecundidad:** número medio de hijos en relación con la población femenina de un territorio.
  - **Tasa de fecundidad:** se divide el número de nacidos en un año entre las mujeres fértiles (de 15 a 49 años), y el resultado se multiplica por mil.
- **Mortalidad:** número de fallecimientos en un lugar en un periodo de tiempo concreto.
  - **Tasa de mortalidad:** se divide el número de fallecidos en un año en un territorio entre la población total y el resultado se multiplica por mil.
  - **Tasa de mortalidad infantil:** relación entre el número de niños fallecidos en el primer año de vida y el total, de los nacimientos producidos en ese lugar.
- **Esperanza de vida:** media de años que se espera que viva una persona desde su nacimiento, dadas las condiciones de vida en un determinado territorio.
- **Crecimiento vegetativo o natural:** diferencia entre el número de nacimientos y el de fallecimientos en un lugar y en un periodo de tiempo concreto.
- **Migración:** movimiento de personas que cambian su residencia de un lugar a otro por un tiempo prolongado o indefinido. Dos tipos:
  - **Emigración** (salida desde el lugar de origen).
  - **Inmigración** (entrada a un lugar determinado).
- **Zonas emisoras de población:** África, Sureste de Asia, América Latina, Este de Europa.

**Anota en tu cuaderno la opción correcta:**

1. La relación entre la población de un lugar y la superficie que ocupa se llama:

a) Tasa de natalidad. c) Densidad de población.
b) Esperanza de vida. d) Migración.

2. ¿Qué zona del mundo acoge a casi la mitad de la población?

a) Asia oriental. c) Golfo de Guinea.
b) Europa. d) América del Norte.

3. ¿Qué tasa indica la cantidad de nacimientos que se producen en un lugar determinado?

a) Fecundidad. c) Esperanza de vida.
b) Mortalidad. d) Natalidad.

4. ¿En qué países son más elevadas las tasas de mortalidad infantil?

a) Desarrollados. c) Subdesarrollados.
b) En vías de desarrollo. d) Ninguno.

5. Cuando los nacimientos superan a las defunciones, el crecimiento vegetativo es:

a) Positivo. c) Cero.
b) Negativo. d) Nulo.

6. Cuando una persona sale de su país para trasladarse a otro es considerado:

a) Emigrante. c) Migrante.
b) Inmigrante. d) Xenófobo.

7. ¿Cuál de las siguientes zonas del mundo no es emisora de migrantes?

a) Europa mediterránea. c) Sureste de Asia.
b) África. d) América Latina.

8. Una persona que está desempleada pertenece a la población:

a) Inactiva. c) Primaria.
b) Activa. d) Terciaria.

# Unidad 3

# Las ciudades

## SUMARIO

- Concepto de ciudad
- Las ciudades de los países desarrollados
- Las ciudades españolas
- Las ciudades de los países en vías de desarrollo
- Los problemas de las ciudades actuales

## TÉCNICAS DE TRABAJO

- Análisis de un plano urbano

# 1 • Concepto de ciudad

Madrid. Los rascacielos son un símbolo de muchas ciudades actuales.

Hay **varios criterios** que se emplean para definir una ciudad:

- El **tamaño demográfico.** Es el criterio más utilizado, pero varía según el lugar. Por ejemplo, en España, para que una localidad sea considerada ciudad, debe tener más de 10 000 habitantes, y en Japón más de 30 000, pero en Suecia o Dinamarca basta con que tenga más de 200.
- La **morfología.** Es un factor determinante: una ciudad debe tener edificios elevados, infraestructuras viarias adecuadas para el tráfico denso, barrios agrupados con diferentes funciones, etc. (Figura 1).
- Las **actividades económicas.** Las habituales de las ciudades son las industriales y los servicios, a diferencia de los espacios agrarios, donde predomina el sector primario.
- El **nudo de transportes.** En las ciudades se concentra una elevada cantidad de población, y por eso en ellas encontramos las infraestructuras más importantes: autopistas, principales estaciones de ferrocarril, de autobuses, puertos y aeropuertos (Figura 2).

## 1.1 • Las funciones urbanas

Las ciudades tienen **diversas funciones.** Estas son algunas de las más características:

| Funciones de las ciudades | |
|---|---|
| Función residencial | La mayor parte del espacio de las ciudades está dedicado a viviendas, ya que tienen gran cantidad de población que necesita alojarse. |
| Función administrativa y de servicios | En las ciudades se concentran servicios como la banca, seguros, etc., y los que presta la Administración pública: ayuntamientos, juzgados ministerios, etc.<br>Hay ciudades como Nueva York, París o Bruselas que también albergan organismos internacionales. |
| Función industrial | Desde la Revolución Industrial, las ciudades han acogido las industrias. La tendencia actual es alejarlas de los núcleos urbanos, lo que ha dado lugar a los polígonos industriales, que se sitúan en el extrarradio. |
| Función cultural | Algunas ciudades destacan por sus actividades universitarias, como Salamanca o Santiago de Compostela; otras por su función religiosa, como Roma o La Meca. |
| Función turística | El patrimonio cultural y artístico de muchas ciudades sirve de reclamo para visitarlas, como ocurre en los casos de París, Venecia o Praga. |

Nueva York. El intenso tráfico y las infraestructuras viarias también son característicos de la vida urbana.

## Actividades

1. ¿Qué otros criterios, además de los que has estudiado, piensas que pueden considerarse a la hora de definir una ciudad? Pon algunos ejemplos en tu cuaderno.
2. Piensa en la localidad en la que vives y aplica los criterios que definen una ciudad. ¿Tu localidad se puede definir como una ciudad? Justifica tu respuesta.
3. Indica en tu cuaderno qué funciones puedes identificar en tu localidad o ciudad.

## 1.2 • Forma y estructura de la ciudad

Para conocer la forma de una ciudad se usan los **planos,** que la representan a escala. Los planos urbanos permiten ver la **organización del espacio** (viviendas, jardines, parques, calles, etc.) y apreciar cómo ha evolucionado la ciudad a lo largo del tiempo.

Los principales **tipos de plano** son los siguientes (Figuras 3, 4, 5 y 6):

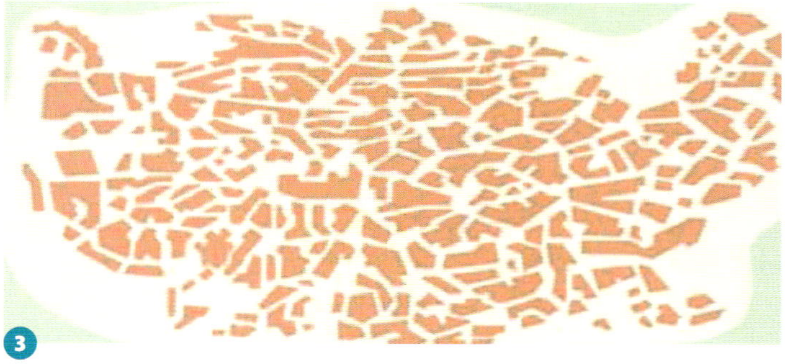

3 **Plano irregular.** Muestra calles **estrechas** y **desorganizadas,** sin ninguna planificación ni espacios abiertos como jardines o plazas. Es característico de los **cascos históricos** de las ciudades, que se situaban en el interior de las murallas.

4 **Plano lineal.** Corresponde a poblaciones que surgen junto a un río o una vía de comunicación, por lo que evolucionan a lo largo de su recorrido.

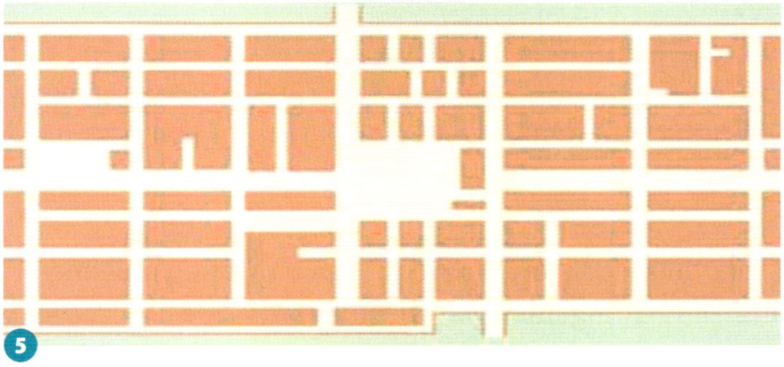

5 **Plano ortogonal** o **en cuadrícula.** Las calles son **rectas,** discurren **en paralelo** y se cruzan en **ángulo recto.** Las casas forman manzanas, lo que permite extender fácilmente el patrón. Una **vía diagonal** atraviesa el plano para facilitar el tráfico. Su origen está en las ciudades griegas y romanas. Más tarde se usó en algunas nuevas ciudades americanas y en los **ensanches** que se hicieron en muchas ciudades europeas durante el siglo XIX.

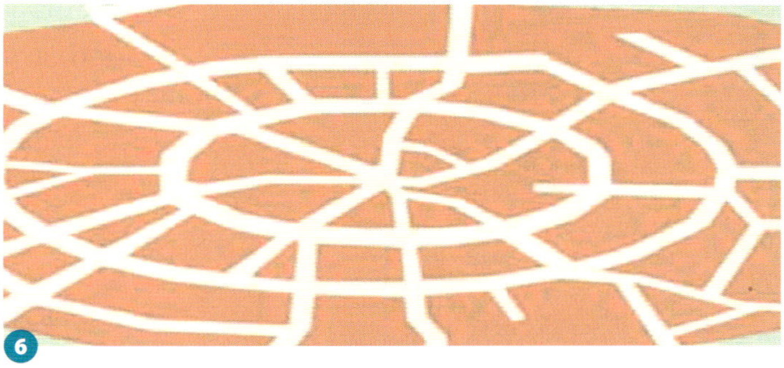

6 **Plano radiocéntrico.** Las calles parten de un **punto central,** formando **radios** hasta la periferia. Estas calles se cortan perpendicularmente por otras concéntricas. Así se facilita la comunicación entre la periferia y el centro, donde se encuentran las actividades principales de la ciudad. En la Edad Media el centro solía corresponder a una catedral, un castillo, un mercado, etc.

La estructura de las ciudades está condicionada por las funciones a las que se destina su suelo urbano. Así, se distinguen **zonas centrales** (espacio que suele corresponder al centro histórico y a los lugares de negocios), **áreas residenciales** (destinadas a viviendas), **áreas comerciales, áreas industriales** y **zonas verdes** (parques y jardines).

### Actividades

4. ¿Qué son los planos urbanos? ¿Qué podemos ver en ellos?
5. Describe en tu cuaderno los distintos tipos de plano de una ciudad.
6. Busca información en Internet e indica en tu cuaderno un ejemplo de ciudad para cada uno de los distintos tipos de plano.
7. ¿Qué zonas y áreas pueden distinguirse según las funciones a las que se destina el suelo urbano? ¿Puedes poner un ejemplo de cada una de ellas en tu localidad o ciudad?
8. Si tuvieras que diseñar una ciudad, ¿qué tipo de plano elegirías? ¿Por qué?

## 1.3 • Jerarquías y redes urbanas

Las ciudades ejercen fuerte influencia sobre las zonas que se encuentran a su alrededor, llamadas **áreas de influencia.** En función del tamaño de estas áreas de influencia se puede establecer una **jerarquía urbana:**

- **Ciudades con área de influencia global.** Son grandes ciudades en las que se toman decisiones políticas y económicas que afectan a escala mundial. Todas ellas son centros económicos y de innovación tecnológica, y sede de grandes empresas multinacionales. Nueva York, Londres, París o Tokio son ejemplos de este tipo de ciudad (Figura 7).
- **Ciudades con área de influencia nacional.** Se trata de aquellas grandes urbes de cada país donde se toman decisiones que afectan a toda la nación. Concentran numerosas funciones y servicios, ya que en ellas residen los órganos de dirección política y económica de sus respectivos países. Normalmente son las capitales, como Roma, Washington o Seúl.
- **Ciudades con área de influencia regional.** Son ciudades de cierta importancia que, por ser centros culturales, administrativos o comerciales, ejercen influencia sobre los territorios más cercanos, como Milán o Lyon.
- **Ciudades con área de influencia local.** Su área de influencia se limita a su entorno inmediato.
- **Ciudades con área de influencia rural.** Son ciudades pequeñas que establecen relaciones con sus entornos rurales más próximos, cuyos habitantes han de acudir a ellas para obtener servicios especializados (médicos, seguros, abogados, etc.).

7 Tokio. Es la capital de Japón y la ciudad con influencia global más importante de Asia.

Los núcleos urbanos jerarquizados que conviven en un territorio y que mantienen relaciones entre ellos configuran una **red urbana.**

En los países desarrollados, las redes urbanas son tupidas, ya que las relaciones entre las diversas ciudades son muy estrechas e incluso interdependientes. Sin embargo, en los países subdesarrollados la red urbana es menos estable, porque no es tan densa y la jerarquización resulta menos evidente.

**Enfermedades urbanas** ?

La rapidez de la vida en la ciudad es causa de enfermedades típicamente urbanas, como el estrés o la ansiedad.

## Actividades

9. ¿Qué es un área de influencia? ¿Y la jerarquía urbana?

10. Copia en tu cuaderno la siguiente tabla e indica en cada caso un ejemplo, señalando, con la ayuda del mapamundi que aparece en el anexo de este libro, en qué país y continente está cada una de las ciudades que has utilizado de ejemplo:

| Ciudad con influencia | Ejemplo |
|---|---|
| Global | • • • • |
| Nacional | • • • • |
| Regional | • • • • |

11. Investiga en Internet y encuentra ejemplos de los siguientes tipos de ciudades:

a) Dos ciudades de influencia nacional que se localicen en algún país asiático.
b) Dos ciudades de influencia nacional que se encuentren en Oceanía.
c) Dos ciudades de influencia regional que se localicen en América del Sur.
d) Dos ciudades de influencia regional que se encuentren en África.

12. Explica en tu cuaderno qué diferencias hay entre la red urbana de los países desarrollados y la de los países subdesarrollados.

# 2 • Las ciudades preindustriales

Las **ciudades preindustriales** son aquellas que surgieron antes de la Revolución Industrial, desde 5000 años a. C. hasta el siglo XIX.

## 2.1 • Las primeras ciudades

Las **primeras ciudades** aparecieron en el Neolítico, en la región de Mesopotamia (Jericó o Catal Hüyük), en el valle del Nilo (Menfis) y en el valle del Indo (Mohenjo-Daro). Compartían varias características: estaban amuralladas, se situaban cerca de un río, las viviendas se disponían de manera desordenada y los edificios principales eran el templo y el palacio.

## 2.2 • Las ciudades griegas y romanas

Las **ciudades griegas** se caracterizaron por la existencia de una zona elevada llamada **acrópolis,** donde se situaban los templos, y de un espacio público denominado **ágora,** alrededor del cual se extendían las viviendas.

Las **ciudades romanas** siguieron el modelo del campamento militar, con dos vías principales (el cardo, que iba de norte a sur, y el decumano, que tenía orientación este-oeste) y las calles trazadas en cuadrícula.

8 Ávila. En la Edad Media, las murallas servían para defenderse de los enemigos, cobrar impuestos por la llegada de productos y controlar la entrada de personas con enfermedades contagiosas.

## 2.3 • Las ciudades en la Edad Media y la Edad Moderna

Durante la **Edad Media** (desde el siglo V hasta el XV) las ciudades se caracterizaron por la existencia de **murallas,** que tenían tres funciones: defensiva, fiscal y sanitaria (Figura 8). Dentro del recinto amurallado las calles se disponían de manera irregular, presididas por la catedral o la mezquita, según si eran cristianas o musulmanas. Fuera de las murallas se levantaron barrios llamados **arrabales,** en los que vivían las clases más bajas de la sociedad.

Las ciudades medievales se denominaron **burgos.** Por eso, actualmente el nombre de muchas ciudades termina en "burgo", o incluso se llaman Burgos, como en el caso de la ciudad española. A sus habitantes, con el tiempo, los llamaron **burgueses**.

Durante la **Edad Moderna** (siglos XVI, XVII y XVIII) las ciudades vivieron un proceso de expansión. Se embellecieron con edificios majestuosos, como **palacios** e **iglesias,** y se diseñaron jardines, plazas y grandes avenidas que se organizaban desde un plano determinado. La ciudad quería así ser el símbolo del poder monárquico (Figura 9).

9 Salamanca. En la Edad Moderna, las plazas tuvieron múltiples funciones, como servir de lugar de mercado.

## Actividades

13. ¿Cuándo nacieron las primeras ciudades? ¿Por qué crees que surgieron? ¿Qué ventajas crees que tenía para sus pobladores agruparse en una ciudad?

14. ¿Qué era la acrópolis en las ciudades griegas? ¿Y el ágora?

15. Las ciudades medievales se denominaron burgos. Busca información en Internet e indica tres ciudades europeas actuales cuyo nombre termine en "burgo".

16. ¿Cómo evolucionaron las ciudades en la Edad Moderna?

# 3 • Las ciudades industriales

10 Ensanche de la ciudad de Barcelona. Es un claro ejemplo del tipo de plano ortogonal.

La Revolución Industrial que vivió Europa durante los siglos XVIII y XIX afectó a las ciudades. Las nuevas fábricas se instalaron en ellas, porque así estaban mejor comunicadas. Esas nuevas fábricas atrajeron a gran cantidad de población procedente del campo, lo que se conoce como **éxodo rural.**

A su vez, este **aumento de población** provocó la expansión de la ciudad, que además empezó a desempeñar múltiples funciones y se convirtió en un **centro de servicios,** que incluían a médicos, abogados, bancos, seguros, universidades, bibliotecas, museos, etc.

Para ganar espacio, algunas murallas medievales se derribaron y se crearon **nuevos barrios,** claramente diferenciados según las clases sociales que los habitaban:

- Los **ensanches,** que eran los **barrios** en los que vivían mayoritariamente las **clases acomodadas:**
  - Las calles se organizaron según el **plano ortogonal** (Figura 10).
  - Las casas, de varios pisos de altura, se agruparon en **manzanas.**
  - El agua y la electricidad llegaban a la mayoría de los pisos, por lo que sus habitantes disfrutaban de grandes comodidades.
  - La disposición de las viviendas marcaba la **distinción social** existente entre los burgueses más adinerados, que ocupaban toda la planta principal; las clases medias (médicos, abogados, etc.), que ocupaban los pisos de la segunda y la tercera planta; y el personal de servicio y las familias con menos recursos, que se alojaban en las buhardillas del último piso.
  - Tenían las calles empedradas, había alcantarillado y alumbrado público y disfrutaban de servicios como colegios, tranvías o parques y jardines.
- Los **suburbios,** que eran los **barrios** en los que vivían los **obreros:**
  - Se situaban lejos del centro urbano, **cerca de las fábricas** (Figura 11).
  - Las casas estaban dispuestas sin ninguna organización.
  - Las calles no estaban empedradas y no había alcantarillado ni alumbrado público.
  - Las casas no disponían de agua corriente y estaban habitadas por varias familias, por lo que no había ningún tipo de intimidad.
  - Eran **barrios insalubres,** lo que provocaba un elevado índice de enfermedades y fallecimientos. Hasta bien entrado el siglo XX no se produjeron reformas en estos barrios para construir cloacas o asfaltar las calles.

11 Los suburbios se asentaban en las cercanías de las fábricas, ya que en ellos vivían los trabajadores industriales.

## Actividades

17. Copia la siguiente tabla en tu cuaderno y complétala:

| Aumento de la población en las ciudades industriales | |
|---|---|
| Causas | .... |
| Consecuencias | .... |

18. Indica en tu cuaderno tres diferencias entre los ensanches y los suburbios.

# 4 • Las ciudades actuales

Hoy en día, la ciudad está en **proceso de expansión** y ocupa espacios rurales cercanos. Esto se debe al desarrollo del transporte, tanto público (autobuses, trenes de cercanías, etc.) como privado. Por lo tanto, se han multiplicado las **infraestructuras viarias:** autopistas y autovías de circunvalación, aparcamientos, estaciones y vías de ferrocarril.

Este proceso se conoce como **ciudad difusa,** porque resulta difícil distinguir dónde acaba la ciudad y dónde empieza el espacio rural.

12 Filadelfia. Forma parte de la megalópolis noreste o Boswash (sílabas iniciales de las dos ciudades extremos del área: Boston y Washington).

## Área metropolitana

En su proceso de crecimiento, la ciudad ha ido absorbiendo las poblaciones cercanas y ha creado un área de influencia llamada **área metropolitana.**

Las áreas metropolitanas tienen una ciudad central y una serie de localidades alrededor de ella que funcionan como ciudades dormitorio, industriales y de servicios. Entre todas ellas existen relaciones muy estrechas.

## Conurbación

A medida que se extienden, las áreas metropolitanas pueden llegar a unirse con otras más próximas. Esto se denomina **conurbación,** y en ella cada una de las ciudades mantiene su estructura y su autonomía administrativa.

Las ciudades madrileñas de San Sebastián de los Reyes y Alcobendas son un claro ejemplo de conurbación: las dos urbes están separadas solo por una calle.

## Megalópolis

Un paso más en el proceso de crecimiento urbano es la **megalópolis,** que consiste en la conurbación de varias grandes ciudades.

Una muestra de megalópolis es la llamada Boswash estadounidense, entre Boston y Washington, que incluye ciudades como Hartford, Nueva York y Filadelfia (Figura 12). Se trata de un conglomerado urbano de más de 800 km y casi 80 millones de habitantes.

## Ciudades globales

También destacan las llamadas **ciudades globales,** que son grandes urbes conocidas internacionalmente, con influencia mundial, que cuentan con un gran aeropuerto, un moderno sistema de transporte y una red de telecomunicaciones muy avanzada. Ámsterdam, Londres, Nueva York o Hong Kong son algunas de ellas (Figura 13).

13 Ámsterdam. Es una ciudad global.

## Actividades

19. ¿Las ciudades actuales están en un proceso de expansión o de retroceso? Justifica en tu cuaderno la respuesta.

20. ¿Qué es un área metropolitana? ¿Por qué se produce?

21. Ordena en tu cuaderno, según su influencia sea mayor o menor, los siguientes elementos: conurbación, ciudad global, área metropolitana y megalópolis.

# 5 • Las ciudades de los países desarrollados

Las **ciudades de los países desarrollados** tienen características comunes, aunque también se observan algunas **diferencias:**

- **Ciudades de Europa.** Suelen ser **muy antiguas,** muchas de origen romano o medieval. El paso del tiempo se nota en su plano urbano, fruto de **sucesivas agregaciones.** En él se distinguen varias zonas:

| **Zonas de un plano urbano de una ciudad europea** | |
|---|---|
| Centro histórico | – Es la **zona más antigua de la ciudad,** generalmente donde se originó.<br>– En esta zona se encuentran los edificios históricos, como la catedral, el ayuntamiento o la plaza mayor.<br>– Las principales actividades que se llevan a cabo en esta zona tienen que ver con el comercio, el turismo, la cultura y el ocio. |
| Ensanches | – Rodean el centro histórico y se hicieron en el siglo XIX para albergar a la población creciente de las ciudades.<br>– Para edificarlos, muchas veces se derribaron las antiguas murallas. Su trazado es regular y planificado.<br>– Se pensaron para acoger a las clases más acomodadas y ahora concentran mucha **actividad comercial** y **empresarial.** |
| Periferia | – Son barrios alejados del centro que albergan a la mayoría de la población.<br>– Algunos son **barrios residenciales** para las clases acomodadas, mientras que otros son **ciudades dormitorio,** para las clases menos favorecidas.<br>– En esta zona hay, además, grandes instalaciones que requieren de mucho espacio, como polígonos industriales, centros comerciales, hospitales, etc. |

- **Ciudades de América del Norte** y **Australia.** Las fundaron los colonizadores europeos a partir del **siglo XVI,** por lo que sus **trazados** son **regulares** y cuentan con amplias avenidas y plazas, a partir del modelo de ciudad renacentista. En ellas se distinguen varias zonas:
  - **Núcleo central.** El ***Central Business District*** **(CBD)** es el corazón financiero, con altos **rascacielos** donde trabajan miles de personas (Figura 14).
  - **Barrios marginales.** Rodean el centro financiero y en ellos suelen concentrarse algunas **minorías étnicas.**
  - **Áreas residenciales.** Situadas en el extrarradio, muy alejadas del centro, albergan a la mayoría de la población. Están formadas por **viviendas unifamiliares** con jardín.

14 Vista aérea del *Central Business District* (CBD) de Chicago, una de las ciudades con mayor número de habitantes de Estados Unidos.

En la mayoría de las ciudades de los países desarrollados el **transporte privado** predomina sobre el público, por lo que a su alrededor se extiende una amplia **red de autopistas** y **carreteras** que comunican las áreas residenciales con los centros de trabajo.

## Actividades

22. Copia la siguiente tabla en tu cuaderno y complétala:

| | Origen | Características | Zonas |
|---|---|---|---|
| Ciudades de Europa | .... | .... | .... |
| Ciudades de América del Norte y Australia | .... | .... | .... |

23. ¿Por qué las ciudades de Europa suelen tener un trazado irregular, al contrario que las americanas?

# 6 • Las ciudades españolas

Las **ciudades españolas** han experimentado un **continuo crecimiento** a lo largo de su dilatada historia, especialmente acelerado desde mediados del siglo XIX. Actualmente, el 80% de la población española vive en áreas urbanas.

## El sistema urbano español

El **sistema urbano español** está constituido por un conjunto de ciudades de diferente importancia. En ellas se distingue la siguiente **jerarquía urbana:**

- Las **metrópolis nacionales.** Son ciudades que superan los tres millones de habitantes, como Madrid y Barcelona. Su área de influencia alcanza a todo el país, pues ejercen numerosas y variadas funciones políticas, económicas y culturales.
- Las **metrópolis regionales.** Son ciudades que superan el medio millón de habitantes, como Valencia, Bilbao, Sevilla, Zaragoza y Málaga. Dan servicio a un extenso territorio, desempeñan muchas funciones y están conectadas con las metrópolis nacionales por grandes ejes de comunicación (trenes de alta velocidad, autopistas y rutas aéreas).
- Las **metrópolis provinciales.** Tienen entre 200 000 y 500 000 habitantes, como Tenerife, Alicante, Valladolid, Vigo, Palma de Mallorca o Murcia. Su influencia abarca la provincia de la que suelen ser capital.
- Las **ciudades medianas.** Tienen entre 50 000 y 200 000 habitantes. La mayoría son capitales de provincia, como Santander, Burgos o Cádiz, y su función administrativa las convierte en focos de atracción para la población.
- Las **ciudades pequeñas.** Son ciudades que tienen entre 10 000 y 50 000 habitantes. Suelen ser centros comarcales y disponen de algunos equipamientos e infraestructuras básicas, como Plasencia (Cáceres) o Jaca (Huesca).

Los principales núcleos urbanos españoles se localizan sobre todo en la **periferia** de la península. Su evolución ha dado lugar a la formación de **ejes de desarrollo urbano,** que son las áreas que concentran las principales actividades económicas y redes de transporte (Figura 15).

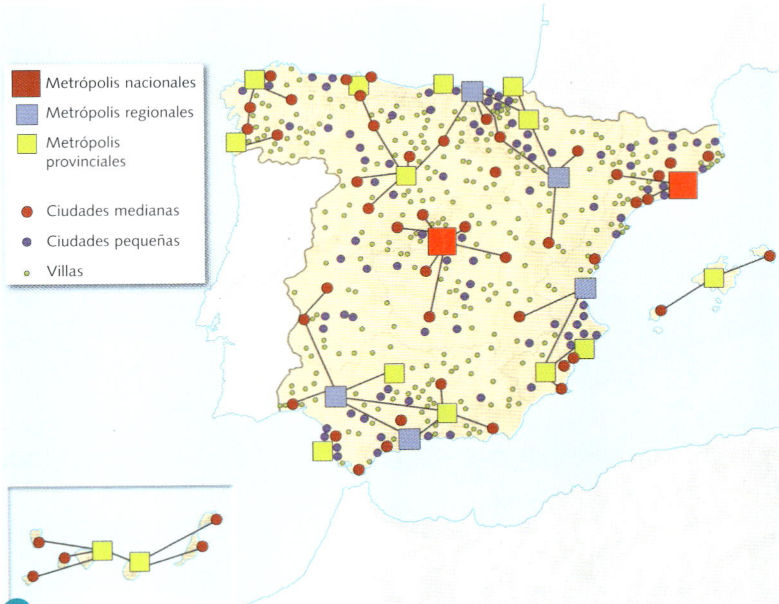


15
Jerarquía urbana del sistema de ciudades español.

## Actividades

24. Fíjate en el mapa de la Figura 15 y localiza en él:

a) Dos metrópolis nacionales, dos regionales y dos provinciales.
b) Dos ciudades pequeñas y dos ciudades medianas.

25. ¿Crees que la red urbana española se corresponde con un modelo de país desarrollado? ¿Por qué?

26. ¿A qué categoría de ciudad de las que existen en nuestro país corresponde la localidad en la que vives? ¿Por qué?

# 7 • Las ciudades de los países en vías de desarrollo

16 El Cairo. Es la capital de Egipto y su área metropolitana es la más poblada de África, con unos 16 millones de habitantes.

A diferencia de lo ocurrido en los países desarrollados, **las ciudades de los países en vías de desarrollo** han crecido de un modo más **tardío, masivo** y **descontrolado.**

Las **causas** de este crecimiento son dos:

- La **búsqueda de refugio en la ciudad.** Durante las últimas décadas, muchos campesinos se han establecido en las ciudades huyendo de los **conflictos bélicos,** el **hambre,** las **catástrofes naturales** o las **enfermedades** que han azotado a algunas zonas del planeta.
  Así han multiplicado su población muchas ciudades africanas, como por ejemplo Nairobi o El Cairo (Figura 16).
- La **instalación de fábricas y empresas.** En algunos países de Asia y América Latina con **economías emergentes,** las nuevas industrias y empresas (con capital local o extranjero) se asientan en las cercanías de las ciudades para obtener **mano de obra especializada.** A su vez, esto atrae a las ciudades a nuevos contingentes de población.

Las ciudades de los países en vías de desarrollo han tenido problemas para absorber este rápido crecimiento de la población y son un reflejo de las profundas **diferencias sociales** que aquejan a estos países.

Se pueden distinguir las siguientes **zonas:**

| Zonas de una ciudad de un país en vías de desarrollo | |
|---|---|
| Centro | – En esta zona se levantan grandes avenidas, plazas extensas y altos rascacielos, según el modelo de las ciudades de los países desarrollados.<br>– Aquí se sitúan las **actividades financieras** y **económicas**, con grandes empresas, bancos, edificios administrativos, etc. |
| Áreas residenciales | – En ellas habita una **minoría social enriquecida.**<br>– Son barrios que cuentan con **todos los servicios:** transporte, asistencia sanitaria, educación, seguridad, etc. |
| Extrarradio | – Lo forman **enormes barriadas** de edificios precarios, levantados **sin apenas planificación ni servicios** (agua corriente, electricidad, alcantarillado, etc.) (Figura 17).<br>– En muchas ocasiones las casas son **chabolas** o autoconstrucciones levantadas de manera ilegal. |

17 Barrio marginal de Soweto, a las afueras de Johannesburgo, en la República Sudafricana.

## Actividades

27. ¿De qué forma han crecido las ciudades de los países en vías de desarrollo? ¿Cuáles son las causas de este crecimiento?

28. ¿Qué quiere decir que las ciudades de los países en vías de desarrollo son un reflejo de las profundas diferencias sociales que aquejan a estos países?

Explícalo en tu cuaderno con tus propias palabras.

29. ¿Qué zonas se distinguen en las ciudades de los países en vías de desarrollo?

30. Indica en tu cuaderno tres diferencias que encuentres entre las ciudades de los países en vías de desarrollo y las de los países desarrollados.

# 8 • Los problemas de las ciudades actuales

Las **ciudades actuales** se enfrentan a diversos **problemas:**

| Problemas de las ciudades actuales | | |
|---|---|---|
| Problemas de crecimiento y financieros | Países desarrollados | – Las ciudades deben hacer frente a un **elevado gasto en servicios** para sus habitantes: suministros de agua y energía, infraestructuras de transporte, servicios asistenciales, educación, administración, etc.<br>– La **vivienda** es **escasa** y su **precio muy elevado.** |
| | Países en vías de desarrollo | – Las ciudades no han podido absorber de un modo ordenado el rápido crecimiento demográfico, por lo que se han creado **extensos barrios de infraviviendas** sin apenas servicios o equipamientos para sus habitantes.<br>– Muchas zonas carecen de agua potable, electricidad, servicio de recogida de residuos, transporte público, etc. |
| Problemas sociales | Países desarrollados | Algunas ciudades tienen bolsas de pobreza y marginación, barrios degradados o con elevada **delincuencia** y **marginalidad,** o bien zonas en las que exclusivamente viven **minorías étnicas,** con dificultades de integración. |
| | Países en vías de desarrollo | Una gran mayoría de la población vive en la **pobreza,** con altos índices de desempleo, marginalidad y delincuencia, y sufre graves carencias en educación (niños sin escolarizar) y asistencia sanitaria. |
| Problemas medioambientales | Países desarrollados | – La **contaminación** es muy elevada por el tráfico intenso, las calefacciones y las actividades industriales. La gran cantidad de **residuos** que se producen genera contaminación del agua, el suelo y el aire, además de las dificultades para su tratamiento y gestión (Figura 18).<br>– El consumo desenfrenado produce también una **demanda** excesiva **de recursos naturales.** |
| | Países en vías de desarrollo | La **contaminación** se agrava por la falta de sistemas para gestionar correctamente el abastecimiento de recursos básicos y el tratamiento de residuos. Tanto la calidad del agua como la del aire son malas, y el alcantarillado y la gestión de las basuras, muy deficientes. Esto produce graves **problemas medioambientales** y de **salud** para sus habitantes. |

18 El tráfico intenso es uno de los principales problemas de las ciudades y causa de elevados índices de contaminación.

## Actividades

31. Indica en tu cuaderno dos problemas financieros y de crecimiento, dos sociales y dos medioambientales a los que se enfrentan en la actualidad las ciudades de los países desarrollados y en vías de desarrollo.

32. Compara, en términos generales, la calidad de vida de los habitantes de las ciudades de los países desarrollados y en vías de desarrollo. ¿Dónde te parece que es mejor? Justifica en tu cuaderno la respuesta.

33. Uno de los problemas de las ciudades actuales es la generación excesiva de basura y residuos. ¿Se te ocurre alguna solución posible? Propón en tu cuaderno al menos tres medidas que pondrías en práctica.

### Los vertederos más grandes del mundo ?

La generación excesiva de basura es uno de los problemas más graves de las ciudades en la actualidad, y aún lo será más en el futuro, especialmente en los países en vías de desarrollo. Laogang (Shanghái, China), Sudokwon (Seúl, Corea), Jardim Gramacho (Río de Janeiro, Brasil) y Bordo Poniente (Ciudad de México) son los vertederos más grandes del mundo. Se ha calculado que China pasará de producir 520 550 toneladas diarias de residuos en 2005 a 1 400 000 toneladas en 2025.

## Análisis de un plano urbano

El **plano de una ciudad** es una representación gráfica a escala en la que se muestran los elementos y espacios que la componen.

A través de un plano urbano, podemos obtener información sobre cómo han evolucionado las ciudades y las distintas etapas históricas de su desarrollo que aparecen reflejadas en él.

Para analizar un plano urbano, debemos tener en cuenta los siguientes **factores:**

### 1 Emplazamiento de la ciudad

Hay que fijarse en el lugar físico en el que se asienta: si está junto a un río, a la orilla del mar, en una montaña, en un cruce de caminos, en una ruta comercial o de peregrinación, etc.

Todos estos elementos han condicionado su desarrollo.

### 2 Morfología

Es el trazado que tiene la ciudad, su estructura urbanística.

Se trata de identificar el tipo de plano (irregular, ortogonal, radiocéntrico, lineal). A veces, en una misma ciudad hay zonas con distintos tipos de plano, fruto de los diferentes momentos históricos en los que la ciudad ha ido creciendo.

### 3 Estructura

Hay que señalar las distintas áreas que forman la ciudad: el centro histórico, los ensanches y los barrios periféricos.

A su vez, hay que relacionar cada uno de estos elementos con un momento de la evolución histórica de la ciudad.

### 4 Transportes

Se trata de localizar las principales vías y elementos de comunicación: grandes avenidas, autopistas, carreteras, aeropuertos, puertos, vías de ferrocarril, etc.

### 5 Otros elementos

Nos tenemos que fijar en qué otros grandes espacios se pueden identificar en el plano de la ciudad, como zonas verdes, polígonos industriales, universidades, etc.

## Actividades

1. Fíjate en el plano parcial de la ciudad de Barcelona que aparece en la Figura 19 y contesta en tu cuaderno las preguntas:

a) ¿Qué tipo de plano observas? Describe sus características.

b) ¿Hay algún elemento físico que condicione el crecimiento de la ciudad? ¿Cuál?

c) Completa la siguiente tabla en tu cuaderno.

| Plano urbano de Barcelona | |
|---|---|
| Emplazamiento de la ciudad y situación | .... |
| Morfología | .... |
| Estructura | .... |
| Transportes | .... |
| Otros elementos | .... |

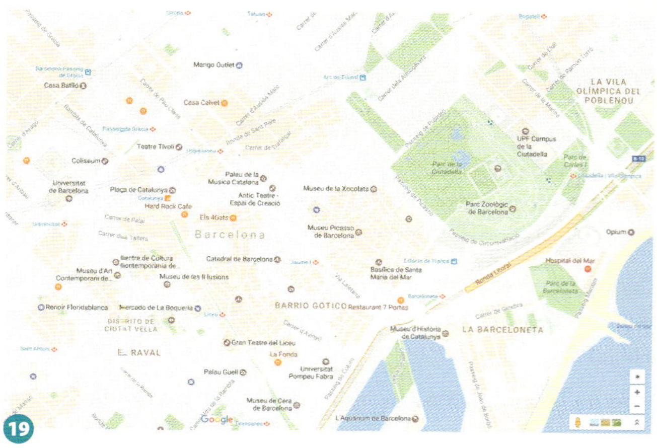


19 Plano de Barcelona. Fuente: Google Maps.

### Trabaja con una ilustración

1. Observa la Figura 20 y contesta en tu cuaderno a las preguntas.

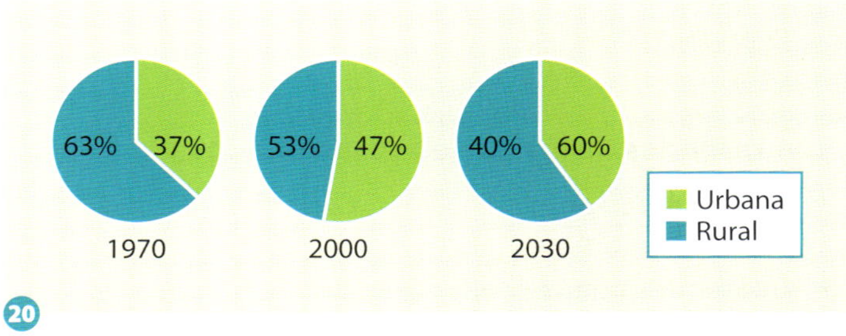


20
Distribución de la población mundial urbana y rural (1970, 2000 y 2030).

a) ¿Qué tendencia se muestra en esta representación?
b) ¿Por qué crees que la mayor parte de la población mundial prefiere vivir en las ciudades a hacerlo en el campo? ¿Qué ventajas ofrecen las ciudades? ¿Y desventajas?

2. Observa la Figura 21 y contesta en tu cuaderno a las preguntas.

21
Vista área de Peñíscola (Castellón).

a) Describe lo que ves en la imagen. ¿Qué forma tiene el plano de esta localidad?
b) ¿Con qué época histórica relacionas este trazado urbanístico? ¿Por qué?

### Sintetiza lo aprendido

3. Copia y completa en tu cuaderno la siguiente tabla.

| Funciones de las ciudades | |
|---|---|
| Función residencial | .... |
| Función administrativa y de servicios | .... |
| Función industrial | .... |
| Función cultural | .... |
| Función turística | .... |

4. Describe en tu cuaderno las características de los principales tipos de planos urbanos que existen.

### Razona y explica

5. ¿Qué diferencias hay entre las ciudades europeas y las ciudades americanas actuales?

6. Define en tu cuaderno con tus propias palabras los siguientes conceptos: ciudad preindustrial, conurbación, área metropolitana, ciudad global, megalópolis y red urbana.

7. ¿Cuáles son los principales problemas que afectan a las ciudades actuales de los países desarrollados? ¿Y a las de los países en vías de desarrollo?

### Relaciona conceptos

8. Copia en tu cuaderno las dos columnas siguientes y relaciona sus componentes.

| | |
|---|---|
| 1. Ciudad global | a. Madrid |
| 2. Ciudad con influencia rural | b. Londres |
| 3. Ciudad con influencia nacional | c. Puertollano |
| 4. Ciudad con influencia local | d. Milán |
| 5. Ciudad con influencia regional | e. Burgos |

### Analiza el texto

9. Lee el siguiente texto y responde en tu cuaderno a las preguntas.

Río de Janeiro, una gran ciudad de 11 800 000 habitantes, tiene un grave problema con los asentamientos informales de población (llamados favelas). En Río se han calculado unas 968 favelas, en las que viven entre 1,5 y 2 millones de personas.

Es complicado obtener datos que se ajusten a la realidad, ya que para las autoridades ha sido muy difícil contabilizar el número de personas que realmente viven en este tipo de barrios. De hecho, hasta hace pocos años, era prácticamente imposible entrar en algunas favelas, debido a su elevada peligrosidad.

Las favelas son barrios marginales con viviendas de mala calidad, acceso limitado a los servicios, elevada densidad de población y una fuerte inseguridad por la propiedad de la tierra.

La proliferación de las favelas es un problema generalizado en todas las ciudades de Brasil, donde alrededor de 12 millones de personas viven en estos lugares.

Fuente: Juan Pérez Ventura, *Los problemas socioeconómicos de las ciudades globales de Sur*, Estudio de caso: Río de Janeiro, 2013

a) Resume el contenido del texto. ¿Qué son las favelas?
b) ¿De qué país son características? ¿Por qué?
c) Describe las características que tienen las favelas según el texto. ¿Qué otros problemas sociales, medioambientales o financieros piensas que pueden tener? Pon algún ejemplo.
d) Conforme a lo que has estudiado, ¿en qué zona de las ciudades piensas que se localizan las favelas? ¿Por qué?

### Busca información en Internet

10. En los últimos años se están comenzando a desarrollar proyectos para crear áreas urbanas que sean respetuosas con el medioambiente. Este nuevo modelo de urbanismo pretende crear ciudades ecológicas o ecociudades. Busca información en Internet sobre las llamadas ecociudades y elabora un breve informe en tu cuaderno. Anota qué características deben tener y expresa tu opinión sobre este tipo de proyectos.

# 3 IDEAS CLAVE Y AUTOEVALUACIÓN

## Concepto de ciudad

- **Criterios de definición:** tamaño demográfico, morfología, actividades económicas y nudo de transportes.
- **Funciones de las ciudades:** residencial, administrativa y de servicios, industrial, cultural y turística.
- **Forma y estructura de la ciudad:**
  - **Planos urbanos:** sirven para conocer la forma de la ciudad, la organización del espacio y cómo ha evolucionado. Tipos de plano: irregular, ortogonal o en cuadrícula, radiocéntrico y lineal.
  - **Estructura urbana condicionada por las funciones a las que se destina el suelo urbano:** zonas centrales, áreas residenciales, comerciales, industriales y zonas verdes.
- **Jerarquías y redes urbanas:**
  - **Áreas de influencia:** zonas alrededor de la ciudad sobre las que ejerce fuerte influencia. Pueden ser: ciudades con área de influencia global, nacional, regional, local y rural.
  - **Red urbana:** núcleos urbanos jerarquizados que conviven en un territorio y mantienen relaciones entre ellos. En los países desarrollados las redes urbanas son tupidas y en los subdesarrollados son menos estables y densas.

## Las ciudades preindustriales

- Las primeras ciudades aparecen en el Neolítico, en Mesopotamia y en los valles del Nilo y del Indo. Después aparecieron las ciudades griegas, las romanas, las medievales y las de la Edad Moderna.

## Las ciudades industriales

- Se instalaron fábricas que atrajeron a gran cantidad de población procedente del campo (éxodo rural). Esto provocó la expansión de la ciudad, que empezó a desempeñar múltiples funciones y se convirtió en un centro de servicios.
- Se crearon nuevos barrios diferenciados según las clases sociales: ensanches (clases acomodadas) y suburbios (obreros).

## Las ciudades actuales

- **Ciudad difusa:** resulta difícil distinguir dónde acaba la ciudad y dónde empieza el espacio rural. Se puede distinguir entre: área metropolitana, conurbación, megalópolis y ciudades globales.

## Las ciudades de los países desarrollados

- **Ciudades de Europa:** antiguas, plano urbano con tres zonas (casco antiguo, ensanches y periferia).
- **Ciudades de América del Norte y Australia:** trazados regulares con varias zonas (núcleo central, barrios marginales y áreas residenciales).

## Las ciudades españolas

- **Jerarquía urbana:** metrópolis nacionales (más de tres millones de habitantes, como Madrid o Barcelona); metrópolis regionales (más de medio millón de habitantes, como Valencia o Bilbao); metrópolis provinciales (entre 200 000 y 500 000 habitantes, como Tenerife o Alicante); ciudades medianas (entre 50 000 y 200 000 habitantes, como Santander o Cádiz); ciudades pequeñas (entre 10 000 y 50 000 habitantes, como Plasencia o Jaca).

## Las ciudades de los países en vías de desarrollo

- Tuvieron un crecimiento más tardío, masivo y descontrolado. Profundas diferencias sociales que se manifiestan en las zonas de la ciudad: centro, áreas residenciales y extrarradio.

## Los problemas de las ciudades actuales

- **Países desarrollados:** elevado gasto en servicios, vivienda escasa y cara, bolsas de pobreza y marginación, contaminación.
- **Países subdesarrollados:** falta de servicios y equipamientos en muchos barrios, pobreza, delincuencia, contaminación.

**Anota en tu cuaderno la opción correcta:**

1. ¿En qué país se considera que una localidad con 200 habitantes es una ciudad?

a) En España. c) En Suecia.
b) En Japón. d) En India.

2. La mayor parte del espacio de las ciudades está dedicado a viviendas. Se trata de la función:

a) Administrativa. c) Terciaria.
b) Residencial. d) Cultural.

3. ¿En qué plano urbano parten las calles de un punto central?

a) Irregular. c) Radiocéntrico.
b) Ortogonal. d) Lineal.

4. ¿Cuál de las siguientes ciudades tiene influencia global?

a) Roma. c) Londres.
b) Barcelona. d) Madrid.

5. ¿Qué ciudades preindustriales siguieron el modelo de un campamento militar?

a) Las griegas. c) Las medievales.
b) Las romanas. d) Las modernas.

6. En la ciudad industrial, los barrios cercanos a las fábricas eran:

a) Los ensanches. c) Los suburbios.
b) Los barrios fabriles. d) Los barrios ortogonales.

7. Que las áreas metropolitanas se unan a otras más cercanas se denomina:

a) Conurbación. c) Ciudad difusa.
b) Megalópolis. d) Ciudad global.

8. En los países en vías de desarrollo, la minoría social enriquecida vive:

a) En el centro. c) En el extrarradio.
b) En los ensanches. d) En las áreas residenciales.

Unidad 4

# La Prehistoria

## SUMARIO

- ¿Qué es la Prehistoria?
- La evolución humana
- El Paleolítico
- El Neolítico
- La Edad de los Metales

## TÉCNICAS DE TRABAJO

- Elaboración de un eje cronológico

# 1 • ¿Qué es la Prehistoria?

La **Prehistoria** es el periodo de tiempo que va desde la aparición de los **primeros homínidos** hasta los comienzos de la escritura, aproximadamente en el 3500 a. C.

La **Prehistoria** se divide en varios periodos (Figura 1):

- **Paleolítico.** El ser humano se dedica a una **economía de subsistencia** o depredadora. Es decir, no produce todavía sus alimentos, sino que los toma de la naturaleza.
- **Neolítico.** Se descubren la **agricultura,** la **ganadería** y la **cerámica.** Aparecen los primeros **poblados estables.**
- **Edad de los Metales.** Se divide en tres grandes periodos: **Cobre, Bronce** y **Hierro.** Surge una organización social más avanzada y compleja.

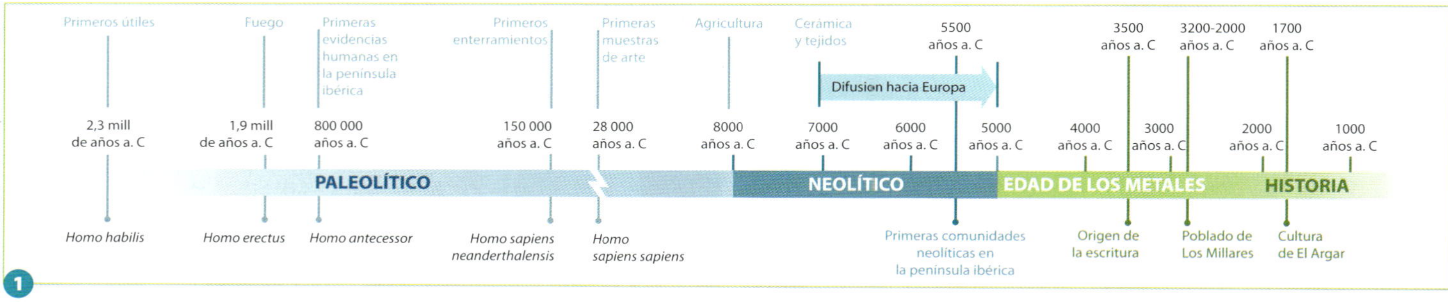


1 La Prehistoria y los comienzos de la Historia.

**Hominización**

Durante la Prehistoria surgió la especie humana actual, el *homo sapiens sapiens*. Poco a poco, los seres humanos evolucionaron a partir de los primates y adquirieron características propias, en un proceso conocido como **hominización**.

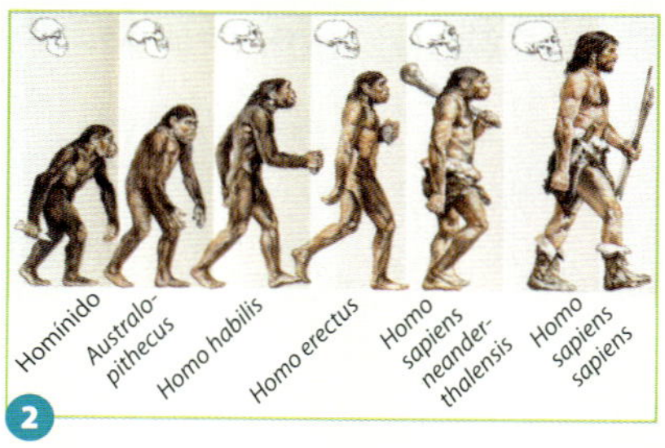


2 Hominización.

# 2 • La evolución humana

Hace unos cuatro millones de años, en África, algunos primates comenzaron a caminar sobre dos patas **(bipedación).** Con ello, su capacidad visual aumentó y pudieron liberar sus manos, lo que les permitió utilizar palos o piedras para conseguir comida. Una mejor alimentación provocó el **desarrollo del cerebro,** lo que les facilitó el surgimiento del **lenguaje** y los dotó de la capacidad para fabricar **herramientas.**

En este proceso de evolución, de millones de años, surgieron diversas especies hasta llegar al actual *homo sapiens sapiens* (Figura 2):

- *Homo* ***habilis.*** Hace 2,3 millones de años. El primero capaz de fabricar herramientas.
- *Homo* ***erectus.*** Hace 1,9 millones de años. Se expandió por Asia.
- *Homo* ***antecessor.*** Hace 800 000 años. Primer poblador de Europa.
- *Homo sapiens* ***neanderthalensis*** (hombre de Neandertal). Hace 150 000 años.
- *Homo* ***sapiens sapiens*** (hombre actual). Hace 28 000 años.

## Actividades

1. ¿En qué período de la Prehistoria aparecieron los primeros poblados estables? ¿Fue antes de la aparición de la escritura o después?
2. Explica en tu cuaderno qué importancia tuvo para los seres humanos el hecho de ser bípedos y poder caminar solo sobre dos patas.

# 3 • El Paleolítico

**Paleolítico** significa *piedra antigua*. Es una palabra procedente del griego: *paleos* (antiguo) y *lithos* (piedra). Es la **etapa más larga y remota de la historia** de la humanidad. Comienza con la aparición del ser humano, hace unos 2,3 millones de años, y termina hace 10 000 años.

Esta etapa coincide, además, con las **glaciaciones.** Los intensos fríos cubrieron de hielo gran parte de los continentes y dejaron grandes extensiones de **estepas** en las que vivían animales como mamuts, rinocerontes lanudos, bisontes, ciervos, renos, etc.

**Las glaciaciones**

Fueron periodos durante los cuales bajaron las temperaturas en la Tierra, con lo que se extendieron los glaciares y los casquetes polares.

La glaciación más reciente acabó hace unos 10 000 años.

Durante este periodo, los seres humanos vivían de la **caza**, la **pesca** y la **recolección** de frutas y plantas silvestres. No conocían ni la agricultura ni la ganadería. Para conseguir su alimento, debían desplazarse siguiendo a las manadas de animales que cazaban, así que llevaban una **vida nómada.** Para cazar, vestirse o construir refugios, fabricaban **herramientas** piedra, hueso o madera. Tallaban las piedras golpeándolas unas con otras, para fabricar buriles, puntas de lanza, hachas, raederas, etc.

Los seres humanos vivían en **cuevas** o al aire libre, en pequeños refugios de ramas y pieles. Conocían el **fuego,** que usaban para calentarse, cocinar, iluminar las cuevas y ahuyentar a los animales. Formaban pequeños grupos, unidos por lazos de sangre. La vida era difícil y era raro que los individuos viviesen más de 35 años (Figura 3).

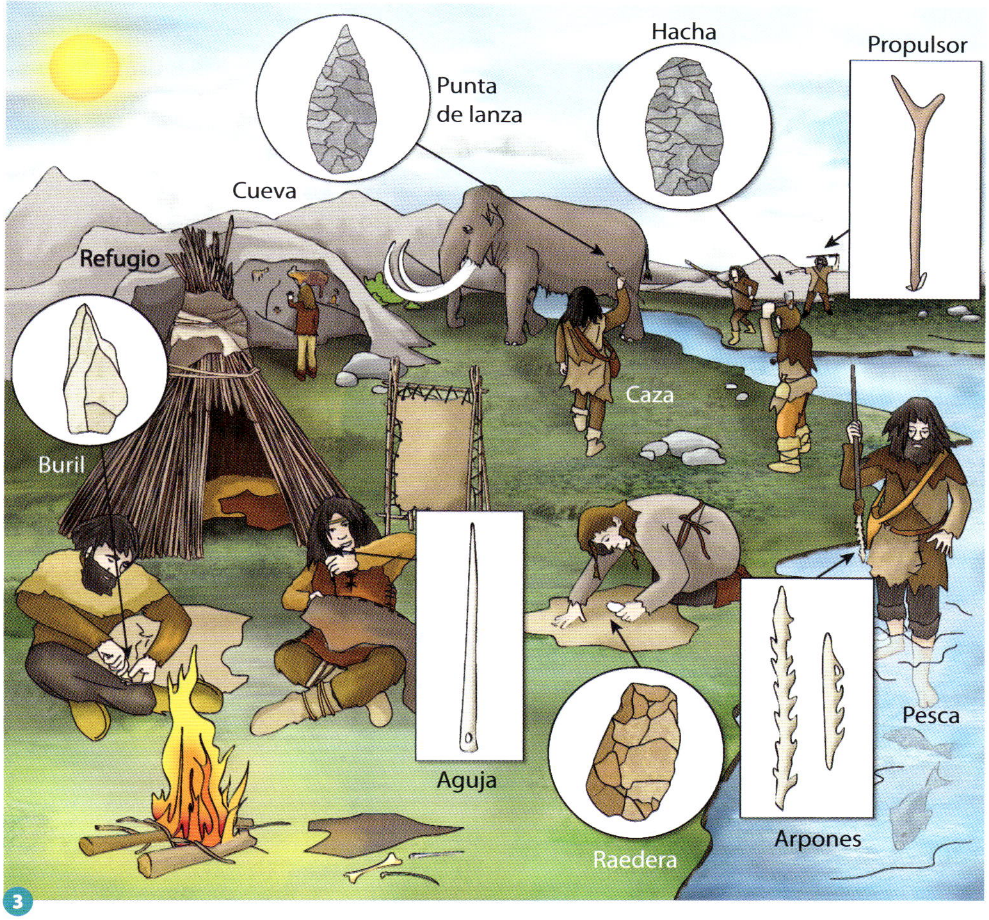

3 Vida cotidiana en el Paleolítico y herramientas utilizadas.

## Actividades

3. Indica en tu cuaderno si las siguientes afirmaciones sobre el Paleolítico son verdaderas o falsas:

a) El Paleolítico coincidió con las glaciaciones.
b) Los seres humanos vivían de la agricultura y la ganadería.
c) Fabricaban herramientas con piedras, huesos o madera.

4. Busca información en Internet y contesta en tu cuaderno:

a) ¿Los seres humanos del Paleolítico cazaban dinosaurios? ¿Por qué?
b) Define qué son y para qué sirven las siguientes herramientas del Paleolítico: buril, raedera, propulsor y arpón.

## 3.1 • Etapas del Paleolítico

El **Paleolítico** se divide en **tres etapas:**

1. **Paleolítico Inferior.** Desde hace 2,3 millones de años hasta la aparición del primer individuo del género *homo* (125 000 años a. C.).
   En esta etapa vivieron el ***homo habilis*** y el ***homo erectus***. Eran capaces de fabricar algunas herramientas de piedra, como hachas de mano, pero muy poco elaboradas.
2. **Paleolítico Medio.** Entre 125 000 y 40 000 años a. C. En Europa y Asia se desarrolla el **hombre de Neandertal,** que estaba físicamente adaptado a un clima extremo.
   En este periodo, el ser humano mejoró la técnica para trabajar la piedra. Fabricó herramientas más precisas y especializadas en distintas tareas (cortar carne, deshuesar, raspar la piel, etc.). El hombre de Neandertal ya enterraba a sus muertos y practicaba **ritos funerarios.**
3. **Paleolítico Superior.** Entre 40 000 y 10 000 años a. C. En esta fase surgió y se expandió el ***homo sapiens sapiens,*** el hombre actual, por todo el planeta (Figura 4). En Europa se desarrolló la cultura del hombre de **Cromañón.** El trabajo de la piedra ya es mucho más elaborado y complejo. La caza, la pesca y la recolección continuaron siendo la base de la economía.

**El primer poblador de Europa** ?

El *homo antecessor* es la especie homínida más antigua de Europa. Vivió hace unos 800 000 años y sus principales restos se han descubierto en el yacimiento de Atapuerca (Burgos). Eran individuos altos, fuertes y con un cerebro más pequeño que el del hombre actual.

**Expansión del *homo sapiens sapiens***

- Primera expansión hacia la península arábiga, atraviesan India, Indonesia y alcanzan Australia. (verde)
- Segunda expansión hacia el norte, llegan a Europa (habitada hasta entonces por neandertales), Asia oriental, atraviesan el estrecho de Bering y llegan a América. (azul)
- Primera oleada de la expansión por América. (rojo)
- Oleadas posteriores de la expansión por América. (naranja)

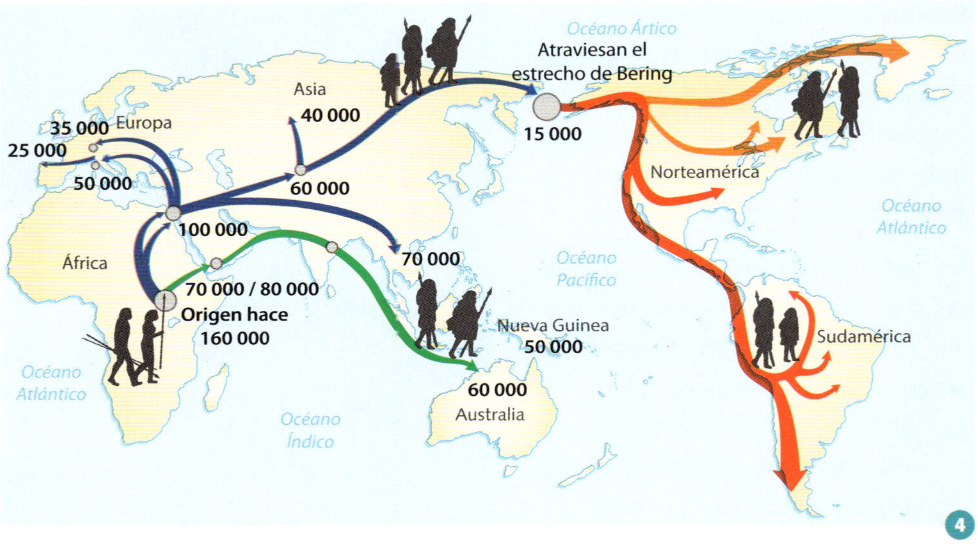


4 Origen y expansión del *homo sapiens sapiens*.

## Actividades

5. Haz un esquema en tu cuaderno que indique las etapas en las que se divide el Paleolítico. Explica las principales características de cada una.

6. Busca información en Internet y contesta: ¿qué es un bifaz? Dibuja uno en tu cuaderno.

7. Busca información en Internet y escribe en tu cuaderno una ficha sobre el yacimiento de Atapuerca. Indica su cronología y principales hallazgos.

8. Observa el mapa de la Figura 4 y contesta en tu cuaderno a las preguntas:

a) ¿Dónde surgió primero nuestra especie, el *homo sapiens sapiens*?
b) ¿Hacia qué fecha llega a Europa? ¿Y a la península ibérica?
c) ¿Qué especie poblaba Europa antes de la llegada del *homo sapiens sapiens*?

## 3.2 • La vida espiritual y el arte rupestre en el Paleolítico

En el **Paleolítico Medio,** los seres humanos comenzaron a preocuparse por los **aspectos espirituales** de su existencia:

- Practicaban **cultos funerarios** y enterraban a sus muertos acompañados de alimentos, armas de piedra y hueso, y otros objetos.
- Realizaban **rituales mágicos** para protegerse de los peligros que los amenazaban y de los fenómenos naturales que no comprendían.

En el **Paleolítico Superior** realizaron las primeras manifestaciones artísticas:

- **Arte rupestre.** En las paredes de las cuevas pintaban animales (bisontes, ciervos, caballos, etc.), figuras humanas y signos geométricos que podían tener un significado mágico (por ejemplo, para el éxito en la caza).
- **Arte de hueso** y **marfil.** Realizaban diversos objetos, como collares, bastones de mando, etc. Además elaboraron esculturas de mujeres de marfil con los rasgos femeninos muy desarrollados, llamadas **venus.**

## 3.3 • El arte rupestre en la península ibérica

Las primeras manifestaciones artísticas que se han encontrado en la península ibérica pertenecen al **Paleolítico Superior** y son, fundamentalmente, **pinturas rupestres.** Según sus características se diferencian **dos tipos:**

- La **pintura cantábrica.** Se localiza en cuevas de la cornisa cantábrica. En ellas predominan las representaciones de animales de color rojo, ocre y negro. Son pinturas muy realistas. Las más conocidas son las de la cuevas de Altamira y del Castillo, ambas en Cantabria, y la de Tito Bustillo, en Asturias (Figura 5).
- La **pintura levantina.** Se localiza sobre todo en abrigos rocosos de la fachada mediterránea. En ella se representan, además de animales, figuras humanas. Son más esquemáticas y están realizadas en un solo color, generalmente el negro.

  Las más importantes se encuentran en El Cogul (Lérida) y Valltorta (Castellón) (Figura 6).

5 Pinturas de la cueva de Altamira.

6 Pinturas de las cuevas de El Cogul.

## Actividades

9. ¿Cuáles fueron las primeras manifestaciones espirituales de los seres humanos? ¿Por qué crees que las realizaban?

10. Indica en tu cuaderno dos diferencias entre el arte rupestre y el arte realizado en hueso y marfil.

11. Observa las Figuras 5 y 6 y contesta en tu cuaderno a las preguntas:

a) Describe lo que ves en cada una de ellas. ¿Qué tipo de representaciones son?
b) ¿A qué tipo de pintura, cantábrica o levantina, pertenece cada una de ellas? ¿Por qué?

12. Busca en Internet información sobre el arte rupestre que se ha encontrado en la península ibérica, selecciona un yacimiento que sea de tu interés y realiza una breve ficha en tu cuaderno sobre él. Indica su cronología, sus principales características y los motivos por los que lo has elegido.

# 4 • El Neolítico

**Neolítico** significa *piedra nueva*. Es una palabra procedente del griego: *neos* (nuevo) y *lithos* (piedra). En esta etapa de la Prehistoria se produjeron importantes transformaciones económicas y sociales que hacen que algunos historiadores la nombren como **"revolución neolítica".**

### Seres de la Edad de Piedra

La mayoría de los alimentos que consumimos actualmente son los mismos que ya utilizaban nuestros antepasados en el Neolítico. Solo once de los 30 000 tipos de plantas comestibles suponen el 93% de lo que consumimos. Y los animales de los que nos alimentamos son prácticamente los mismos que comían los hombres y mujeres neolíticos. Como dice el historiador Bill Bryson: *somos, en lo más básico, seres de la Edad de Piedra.*

Los **cambios** más importantes son los siguientes:

- Se pasa de una economía depredadora a una economía productora. Se **cultivan plantas** y se **domestican animales,** por lo que aparecen la agricultura y la ganadería. Los primeros cultivos son los cereales y las legumbres, y los primeros animales domesticados, los perros, las cabras, las ovejas y los cerdos.
- Los seres humanos se hacen **sedentarios,** es decir, establecen su vivienda en un lugar fijo. Ya no necesitan desplazarse para cazar y además tienen que cuidar sus campos y sus animales. Surgen así los **primeros poblados** en lugares cercanos a los ríos y fácilmente defendibles de ataques exteriores. Cuando estos poblados crecen, se convierten en las primeras **ciudades.**
- En ocasiones, los poblados producen más de lo que necesitan, así que surge el **comercio** con otras zonas mediante el intercambio de productos o **trueque.**
- Empieza a desarrollarse la **minería,** especialmente de metales preciosos como el oro y la plata, para fabricar objetos de lujo con los que también se comercia.
- La tecnología avanza mucho: se empiezan a pulir las piedras con mayor perfección y se hacen herramientas más pequeñas y precisas **(microlitos)** (Figura 7). También se desarrolla la **cerámica,** para transportar los productos con los que se va a comerciar y almacenar los excedentes (Figura 8). Y aparecen los primeros **tejidos** gracias a la lana o el lino, fibras naturales que se tejen en telares rudimentarios.
- La sociedad igualitaria del Paleolítico da paso a una **sociedad jerarquizada,** con diferencias de riqueza. Aparece un grupo dirigente que toma las decisiones que afectan a toda la aldea.

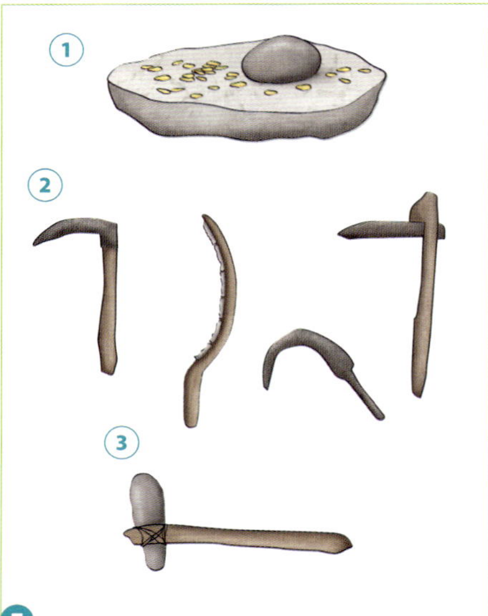


7 Utensilios utilizados en el Neolítico.

1. Molino de mano. Consiste en una piedra grande y lisa, sobre la que se hace rodar otra más pequeña para moler el grano.
2. Hoces de pedernal.
3. Hacha para limpiar el terreno.

1. Se hacen tiras de barro.
2. Se unen las tiras de barro.
3. Una vez seco el barro, se frotan las tiras para que queden lisas.

8 Fabricación de una vasija de barro.

## Actividades

13. Resume en tu cuaderno las principales novedades que surgieron en el Neolítico en relación con la economía y la organización social de los seres humanos. ¿Estos cambios pueden considerarse revolucionarios? ¿Por qué?
14. Explica en tu cuaderno por qué los seres humanos se hicieron sedentarios.
15. ¿Qué es el trueque?
16. ¿Por qué era importante la cerámica? ¿Para qué se empleaba?

Todo este proceso se desarrolló muy lentamente y en diferentes lugares. Las primeras culturas neolíticas están documentadas hace unos **10 000 años** en Asia, en la zona situada entre los ríos **Tigris** y **Éufrates.** Pero también aparecen muestras de agricultura y ganadería de forma autónoma en los valles de los ríos Indo (India), Song Hong (Vietnam) y Huang Ho (China), y en América (México y los Andes peruanos).

A Europa llegará el Neolítico desde Asia, gracias a los contactos por el Mediterráneo y por el interior del continente.

9 Vida cotidiana en un poblado neolítico.

### Catal Hüyük

Uno de los poblados más antiguos del mundo es Catal Hüyük, en Turquía, de 10 000 años de antigüedad. Estaba formado por más de 1000 viviendas, en las que pudieron vivir entre 5000 y 10 000 personas. Las casas eran de adobe y se entraba a ellas por el tejado, mediante escaleras. Tenían varias habitaciones. La ciudad fue abandonada hacia el año 5700 a. C., debido a un gran incendio.

## El Neolítico en la península ibérica

En la **península ibérica,** los primeros restos de agricultura y ganadería se han encontrado en la costa mediterránea y están fechados hacia el 5500 a. C. Desde esa zona, se fueron extendiendo al interior peninsular. Se han encontrado restos de poblados y cerámicas decoradas con conchas que reciben el nombre de cerámica **cardial** (concha, en latín, es *cardium*). También se han hallado muestras de minería.

## Actividades

17. Indica en tu cuaderno si las siguientes afirmaciones son verdaderas o falsas:

a) Las primeras culturas neolíticas están documentadas hace unos 100 000 años.
b) La cerámica decorada con conchas recibe el nombre de cerámica cardial.
c) Los primeros tejidos se realizan con lana y lino.
d) Los primeros restos de agricultura y ganadería en la península ibérica se han encontrado en la costa cantábrica.

18. Copia en tu cuaderno el mapamundi que aparece en el anexo de este libro y sitúa en él los lugares donde se desarrolla el Neolítico.

19. ¿Cómo llega el Neolítico a Europa?

20. Contesta en tu cuaderno las siguientes preguntas:

a) ¿Dónde se encuentran las primeras muestras neolíticas en la península ibérica?
b) ¿Cuándo están fechadas?
c) ¿Cómo se denomina la cerámica neolítica peninsular? ¿Por qué se llama así?

# 5 • La Edad de los Metales

### Las construcciones megalíticas +

Existen varios tipos de megalitos. Los más importantes son:

**Menhir:** gran piedra vertical.

10 Menhir.

**Alineamiento:** varios menhires alineados.

11 Alineamiento.

**Dolmen:** es una cámara cubierta por una losa que descansa en bloques de piedra horizontales.

**Crómlech:** son piedras verticales cubiertas por otras dispuestas horizontalmente que se organizan en círculo.

La **Edad de los Metales** es la **última etapa de la Prehistoria.** Se inició en el quinto milenio a. C., en Oriente Próximo, y el primer metal que se trabajó fue el **cobre.** Se golpeaba el metal en frío o se fundía en hornos y se utilizaban moldes para dar forma a los objetos.
Pero el cobre, un material blando, no era muy adecuado para fabricar herramientas.

Por eso, en el segundo milenio a. C. se empezó a trabajar el **bronce,** una aleación de cobre y estaño. Este metal es más duro y se trabaja fundiéndolo en un horno a una temperatura elevada y moldeando los objetos.

Ya en el primer milenio a. C. se utiliza el **hierro,** más resistente y muy útil para la fabricación de utensilios agrícolas y armas. El hierro se trabaja en la forja, con elevadas temperaturas y golpeado en caliente.

La aparición de la metalurgia provoca **importantes cambios** en las sociedades prehistóricas:

- Empieza una **especialización del trabajo.** Los artesanos del metal necesitan prepararse durante mucho tiempo para aprender a fabricar herramientas. También el agricultor o el alfarero mejoran sus técnicas de trabajo.
- Al tener mejores instrumentos agrícolas, se producen más alimentos, por lo que se generan **excedentes** con los que se puede **comerciar.** También se puede comerciar con los objetos de metal de buena calidad.
- El comercio recibe un fuerte impulso gracias al descubrimiento de la **rueda,** el desarrollo de las primeras **técnicas de navegación** y la utilización del caballo como sistema de transporte.
- La acumulación de riquezas hace que se incremente la **desigualdad social** y que aparezcan **jefes, caudillos** o **reyes.**
- Las aldeas se amplían y se convierten en **ciudades** con murallas y edificios públicos.
- En **Europa** se levantan construcciones hechas con grandes bloques de piedra llamadas **megalitos.** Se desconoce exactamente su utilidad, pero se cree que tenían una función religiosa. Su construcción necesitó de un importante **esfuerzo colectivo** (Figuras 10 y 11).

## Actividades

21. Elabora en tu cuaderno un esquema con los tipos de megalitos que hay en Europa.

22. Busca información en Internet sobre Stonehenge y realiza una ficha en tu cuaderno sobre este yacimiento. ¿Qué tipo de construcción megalítica es?

23. Indica en tu cuaderno si las siguientes afirmaciones son verdaderas o falsas:

a) Al aumentar la producción se generan excedentes para comerciar.
b) Al ampliarse las aldeas se derribaron sus murallas.
c) Al acumularse las riquezas las sociedades se hicieron más igualitarias.

## La Edad de los Metales en la península ibérica

En la **península ibérica,** la **Edad de los Metales** se inicia hacia el **tercer milenio a. C.,** con la metalurgia del cobre en la llamada **cultura de Los Millares,** en la zona de Almería. En el segundo milenio a. C. se desarrolla la Edad del Bronce con la **cultura de El Argar,** también en Almería, y la **cultura del Vaso Campaniforme,** en el centro peninsular. La Edad del Hierro se fecha en el primer milenio a. C. y en ella destacan las culturas procedentes de Europa central, como la de los **Campos de Urnas,** en el interior de la Meseta.

12 Hacha de la Edad de los Metales.

13 Vida cotidiana en una aldea de la Edad de los Metales.

## Actividades

24. Elabora en tu cuaderno un eje cronológico en el que aparezcan las edades del Cobre, Bronce y Hierro, con sus fechas correspondientes.

25. Responde en tu cuaderno a las preguntas:

a) ¿Qué es el bronce?
b) ¿Cómo se trabaja el hierro en la forja?
c) ¿Cuál fue el primer metal que se trabajó?

26. Indica en tu cuaderno si las siguientes afirmaciones son verdaderas o falsas:

a) Al aumentar la producción, se generan excedentes que sirven para comerciar.
b) La rueda se inventa en el Neolítico.
c) En las sociedades igualitarias aparecen los jefes, reyes o caudillos.
d) En la Edad de los Metales las aldeas se convierten en ciudades.

27. ¿Qué culturas aparecen en la península ibérica durante la Edad de los Metales?

## Elaboración de un eje cronológico

El **eje cronológico** nos sirve para situar los acontecimientos históricos en una línea de tiempo y saber su orden.

Hay que tener en cuenta que el cristianismo ha marcado nuestra cultura y también nuestra manera de fechar la Historia. Por eso hacemos una primera división entre hechos históricos antes de Cristo (a. C.) y después de Cristo (d. C.), como si el nacimiento de Cristo fuera el año 0.

Para hacer un eje cronológico, tenemos que seguir los siguientes **pasos:**

1. Determinar el periodo de tiempo que se va a situar, estableciendo la primera fecha y la última.
2. Decidir la unidad de medida (años, siglos, milenios) que se va a representar, según una escala.
3. Trazar una recta horizontal y dividirla en tramos iguales con segmentos perpendiculares.
4. Colocar en primer lugar la fecha más antigua, considerando que las fechas antes de Cristo se tratan como números negativos. De esta manera, los números más altos están más alejados del cero (el nacimiento de Cristo). En el caso de las fechas después de Cristo, los números más bajos están más cerca del cero.
5. Colocar las demás fechas.
6. Escribir el nombre del hecho histórico, que coincida con su fecha correspondiente.
7. Repasar que todas las fechas y acontecimientos son correctos y que se colocaron en el orden adecuado.

Un eje cronológico de los acontecimientos históricos más importantes y de las edades de la Historia quedaría de esta manera (Figura 14):

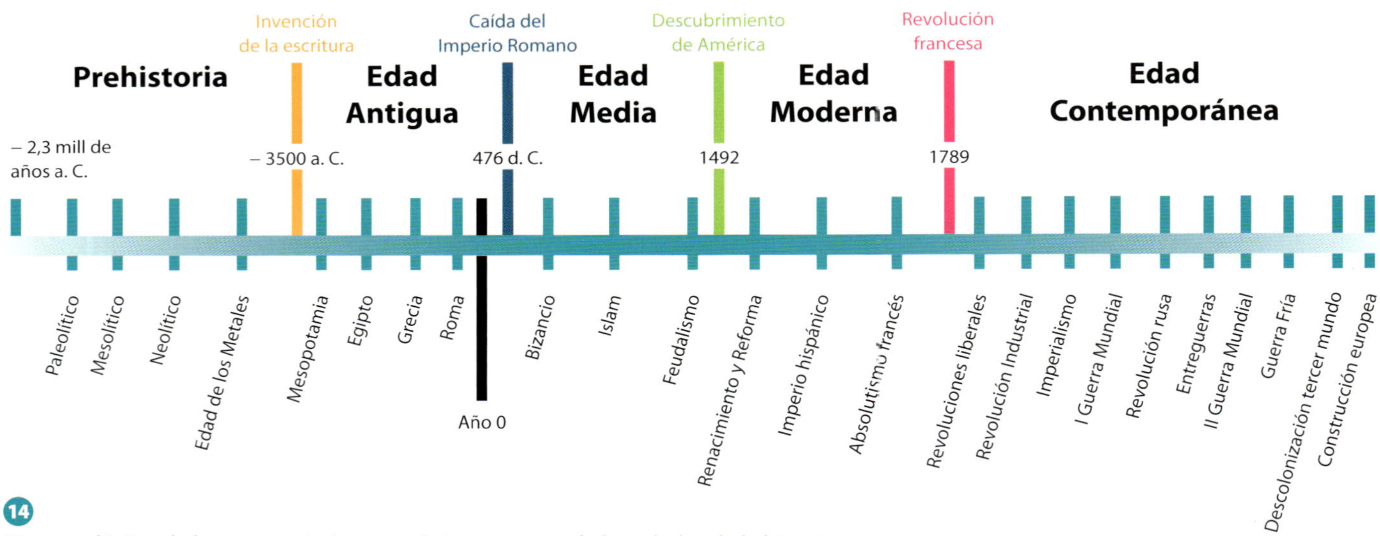


14
Eje cronológico de los acontecimientos más importantes de las edades de la historia.

## Actividades

1. Ahora elabora en tu cuaderno un eje cronológico con los acontecimientos más importantes que hemos visto en esta unidad:

- Inicio de la hominización (2,3 millones de años a. C.).
- Paleolítico Medio (125 000 años a. C.).
- Paleolítico Superior (40 000 años a. C.).
- Neolítico (8000 a. C.).
- Edad del Cobre (4000 a. C.).
- Edad del Bronce (2000 a. C.).
- Edad del Hierro (1000 a. C.).

## Trabaja un mapa conceptual

1. Elabora en tu cuaderno un mapa conceptual donde puedan verse las siguientes especies del proceso de hominización:
   - *Homo habilis.*
   - *Homo erectus.*
   - *Homo antecessor.*
   - *Homo sapiens neanderthalensis.*
   - *Homo sapiens sapiens.*

2. Elabora en tu cuaderno un mapa conceptual que explique las etapas de la Prehistoria y sus principales características:
   - Paleolítico.
   - Neolítico.
   - Edad de los Metales.

## Razona y explica

3. ¿En qué período surgieron los seres humanos actuales? ¿Cuántos años hace de ello?
4. ¿Por qué se hicieron sedentarios los seres humanos? ¿En qué etapa de la Prehistoria ocurrió?
5. ¿Cuándo surgen la agricultura, la ganadería y la cerámica?
6. ¿Qué son los microlitos? ¿Con qué etapa de la Prehistoria los relacionas?
7. Explica en tu cuaderno por qué se desarrolló tanto el comercio durante la Edad de los Metales. ¿Qué factores lo favorecieron?
8. ¿Cuándo se elaboraron los primeros tejidos?
9. ¿Cuándo se descubrió la rueda?
10. ¿Qué son los megalitos? ¿Qué tipos de megalitos había? ¿En qué etapa de la Prehistoria surgieron?

## Busca información en Internet

11. ¿Cómo se relacionan la bipedación, el desarrollo del cerebro, el surgimiento del lenguaje y la capacidad para fabricar herramientas? Busca información en Internet y explícalo en tu cuaderno con una breve redacción (diez líneas).
12. Busca información en Internet y elabora en tu cuaderno un dosier fotográfico con las formas craneales más importantes del proceso de hominización. Indica qué tamaño tenía el cerebro de cada una.
13. Consulta un diccionario en Internet y define en tu cuaderno los siguientes términos:
    a) Bipedación.
    b) Homínido.
    c) Fósil.
    d) Especialización del trabajo.
    e) Excedente.
    f) Domesticación.
    g) Forja.
    h) Aleación.

## Completa las frases

14. Copia en tu cuaderno estas frases y complétalas:
    a) La ___ es la capacidad de caminar sobre dos piernas.
    b) La Prehistoria se extiende desde la aparición de ___ hasta el ___ a. C., cuando surge la escritura.
    c) La revolución neolítica es un cambio del modo de vida de los hombres; pasan de la vida ___ y recolectora a crear sociedades basadas en la ___ y la ___ de animales.
    d) Durante la Edad de los ___, el comercio recibió un fuerte impulso gracias al descubrimiento de la ___, el desarrollo de las primeras técnicas de ___ y la utilización del ___ como sistema de transporte.
    e) En la península ibérica la Edad de los Metales se inicia hacia el ___ milenio a. C. con la metalurgia del ___ en la llamada cultura de ___, en la zona de Almería.

## ¿Verdadero o falso?

15. Copia estas frases en tu cuaderno e indica si son verdaderas o falsas:
    a) Los seres humanos del Paleolítico eran nómadas y vivían de la caza y la recolección.
    b) La Prehistoria es la etapa de la humanidad en la que se inventó la escritura.
    c) En el Neolítico los útiles eran de piedra tallada.
    d) La agricultura y la ganadería hicieron posible que los seres humanos se volvieran sedentarios.
    e) Los primeros poblados estables surgieron durante la Edad de los Metales.
    f) Los metales utilizados sucesivamente en la Edad de los Metales fueron el hierro, el cobre y el bronce.

## Trabaja con la ilustración

16. Mira la siguiente ilustración y responde en tu cuaderno a las preguntas:

    a) Describe lo que ves en la imagen. ¿Qué están haciendo estas personas? Señala, al menos, cinco actividades y tres herramientas distintas que estén utilizando.
    b) ¿Con cuál de las tres etapas de la Prehistoria que has estudiado (Paleolítico, Neolítico, Edad de los Metales) relacionas la imagen? ¿Por qué?

# 4 IDEAS CLAVE Y AUTOEVALUACIÓN

## ¿Qué es la Prehistoria?

- El período de tiempo que va desde la aparición de los primeros homínidos hasta los comienzos de la escritura, aproximadamente en el 3500 a. C. Se divide en tres períodos: **Paleolítico, Neolítico** y **Edad de los Metales.**

## La evolución humana

- Hace unos cuatro millones de años surgieron en África los primeros primates que caminaban sobre dos patas **(bipedación).** Con ello, su capacidad visual aumentó y pudieron liberar sus manos, lo que les permitió utilizar palos o piedras para conseguir comida. Al estar mejor alimentados su **cerebro** se desarrolló, lo que facilitó el surgimiento del **lenguaje.**

## El Paleolítico

- Comienza con la aparición del ser humano, hace unos 2,3 millones de años, y termina hace 10 000 años.
  - Coincidió con las **glaciaciones.** Los seres humanos eran **nómadas** y vivían de la **caza,** la **pesca** y la **recolección** de frutas y plantas silvestres. Para cazar utilizaban **herramientas** de piedra, hueso o madera.
  - Los seres humanos vivían en **cuevas** o en pequeños refugios al aire libre.
- El Paleolítico se divide en **tres etapas:**
  - **Paleolítico Inferior.** Desde hace 2,3 millones de años hasta la aparición del primer individuo del género *homo* (125 000 años a. C.). En esta etapa vivieron el ***homo habilis*** y el ***homo erectus.***
  - **Paleolítico Medio.** Entre 125 000 y 40 000 años a. C. En esta etapa vivió el **hombre de Neandertal.**
  - **Paleolítico Superior.** Entre 40 000 y 10 000 años a. C. En esta fase surgió nuestra especie, el ***homo sapiens sapiens.***
- En la **península ibérica** las primeras manifestaciones artísticas datan del Paleolítico Superior y son, fundamentalmente, arte rupestre, de dos tipos: **pintura cantábrica** y **pintura levantina.**

## El Neolítico

- Las primeras culturas neolíticas están documentadas hace unos 10 000 años en Asia, en la zona situada entre los ríos Tigris y Éufrates.
  - Se desarrollan la **agricultura** y la **ganadería,** y los seres humanos se hacen **sedentarios.** Surgen así los primeros poblados y **ciudades.**
  - Aparece el **comercio,** mediante el intercambio de productos o **trueque.** Empieza a desarrollarse la **minería** (oro y plata) y la **cerámica.**
  - Surge una **sociedad jerarquizada,** con diferencias de riqueza.
- En la **península ibérica** los primeros restos neolíticos se han encontrado en la costa mediterránea y están fechados hacia el 5500 a. C.

## La Edad de los Metales

- Se inició en el quinto milenio a. C. en Oriente Próximo. Se pueden diferenciar **tres períodos:** Edad del Cobre, Edad del Bronce y Edad del Hierro.
- Los **principales cambios** que se produjeron son los siguientes:
  - Empieza una **especialización del trabajo.**
  - Se desarrolló el comercio gracias al aumento de la producción de alimentos y objetos metálicos, y la mejora de los sistemas de transporte (rueda, técnicas de navegación y uso del caballo).
  - Crecen las **ciudades,** con murallas y edificios públicos.
  - En Europa se levantan grandes bloques de piedra llamados **megalitos** (menhir, dolmen, crómlech).
- En la **península ibérica** la Edad de los Metales se inicia hacia el **tercer milenio a. C.**
- Destacan **diferentes culturas:** cultura de Los Millares, cultura de El Argar, cultura del Vaso Campaniforme y cultura de los Campos de Urnas.

**Anota en tu cuaderno la opción correcta:**

1. ¿Cuál fue la primera especie de homínido que fabricó herramientas?

a) *Homo erectus.* c) *Homo antecessor.*
b) *Homo habilis.* d) *Homo sapiens neanderthalensis.*

2. ¿Cuál es la especie homínida más antigua de Europa, cuyos restos se han descubierto en Atapuerca?

a) *Homo habilis.* c) *Homo erectus.*
b) *Homo antecessor.* d) *Homo sapiens.*

3. ¿Cuál es la etapa más larga y remota de la Prehistoria?

a) El Neolítico. c) La Edad del Cobre.
b) El Paleolítico. d) La Edad del Hierro.

4. ¿En qué continente se desarrolló la cultura del hombre de Cromañón?

a) Europa. c) Asia.
b) África. d) América.

5. ¿En qué período de la Prehistoria comenzó a desarrollarse la cerámica?

a) La Edad del Bronce. c) El Paleolítico.
b) El Neolítico. d) La Edad del Hierro.

6. ¿En qué período de la Prehistoria se hicieron sedentarios los seres humanos?

a) El Paleolítico. c) El Neolítico.
b) La Edad del Bronce. d) La Edad del Hierro.

7. ¿Cuál fue el primer metal que se trabajó?

a) Plata. c) Bronce.
b) Hierro. d) Cobre.

8. ¿Cómo se llama al megalito que consiste en una cámara cubierta por una losa que descansa en bloques de piedra horizontales?

a) Menhir. c) Dolmen.
b) Crómlech. d) Alineamiento.

# Unidad 5

# Las sociedades urbanas del Mundo Antiguo

**SUMARIO**

- Las primeras sociedades urbanas
- La civilización griega
- La civilización romana
- La península ibérica durante la Edad Antigua

**TÉCNICAS DE TRABAJO**

- Comentario de un texto histórico

# 1 • Las primeras sociedades urbanas

Las primeras formas de organización política compleja fueron las **ciudades-Estado.** Aparecieron por primera vez en **Mesopotamia** y en **Egipto,** hacia el cuarto milenio a. C.

## 1.1 • Mesopotamia

**Mesopotamia** se encontraba entre los ríos **Tigris** y **Éufrates.** Era una zona agrícola y ganadera muy fértil en la que se instalaron pueblos muy diferentes, como los sumerios, los acadios o los persas.

Las **ciudades-Estado de Mesopotamia** (como Ur o Babilonia) estaban formadas por un núcleo urbano donde se encontraban los principales edificios: el palacio y el templo. Estaban rodeadas de murallas y las viviendas se distribuían en calles irregulares. En las tierras que rodeaban a la ciudad vivían agricultores y ganaderos, bajo la influencia del gobierno de la ciudad.

La **sociedad** estaba muy **jerarquizada.** En la cúspide estaba el rey-sacerdote, que ejercía el máximo poder político, religioso y militar; debajo de él se encontraba un grupo de **privilegiados** (nobles, sacerdotes y funcionarios); pero la inmensa mayoría de la población eran **campesinos, artesanos, pastores** y **esclavos.**

Las ciudades-Estado de Mesopotamia eran **politeístas** (creían en múltiples dioses), aunque cada una adoraba a un dios protector.

## 1.2 • Egipto

En el cuarto milenio a. C., la población que vivía en las cercanías del **Nilo** se fue concentrando para cultivar las ricas tierras que había alrededor del río. De esta manera surgió la **civilización egipcia** (Figura 1).

La riqueza agrícola de la región motivó la aparición de las primeras ciudades-Estado, que se organizaron en dos grandes reinos: el **Bajo Egipto,** que era la zona del delta del Nilo, con capital en Menfis; y el **Alto Egipto,** que era el valle que forma el río, rodeado de desierto, con capital en Tebas. En el tercer milenio a. C. los dos reinos se unificaron para formar un Imperio.

La sociedad estaba muy **jerarquizada,** dirigida por un **faraón,** que era el jefe político y religioso, y que contaba con la ayuda de un grupo de **privilegiados** (sacerdotes y nobles). La base de la sociedad estaba formada por **campesinos, artesanos** y **comerciantes.** También había **esclavos.**

Los antiguos egipcios eran **politeístas.** Los dioses se representaban con cuerpo humano y cabeza de animal. El faraón era considerado un dios vivo.

### La escritura

Hacia el año 3500 a. C. surgió la escritura, en Mesopotamia, para contabilizar las cosechas, los animales y los impuestos que pagaban los campesinos. Las primeras muestras de escritura fueron pictogramas, figuras esquemáticas que representaban objetos o conceptos. Estos pictogramas fueron simplificándose cada vez más hasta llegar a la escritura cuneiforme, que recibe ese nombre porque tiene forma de cuña.

Los egipcios escribían mediante jeroglíficos, símbolos o dibujos con los que representaban conceptos e ideas abstractas.

1 La pirámide de Keops y la Gran Esfinge en el valle de Guiza, en Egipto. Estas edificaciones son buena muestra del alto grado de desarrollo que alcanzó la civilización egipcia.

## Actividades

1. ¿Qué semejanzas encuentras entre la civilización mesopotámica y la egipcia? Indica en tu cuaderno por lo menos tres.

# 2 • La civilización griega

La **civilización griega** surgió en la zona oriental del mar Mediterráneo. Se extendió por tres espacios principales: la península de los Balcanes, las islas de los mares Jónico y Egeo y las costas occidentales de la actual Turquía (Figura 2).

Este territorio tiene un **paisaje montañoso,** con valles de difícil acceso y costas recortadas, donde se desarrolló con dificultad la **agricultura** (olivos, viñas y trigo) y la **ganadería** (ovejas y cabras). La cercana presencia del mar impulsó la **pesca** y el **comercio** de los griegos por todo el Mediterráneo.

En **Grecia** no surgió un Imperio ni un único gobierno, sino que cada valle y cada isla constituía un Estado independiente **(polis).** Sin embargo, todos sus habitantes se consideraban griegos y compartían una misma lengua y religión.

2 La civilización griega en la Antigüedad.

## 2.1 • Orígenes y evolución de la civilización griega

La **civilización griega** se formó como resultado de la unión de diversos pueblos que llegaron a Grecia desde el sur de la península de los Balcanes y desde las islas del Egeo. Estos pueblos fueron los **minoicos,** que procedían de Creta (hacia 2700 a. C.); los **aqueos,** que llegaron del norte y dominaron la Grecia continental entre 1600 a. C. y 1200 a. C.; y los **dorios,** que procedían también del norte y llegaron a Grecia a partir del 1200 a. C.

En la evolución de la civilización griega se distinguen las siguientes **etapas:**

- **Época arcaica** (siglos VIII-VI a. C.). En este período los griegos consolidaron las polis y colonizaron las costas del Mediterráneo.
- **Época clásica** (siglo V a. C.). Fue la etapa de mayor esplendor de las polis, entre las que destacaron Atenas y Esparta.
- **Época helenística** (siglos IV-II a. C.). En esta época Alejandro Magno, rey de Macedonia, conquistó toda Grecia, el Imperio persa y llegó hasta la India. A su muerte (323 a. C.) surgieron los reinos helenísticos que, finalmente, fueron sometidos por los romanos.

### La guerra de Troya ?

Se produjo durante la invasión de los dorios. Troya, en el norte de la actual Turquía, competía económicamente con las polis griegas, lo que desencadenó el conflicto.

Homero, en *La Ilíada,* explica la guerra por motivos amorosos: Paris, hijo del rey troyano, raptó a Helena, esposa de Menelao, rey de Esparta. Menelao y su hermano Agamenón, rey de Micenas, atacaron Troya como venganza. Para tomar Troya, los griegos construyeron un enorme caballo de madera y se escondieron dentro. Abandonado frente a Troya, los troyanos pensaron que se trataba de un regalo de los dioses y lo metieron en la ciudad. Por la noche, los griegos salieron del caballo y derrotaron a los sorprendidos troyanos.

## Actividades

2. ¿Cuáles eran las bases de la economía griega?

3. Elabora en tu cuaderno un eje cronológico y sitúa en él los principales acontecimientos de la historia de Grecia, desde los minoicos hasta el final de la época helenística.

## 2.2 • La vida cotidiana y la cultura en Grecia

Nuestra forma de vida actual tiene mucho que ver con la que crearon los antiguos griegos. En Grecia nacieron la **democracia,** la **filosofía,** el **conocimiento científico** y los **Juegos Olímpicos.**

3 El Erecteón, templo erigido en el lado norte de la Acrópolis de Atenas.

### Las polis griegas

Las **polis** eran pequeños Estados independientes, formados por una ciudad propiamente dicha y los pueblos y campos que la rodeaban. Cada polis tenía su propio **gobierno, leyes, moneda** y **ejército.**

La parte alta de la polis era la **acrópolis.** En ella se encontraban los principales edificios religiosos. Al estar elevada, se podía defender fácilmente, por lo que servía de refugio en caso de peligro (Figura 3).

La parte baja de la polis era el **ágora** y concentraba las viviendas y los edificios públicos. En ella había una gran plaza, en la que se reunían los ciudadanos para comerciar, discutir asuntos públicos, etc. (Figura 4).

4 La estoa de Átalo, galería porticada situada en la parte oriental del ágora de Atenas.

### La democracia ateniense

En el siglo V a. C., Atenas pasó a ser gobernada por sus ciudadanos (en griego, ***demos***), es decir, se convirtió en una **democracia.**

El gobierno de la polis recaía en varios **organismos:**

- La **asamblea.** Era una reunión de ciudadanos en la que se votaban las leyes, los presupuestos y las declaraciones de guerra.
- Los **magistrados.** Eran ciudadanos elegidos por la Asamblea para gobernar. Había dos tipos: los **estrategas,** que dirigían la política exterior y el ejército, y los **arcontes,** que se ocupaban de los tribunales y las ceremonias religiosas.
- La ***boulé.*** Era una especie de parlamento, formado por 500 ciudadanos elegidos cada año por sorteo. Elaboraban las leyes y controlaban a los magistrados.
- Los **tribunales populares.** Se encargaban de impartir justicia. Estaban formados por 6000 ciudadanos mayores de treinta años, elegidos cada año.

Esta democracia, sin embargo, no era como las actuales: se trataba de una **democracia muy limitada.** Solo los ciudadanos atenienses varones podían participar en los asuntos públicos y estaban protegidos por la ley. Las mujeres, los extranjeros y los esclavos, es decir, la gran mayoría de la población, estaban excluidos.

## Actividades

4. Explica en tu cuaderno qué eran las polis griegas y qué características tenían.
5. Haz un esquema en tu cuaderno donde expliques los organismos que gobernaban en Atenas y su funcionamiento. ¿Cuál de ellos te parece el más parecido a nuestras Cortes? ¿Por qué?
6. ¿Qué es una democracia? ¿Qué diferencias encuentras entre la democracia ateniense y la de los países democráticos actuales, como el nuestro?

## La explicación racional del universo

Hasta la irrupción del mundo griego, el ser humano encontraba en la religión una explicación para todo aquello que no entendía (como los fenómenos meteorológicos, la muerte, etc.). En Grecia, se intentó por primera vez comprender el funcionamiento de la naturaleza mediante el uso de la **razón.** Con ello, los griegos sentaron las bases de la **ciencia** y la **filosofía,** al buscar una explicación racional para todo lo que los rodeaba.

En **ciencia,** las **aportaciones** griegas fueron fundamentales:

- **Hipócrates** es el padre de la **medicina.**
- **Arquímedes** fijó las bases de la **física.**
- **Tales de Mileto, Pitágoras** y **Euclides** desarrollaron el **álgebra** y la **geometría.**
- **Eratóstenes** creó un mapa del mundo conocido por los griegos e impulsó la **geografía** (Figura 5).
- **Aristarco,** en **astronomía,** determinó que los planetas giran alrededor del Sol.

En filosofía, **Sócrates, Platón** y **Aristóteles** reflexionaron sobre el funcionamiento del universo, el origen del ser humano, la vida en sociedad, etc. Por primera vez, todo podía ser explicado mediante la razón. Así pusieron los griegos los cimientos de la **filosofía occidental.**

5 Eratóstenes representó en un mapa del mundo todas las tierras conocidas por los griegos.

## El teatro

En la polis griega surgió el **teatro,** un espectáculo que era el centro de la vida urbana. Los griegos crearon **dos grandes géneros:**

- Las **tragedias.** Eran obras que trataban sobre los conflictos humanos frente a los dioses, los sentimientos, el destino, etc.
- Las **comedias.** Eran sátiras sobre la vida cotidiana.

Los grandes autores clásicos —como **Esquilo, Sófocles** o **Eurípides**— sentaron las bases del teatro occidental. *Antígona*, *Electra* o *Edipo Rey* son obras que se siguen representando más de dos mil años después de ser escritas.

Las mujeres no podían actuar en el teatro griego. Eran los hombres los que tenían que hacer también los papeles femeninos.

### Los griegos y la religión

Los griegos eran politeístas. Sus dioses tenían aspecto y rasgos humanos, aunque eran inmortales y poseían poderes.

Los dioses habitaban en el monte Olimpo, presididos por Zeus, dios supremo. Junto a él, vivían Hera, su esposa y diosa de la familia; Poseidón, dios del mar; Atenea, diosa de la sabiduría; Afrodita, diosa del amor y la belleza; etc.

Los griegos creían también en la existencia de héroes, hijos de dioses y humanos. Entre ellos tuvo especial fama Hércules, poseedor de una fuerza sobrehumana.

Periódicamente, los griegos organizaban competiciones deportivas en honor a los dioses, como los Juegos Olímpicos, que se celebraban cada cuatro años.

## Actividades

7. Explica en tu cuaderno brevemente en qué se diferencian el pensamiento racional y el religioso.

8. Escribe en tu cuaderno un resumen de las principales aportaciones de la cultura griega a la sociedad actual. Pon un ejemplo actual de cada una de esas aportaciones. ¿Cuál es, en tu opinión, la más importante? ¿Por qué?

## 2.3 • El arte griego

El **arte griego** se caracteriza por la **armonía,** el **equilibrio** y el respeto a las **proporciones.** En él se recoge el **ideal griego de belleza.**

**Orden**

Es la relación que existe entre la columna y el dintel, y que configura un sistema armonioso para reproducir el ideal de belleza.

### La arquitectura

La **arquitectura** griega era adintelada, y no se empleó el arco ni la bóveda. Los edificios tenían una cubierta plana a dos aguas sostenida por columnas, que se construían según los **órdenes arquitectónicos: dórico, jónico** o **corintio** (Figura 6).

6 Órdenes arquitectónicos griegos.

El edificio más importante era el **templo,** realizado con grandes bloques de **mármol.** Tomaba como **escala** el ser humano, a diferencia de la monumentalidad egipcia o mesopotámica. El interior se distribuía en **tres estancias:** la **pronaos** (vestíbulo), la **naos** o **cella** (la habitación reservada a la estatua del dios) y el **opistodomos** (donde se guardaba el tesoro de la comunidad) (Figura 7).

Los templos estaban decorados con **relieves** (que se situaban en el frontón y el friso) y todo el conjunto estaba **pintado** de vivos colores que hoy ya no existen.

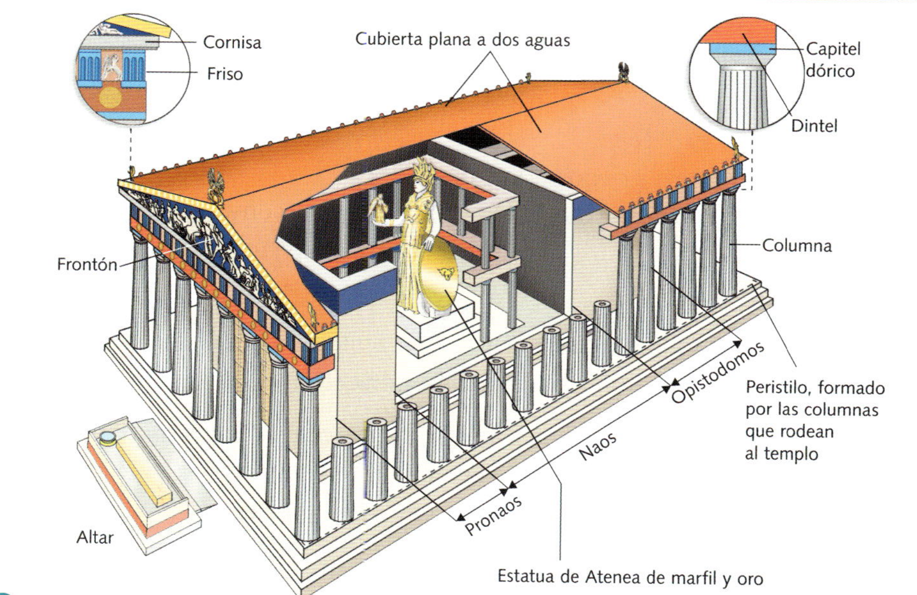


7 El Partenón de Atenas, templo consagrado a la diosa Atenea, protectora de Atenas, siglo v a. C.

Otros **edificios importantes** fueron los **teatros,** que se construyeron en las laderas de las montañas; los **estadios,** para los espectáculos deportivos; y las **estoas,** que eran galerías porticadas que servían de mercado o para pasear.

## Actividades

9. ¿Cuál era el ideal griego de belleza?

10. Elabora en tu cuaderno un esquema de las estancias del templo griego.

11. Busca información en Internet sobre el Erecteón de Atenas y elabora en tu cuaderno una ficha que incluya el estilo, los autores, la fecha de construcción, las características principales y una breve historia de este templo.

## La escultura

La **escultura griega** tomaba como modelo al **ser humano.** Los artistas buscaban representar un cuerpo humano **proporcionado,** siguiendo el ideal griego de **belleza.** Para ello fijaron unas reglas que llamaron **cánones.** Los **materiales** más utilizados fueron el **mármol** y el **bronce.**

Se distinguen **tres periodos:**

- **Arcaico.** Las esculturas eran muy **rígidas** y **estáticas,** con los brazos rectos y pegados al cuerpo, y los ojos muy abiertos y almendrados. Los rostros tenían una marcada sonrisa, llamada **sonrisa arcaica.** Destacan las figuras de atletas desnudos y de mujeres vestidas con túnicas y mantos.
- **Clásico.** Fue la etapa de **mayor esplendor.** Las figuras eran más realistas, con movimiento, **proporción** y **armonía.** Los rostros mostraban sentimientos. Los escultores más importantes fueron Mirón, Fidias, Policleto, Praxíteles y Lisipo.
- **Helenístico.** Las figuras adquirieron **mayor realismo.** Aumentó el movimiento y las actitudes eran **más dramáticas.** Se buscaba la expresividad en los rostros. Los artistas se interesaron por **temas trágicos** o **dolorosos** (Figura 8).

8
*Victoria alada de Samotracia*, escultura del periodo helenístico.

## La pintura y la cerámica

La mayoría de las **pinturas** que adornaban las casas, los templos y los palacios griegos han **desaparecido,** aunque conocemos algunas gracias a las copias que de ellas hicieron los romanos.

El pintor griego más famoso fue Apeles. Sus obras se conocen por referencias literarias. Realizó excelentes retratos de Alejandro Magno y sus principales generales, y también pintó obras de temática mitológica y alegórica. Los pintores del Renacimiento italiano imitaron su estilo.

La **cerámica** estaba decorada con motivos pictóricos, lo que nos permite también hacernos una idea de cómo fue la pintura griega.

Las primeras vasijas tenían decoración **geométrica;** más tarde se usaron **figuras negras** sobre fondo rojizo; por último, **figuras rojas** sobre fondo negro (Figura 9).

9
Cerámica griega. Figura roja sobre fondo negro.

## Actividades

12. ¿Cuáles son las características de la escultura griega?
13. ¿Qué tiene en común la escultura griega con la arquitectura griega?
14. Busca información en Internet sobre alguna de las obras más famosas de Mirón, Fidias, Policleto o Praxíteles, y realiza una ficha en tu cuaderno sobre ellas en la que indiques sus principales características.
15. Observa la escultura de la Figura 8 y elige dos características que la identifiquen: rigidez, proporción, dramatismo, movimiento, armonía.
16. ¿Por qué crees que han desaparecido la mayoría de las pinturas griegas?
17. ¿Por qué se utiliza la cerámica para conocer la pintura griega?
18. ¿Cómo se decoraban las vasijas griegas?

# 3 • La civilización romana

Hacia el siglo VIII a. C. en la península itálica vivían varios **pueblos:** en el **norte** se encontraban los **etruscos;** en el **centro** habitaban **latinos** y **sabinos;** y en el **sur** los **griegos** habían colonizado la zona bajo el nombre de **Magna Grecia**.

La **leyenda** cuenta que los gemelos **Rómulo y Remo** fundaron la ciudad de **Roma** en el año **753 a. C.** (Figura 10). El poblado estaba formado **siete colinas** y se encontraba en las cercanías del **río Tíber.** Los **datos arqueológicos** confirman que en el siglo IX a. C. había asentamientos latinos en las colinas cercanas al Tíber, concretamente en el **monte Palatino.**

10 Según la leyenda Rómulo y Remo, los fundadores de Roma, fueron amamantados por una loba.

La **economía** de la ciudad estaba basada en la **agricultura,** la **ganadería** y el **comercio,** ya que su ubicación era estratégica en las rutas que recorrían la península itálica.

## 3.1 • Evolución de la civilización romana

A lo largo de su historia Roma pasó por **tres etapas políticas:**

- La **monarquía** (753-509 a. C.). Roma estaba gobernada por un rey, asesorado por un Senado. En esta etapa la sociedad era muy desigual. Estaba formada por tres grupos: los **patricios,** que eran las familias más poderosas, fundadoras de la ciudad, y los únicos que poseían derechos políticos; los **plebeyos,** que constituían la gran mayoría de la población, eran libres pero carecían de derechos políticos; y los **esclavos,** que ocupaban el escalón más bajo.
- La **república** (509-27 a. C ). Cuando se expulsó al último rey de Roma, se instituyó una república en a que los **patricios** controlaban los principales órganos de gobierno, que eran los siguientes: los **magistrados,** los más importantes de los cuales eran los **cónsules,** que dirigían el ejército; el **Senado,** que dirigía la política exterior y la hacienda; y las **asambleas** o **comicios,** que aprobaban las leyes y elegían a los magistrados. En esta etapa Roma llevó a cabo una importante expansión territorial y conquistó, gracias a su potente ejército, todos los territorios que rodean el mar Mediterráneo.
- El **Imperio** (27 a. C.-395 d. C.). El primer emperador fue **Octavio,** llamado **Augustus** (el que está por encima de los demás), que tenía la máxima autoridad política, militar y religiosa. Los siglos I y II d. C. fueron la etapa de mayor prosperidad y expansión territorial, pero en el siglo III el Imperio entró en decadencia, y en el año 395 el emperador **Teodosio** tuvo que dividirlo entre sus dos hijos: **Honorio,** que recibió el Imperio de Occidente, con capital en Roma, y **Arcadio,** que recibió el Imperio de Oriente, con capital en Constantinopla.

### Las mujeres romanas ?

No tenían derechos políticos. Estaban sometidas a la autoridad de un hombre: su padre, su marido, su hermano... Las niñas no recibían la misma educación que los niños. Sin embargo, el papel de la mujer en la familia romana era muy importante, ya que "debía guardar la casa y atender a los hijos", según los autores clásicos.

## Actividades

19. ¿Qué instituciones políticas tuvo Roma a lo largo de su historia? Explica en tu cuaderno las funciones de cada una de ellas.

## 3.2 • Las ciudades y la economía romana

Las **ciudades** tuvieron gran importancia en la civilización romana. La principal era la capital, **Roma.** Otra ciudad destacable fue por ejemplo **Emérita Augusta** (Mérida).

Las nuevas ciudades tuvieron como modelo el **campamento romano.** Tenían **planta cuadrada** y una puerta en cada punto cardinal. La ciudad era atravesada por dos **calles principales:** el **cardo,** que iba de norte a sur, y el **decumano,** que cruzaba la ciudad de este a oeste. Las demás calles se organizaban en **cuadrículas.** Estaban empedradas y tenían un sistema de alcantarillado.

La **vida urbana** tenía su centro en el **foro,** la plaza central, en la que se levantaban los **principales edificios públicos:** los templos, las basílicas o la curia, que era el edificio donde se reunía el Senado. También era el lugar donde estaba el **mercado.** En otro sector de la ciudad se encontraban los edificios de **espectáculos,** como el **circo,** el **anfiteatro** o el **teatro.** También había **termas** o baños públicos en cada barrio.

La **agricultura** fue la base económica del Imperio. La tierra se trabajaba con **arados** y sistemas de **regadío,** nuevas técnicas introducidas por los romanos. Se cultivaban cereales, olivo, vid, hortalizas, frutales, etc. Los romanos utilizaban molinos para el grano y prensas para el aceite y el vino.

Los patricios y hombres ricos eran dueños de **latifundios,** grandes extensiones de tierra trabajada por esclavos. Las casas de campo se llamaban **villas** e incluían cuadras, talleres, almacenes, corrales, etc. (Figura 11).

El **comercio** era también muy importante y Roma construyó una sólida red de intercambios, basada en una única **moneda.** La paz impuesta por Roma hacía que los productos fluyeran constantemente por mar o por tierra. Ostia, Alejandría y Antioquía eran los puertos más importantes del Mediterráneo. Por tierra, la construcción de **calzadas** permitió la comunicación entre todas las provincias. A Roma llegaban aceite, trigo, oro, marfil y esclavos de África; pieles y esclavos de Germania y seda y perfumes de India.

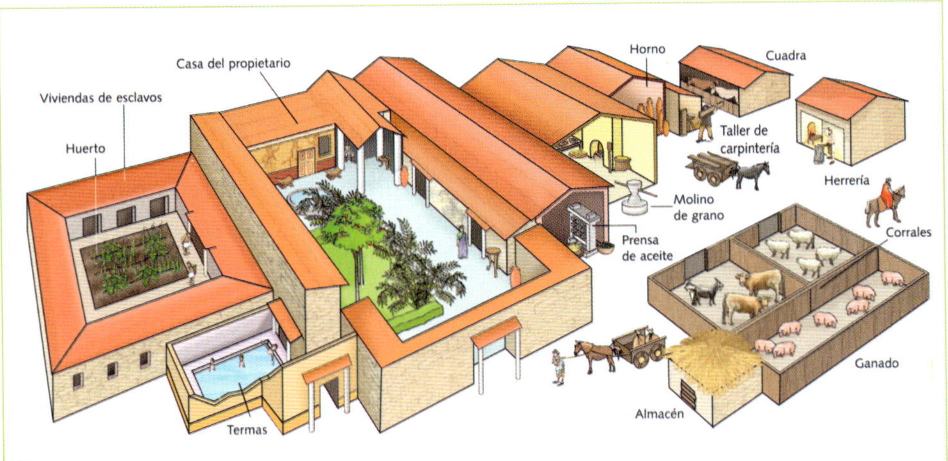


**11** Villa romana.

### Planta

Es la figura que forman los cimientos de un edificio sobre el terreno.

### El incendio de Roma

En el año 64 d.C., cuando Nerón era emperador, Roma sufrió uno de los incendios más graves de su historia. El fuego duró casi cinco días, se quemaron cuatro de los catorce distritos de la ciudad y otros siete sufrieron serios daños. Las causas del desastre no están muy claras y el pueblo romano acusó al propio emperador de provocarlo. Fuera o no así, Nerón aprovechó la circunstancia para hacer las reformas urbanísticas que tanto deseaba y reconstruir la ciudad a su gusto.

## Actividades

20. Describe en tu cuaderno cómo eran las ciudades romanas. ¿En qué se parecen a las ciudades actuales?

21. ¿Cuáles eran las actividades económicas qué más desarrollaron los romanos? ¿Qué novedades introdujeron?

## 3.3 • La cultura y al arte romano

La **cultura romana** se extendió rápidamente gracias al uso de una lengua común, el **latín,** de la que derivan muchas lenguas actuales, como el italiano, el español, el francés, etc. El **derecho** romano ha servido de base para todas las legislaciones posteriores. En literatura, sobresalen autores como **Plauto,** autor de comedias, o el poeta **Virgilio.**

Los romanos también fueron grandes constructores. Su **arquitectura** tenía un **sentido práctico.** Continuaron con algunos **elementos griegos,** como los órdenes arquitectónicos, y utilizaron **elementos de otros pueblos,** como el arco, la bóveda o la cúpula. También introdujeron **nuevas técnicas constructivas,** como el mortero, una mezcla de gran consistencia, hecha de arena, cal y agua, que se recubría de mármoles. Aparte de las calzadas y los puentes, las construcciones más importantes fueron los **edificios públicos:**

- **Templos.** Eran semejantes a los griegos aunque, a diferencia de aquellos, estaban elevados sobre un alto pódium.
- **Basílicas.** Tenían planta rectangular y en ellas se impartía justicia.
- **Teatros.** Su planta era semicircular.
- **Anfiteatros.** Tenían forma elíptica y se utilizaban para los espectáculos de gladiadores y las batallas navales.
- **Termas.** Eran los baños públicos, con múltiples espacios como las piscinas, el gimnasio, las salas de reuniones, etc.
- **Columnas, mausoleos** y **arcos de triunfo.** Servían para inmortalizar los éxitos militares.

La **escultura** romana se inspiró también en la griega. Se copiaron muchas de sus estatuas y se tomaron como modelo. Pero los romanos aportaron novedades, como el **retrato,** muy realista, y los **relieves,** que narraban historias también con gran realismo y fidelidad.

La **pintura** se utilizaba para decorar los **interiores de las casas.** Han quedado muchas muestras en las casas de **Pompeya,** ciudad sepultada por la erupción del Vesubio (Figura 12).

Los **mosaicos** decoraban las paredes y los suelos de los palacios y las casas. Estaban hechos de pequeñas piezas de piedra llamadas **teselas,** con las que se "dibujaban" escenas geométricas o figurativas.

### El calendario romano

El calendario que utilizamos en la actualidad tiene su origen en el calendario romano. Este tenía, al principio, diez meses. Algunos estaban consagrados a los dioses, como marzo (Marte) o junio (Juno). Otros recibían su nombre de acuerdo con el orden que ocupaban en la lista: septiembre (siete), octubre (ocho), noviembre (nueve) y diciembre (diez). Más tarde se añadieron dos meses nuevos.

En tiempos de Julio César se reformó el calendario para que se adaptase al curso del Sol. Desde entonces la duración del año quedó establecida en 365 días, divididos en doce meses.

Cuando Julio César murió, en el año 44 a. C., en su honor se cambió el nombre a un mes, que pasó a llamarse julio. Lo mismo ocurrió con Augusto, que dio nombre al mes de agosto.

12 Pintura romana en el interior de una vivienda de la ciudad de Pompeya.

### Actividades

22. Investiga en Internet qué son las lenguas romances. ¿Cuáles de las que se hablan en el Estado español pertenecen a ese grupo lingüístico?
23. ¿Qué elementos tomó la arquitectura romana de la griega? ¿Qué técnicas introdujeron los romanos?
24. ¿Para qué sirven los anfiteatros y las basílicas?
25. ¿Qué aportaciones hicieron los romanos a la escultura?

## 3.4 • La religión romana y el cristianismo

Los romanos tenían una religión **politeísta:** creían en varios dioses. Adoptaron muchos de los dioses y mitos griegos, así como de las religiones de Mesopotamia y Egipto.

El conjunto de dioses y diosas se llamaba **panteón** (Figura 13). Los romanos, como los griegos, consideraban que los dioses eran inmortales y controlaban las fuerzas de la naturaleza. **Júpiter** era el padre de todos. **Neptuno** gobernaba los mares; **Ceres,** la agricultura; **Marte,** la guerra; y **Venus,** el amor. Durante la época imperial, el emperador también fue considerado un dios.

Los romanos adoraban a los dioses en grandes templos y los honraban mediante actos públicos, como procesiones y sacrificios. En las casas tenían altares dedicados a los dioses del hogar, llamados lares y penates, así como a los **antepasados.** En cada casa se mantenía siempre encendido un fuego para rendir culto a **Vesta,** la diosa protectora del hogar.

Para los romanos, los dioses intervenían en la vida cotidiana. Era importante saber su opinión cuando una persona iba a emprender un viaje, comenzar un negocio, etc. Los **augures** podían saber la opinión de los dioses interpretando el vuelo de las aves o examinando las entrañas de un animal sacrificado.

13 Interior del Panteón de Agripa (Roma) que estaba dedicado a todos los dioses.

**Augur**

Sacerdote que en la antigua Roma practicaba oficialmente la adivinación.

Los romanos adoptaron muchas de las creencias de los pueblos con los que entraron en contacto, como ocurrió con el **cristianismo.** La religión cristiana había surgido en Palestina en el siglo I d. C. y se basaba en las enseñanzas de **Jesús de Nazaret.**

Jesús predicaba una religión **monoteísta.** Sus discípulos **(apóstoles)** y sus seguidores lo reconocieron como Hijo de Dios y recogieron sus enseñanzas en los **Evangelios.**

**Monoteísta**

Cree en la existencia de un solo Dios.

Los primeros seguidores cristianos formaron pequeñas comunidades, al frente de las cuales había un responsable, llamado **obispo.** La reunión de todas las comunidades se llamaba **Iglesia.**

Los primeros cristianos, que se oponían al politeísmo romano, fueron perseguidos y podían ser encarcelados o ejecutados. Pero poco a poco la comunidad cristiana se fue extendiendo y ganando influencia. El emperador **Constantino** se convirtió al cristianismo en el año 313 y autorizó su culto mediante el **Edicto de Milán.** Otro emperador, **Teodosio,** hizo del cristianismo la religión oficial del Imperio en el año 380. Con el tiempo, Roma se convirtió en la capital cristiana.

### Actividades

26. Explica en tu cuaderno las características principales de la religión romana. ¿Cuáles eran sus dioses más importantes?

27. Busca en Internet el significado de la palabra *panteón*. ¿Qué significa? ¿De qué lengua procede?

28. Contesta en tu cuaderno a las siguientes preguntas:

a) ¿Dónde y cuándo surgió el cristianismo?
b) ¿Qué emperador autorizó el cristianismo en el Imperio romano? ¿Y quién lo convirtió en religión oficial?

# 4 • La península ibérica durante la Edad Antigua

En el primer milenio a. C., la península ibérica estaba habitada por unos pueblos que los historiadores llaman **prerromanos**. Podemos agruparlos en **dos grandes culturas:**

- **Iberos.** Ocupaban el este y el sur. Practicaban la agricultura de secano (vid y olivo) y la ganadería (cabras y ovejas). Conocían la metalurgia, la moneda y tenían una **escritura** propia.
- **Celtas.** Se asentaban en el oeste y el norte. Tenían influencia **indoeuropea.** Eran ganaderos nómadas y agricultores. Fabricaban armas y herramientas de hierro y bronce, pero no conocían la moneda ni la escritura.

Con el paso del tiempo, las relaciones entre ambas culturas dieron lugar a nuevos grupos, en el centro peninsular, llamados **celtíberos** (Figura 15).

La existencia en la Península de minerales como el oro y la plata motivó la llegada de pueblos colonizadores, como **fenicios, cartagineses, griegos** y **romanos.**

14 Ruinas de Emporion (Ampurias), ciudad fundada por comerciantes griegos. Emporion significa mercado.

## 4.1 • La colonización griega

Los griegos comenzaron a llegar a la península ibérica a partir del siglo VII a. C. Fundaron algunas **colonias** en la costa, como **Emporion** (Ampurias) o **Rode** (Rosas). Desde ellas comerciaban con los pueblos indígenas, como los tartesios o los iberos. Con los griegos llegaron avances como el **torno** para hacer cerámica, la **metalurgia del hierro,** la **moneda** y la **escritura alfabética.**

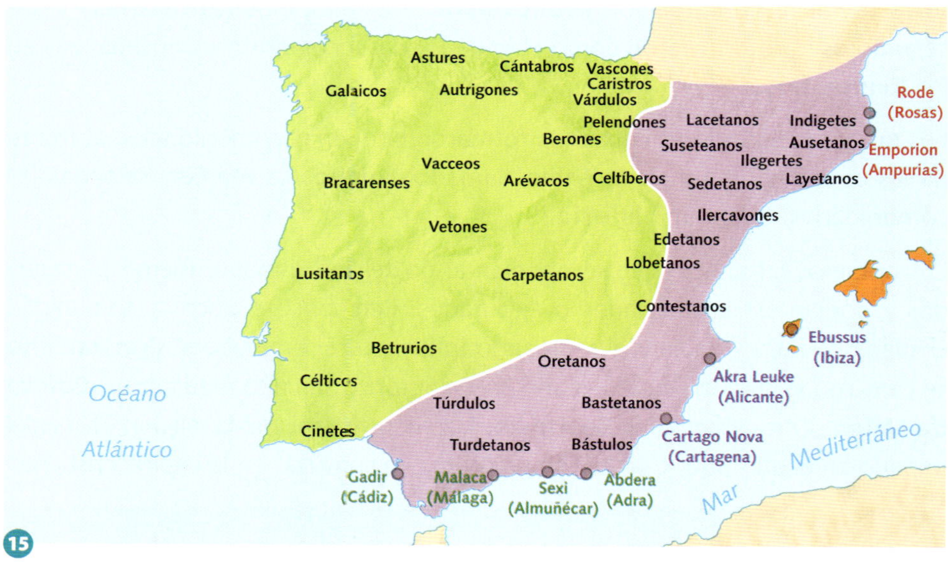


Área de influencia de la cultura celta
Área de influencia de la cultura ibera
Pueblos de la península ibérica
Colonias fenicias
Colonias cartaginesas
Colonias griegas

15 La península ibérica en el primer milenio a. C.

## Actividades

29. ¿Qué dos culturas habitaban la península ibérica en el primer milenio a. C.? ¿Qué semejanzas y diferencias había entre ellas?

30. ¿Qué aportaciones hicieron los colonizadores griegos a los pueblos peninsulares? ¿Por qué vinieron los griegos a la península ibérica?

## 4.2 • La conquista romana

En el siglo III a. C. comenzó la expansión **romana** por la península ibérica. Roma y Cartago se enfrentaron por el dominio del Mediterráneo occidental, en lo que se conoció como **guerras púnicas.**

Tras vencer definitivamente a los cartagineses en el año 202 a. C., la conquista romana aún tardó doscientos años en completarse. Algunos pueblos mostraron mucha resistencia al invasor, como **Numancia,** que se mantuvo invicta durante veinte años.

En el año 19 a. C. el emperador Augusto sometió definitivamente a los últimos pueblos libres de la península ibérica: **galaicos, cántabros, astures** y **vascones.**

Tras la conquista de la mayor parte de la península ibérica, esta pasó a denominarse **Hispania** y fue dividida en tres provincias (Figura 16). Los romanos levantaron grandes ciudades, como **Emerita Augusta, Itálica** o **Tarraco,** así como acueductos, teatros, murallas, templos, etc. Las leyes e instituciones romanas se asentaron entre los pueblos indígenas y el latín se convirtió en la lengua oficial.

16 División de Hispania en tres provincias en tiempos de Augusto (27 a. C.).

En Hispania nacieron algunos grandes personajes de la historia de Roma, como el escritor **Séneca** o los emperadores **Trajano, Adriano** y **Teodosio.**

### La destrucción de Numancia ?

La ciudad celtíbera de Numancia sufrió el cerco de las tropas romanas durante quince meses.

Las enfermedades y la falta de alimentos hacían imposible la resistencia. Pero la mayoría de los habitantes de Numancia prefirieron suicidarse antes que entregarse al vencedor, el general romano Publio Cornelio Escipión. Por eso incendiaron la ciudad. Hubo muy pocos supervivientes y los romanos los convirtieron en esclavos.

### Aníbal ?

Era un general cartaginés que se enfrentó a las legiones romanas durante las guerras púnicas. Su ejército incluía elefantes de guerra, con los que atravesó los Pirineos y los Alpes. Estuvo a punto de conquistar Roma.

## Actividades

31. Investiga en Internet qué significa *púnico*. ¿A qué dos pueblos enfrentaron las guerras púnicas?

32. ¿Qué emperador completó la conquista romana de Hispania? ¿Qué pueblos fueron los últimos en ser conquistados?

33. Analiza el mapa de la Figura 16 y contesta:

a) ¿Cómo se llamaban las provincias en que estaba dividida la Hispania romana?
b) Cita al menos tres ciudades de cada una de ellas.

34. Busca información en Internet y realiza en tu cuaderno una ficha biográfica sobre uno de los grandes personajes romanos que nacieron en Hispania. Sitúalo cronológicamente, explica por qué destacó y por qué lo has elegido a él en concreto.

## Comentario de un texto histórico

Los documentos que nos han llegado del pasado nos ofrecen mucha información sobre la época en la que fueron escritos. Pero estos **textos** deben ser analizados a fondo, pues muchas veces pueden ser confusos, dar información errónea o interesada, etc.

Para comentar un texto histórico, vamos a seguir los siguientes **pasos:**

1. Lee atentamente el texto. Procura entender lo que se dice y subraya lo que te parezca más importante.
2. Clasifica el texto. ¿De qué tipo es? ¿Es una carta privada, un informe, un documento legal, un discurso, una noticia de un periódico…?
3. Fíjate en quién es el autor o los autores y a quién va dirigido. A veces el texto es anónimo, es decir, no tiene un autor conocido. Si puedes, infórmate sobre el autor: saber quién es te dará mucha información sobre el texto.
4. Identifica cuándo y dónde fue escrito, si es posible.
5. Piensa en cuál es el tema principal del texto: si es económico, político, cultural, religioso, etc.
6. Señala cuáles son las ideas principales del texto. Generalmente, hay una en cada párrafo.
7. A partir de todo lo anterior, haz un breve comentario que resuma y explique lo que se dice en el texto.

Vamos a ver un **ejemplo** con este texto de Séneca:

Y así me hallo rodeado de un griterío abigarrado: habito sobre unos baños. Figúrate todos los tipos de gritos que pueden repugnar a los oídos: cuando los atletas más fuertes hacen ejercicio y bracean con las manos cargadas de plomo, cuando se fatigan o hacen el fatigado, siento los gemidos; (…) Y si añadimos un jugador de pelota y se pone a contar los puntos, los tendrás a todos. Añade todavía al buscarrazones, y el ladrón sorprendido en su delito, y el cantarín que percibe que en el baño su voz es la mejor; añade a los que saltan a la piscina con gran estruendo del agua removida. (…) Figúrate al depilador (…); figúrate todavía el pastelero, y el salchichero, y el confitero y todos los proveedores de tabernas que venden las mercancías con su cantinela característica.

Séneca, *Cartas a Lucilio*

**Comentario**

Estamos ante una carta dirigida por el autor a otra persona. Fue escrita por el romano Séneca, que vivió en el siglo I d.C. Se trata de un documento privado. El tema del texto es social: la queja del autor sobre el ruido que soporta en su vivienda.

Séneca describe cómo, al vivir sobre unos baños, los ruidos que escucha son muy molestos. De paso, nos da información sobre las actividades que se llevaban a cabo en los baños en la época romana y el tipo de personas que pasaban por ellos. Del texto se desprende que ya hace dos mil años algunos autores señalaban las incomodidades de la vida urbana.

## Actividades

1. Ahora comenta tú en tu cuaderno el siguiente texto:

Dicha región se llama Bética, por el nombre del río, y Turdetania, por el pueblo que la habita; tienen fama de ser los más cultos de los iberos. Tienen un alfabeto y escritos de antigua memoria, poemas y leyes en verso que ellos dicen de seis mil años.

Las orillas del Betis son las más pobladas. La Turdetania es maravillosamente fértil; tiene toda clase de frutos y muy abundantes […] A tanta riqueza como tiene esta comarca se añade la abundancia de minerales; si bien toda la tierra de los iberos está llena de ellos, no todas las regiones son a la vez tan fértiles y tan ricas. Hasta ahora, ni el oro, ni la plata, ni el cobre, ni el hierro… se han hallado en ninguna parte de la tierra tan abundantes y excelentes.

Estrabón, *Geografía* [adaptación]

## Razona y explica

1. ¿En torno a qué ríos surgieron las civilizaciones mesopotámica y egipcia?
2. ¿Qué son las ciudades-Estado? ¿Dónde surgieron por primera vez? ¿Cómo se llamaban en la antigua Grecia?
3. Explica en tu cuaderno cómo estaba organizada la sociedad en Egipto. ¿Qué grupos sociales la formaban? ¿Era una sociedad igualitaria? ¿Por qué?
4. ¿Quién fue el creador de la democracia ateniense? ¿Qué papel ejercían en ella los estrategas y los arcontes?
5. Explica en tu cuaderno las características de cada uno de los períodos en los que se divide la escultura griega, y cita algunos artistas destacados del período clásico.
6. ¿Por qué tres etapas políticas atravesó la historia de Roma? Cítalas en tu cuaderno en orden cronológico.
7. ¿Quién fue el primer emperador de Roma? ¿Qué título recibió?
8. Indica en tu cuaderno tres diferencias y tres semejanzas entre el arte griego y el romano.
9. ¿Qué cultura surgió por el contacto entre celtas e iberos?
10. Razona en tu cuaderno cuál de estas dos culturas, celta o ibera, estaba más desarrollada. ¿Por qué?

## Trabaja un mapa conceptual

11. Elabora en tu cuaderno un mapa conceptual sobre la antigua Grecia en el que debes incluir:
    - El medio físico.
    - Las actividades económicas.
    - Las etapas de su historia.
    - La democracia ateniense.
    - Las principales personalidades en ciencia, filosofía y teatro.
12. Elabora en tu cuaderno un mapa conceptual sobre la historia de Roma. Incluye los siguientes aspectos:
    - El medio físico.
    - Las etapas políticas.
    - Las actividades económicas.
    - La cultura.

## Busca información en Internet

13. *Política, policía, metrópolis* o *cosmopolita* son palabras derivadas de la palabra griega polis. Consulta un diccionario en Internet y anota en tu cuaderno la definición de cada una de ellas.
14. Busca información en Internet sobre Alejandro Magno y escribe en tu cuaderno una ficha biográfica que recoja los acontecimientos más relevantes de su vida.
15. Haz una lista en tu cuaderno de, al menos, cinco monumentos romanos que se conserven en España. Elije uno de ellos y realiza una ficha sobre él en la que indiques su nombre, localidad en la que se encuentra, fecha de realización y principales características.

## Completa las frases

16. Copia en tu cuaderno estas frases y complétalas:
    a) El arte griego se caracteriza por la ___, el ___ y el respeto a las ___
    b) Cuando se expulsó al último rey de Roma se instituyó una ___ en la que los ___ controlaban los principales órganos de gobierno.
    c) El emperador Constantino se convirtió al ___ en el año ___ y autorizó su culto mediante el ___
    d) La península ibérica pasó a denominarse ___ En ella nacieron algunos grandes personajes de la historia de Roma, como el escritor ___ o los emperadores ___, ___ y Teodosio.

## ¿Verdadero o falso?

17. Copia estas frases en tu cuaderno e indica si son verdaderas o falsas:
    a) La máxima autoridad política y religiosa de las ciudades-Estado mesopotámicas era el faraón.
    b) Hipócrates es el padre de la medicina.
    c) Los romanos tenían un solo dios, el emperador.
    d) En la arquitectura romana se siguieron empleando algunos elementos tomados de los griegos, como el arco y la bóveda.
    e) Los mosaicos romanos decoraban las paredes y los suelos de los palacios y las casas.

## Trabaja con la ilustración

18. Responde en tu cuaderno a las cuestiones que se plantean sobre la Figura 17.

Conquistas romanas durante las tres etapas de su historia.

a) ¿Qué territorios conquistaron los romanos durante la República fuera de Europa?
b) ¿Cuándo conquistaron Hispania? ¿Y la Galia?
c) ¿En qué etapa alcanzó Roma su máxima expansión?
d) Investiga en Internet, por qué los romanos llamaban al mar Mediterráneo Mare Nostrum.

# 5 IDEAS CLAVE Y AUTOEVALUACIÓN

### Las primeras sociedades urbanas

- Las **ciudades-Estado** fueron las primeras formas de organización política compleja. Aparecieron en Mesopotamia y en Egipto, hacia el **cuarto milenio a. C.**
- **Mesopotamia** se encontraba entre los ríos **Tigris** y **Éufrates,** y era una zona agrícola y ganadera muy fértil en la que se instalaron pueblos muy diferentes.
- **Egipto.** En el cuarto milenio a. C., la población que vivía en las cercanías del **Nilo** se fue concentrando para cultivar las ricas tierras que había alrededor del río.

### La civilización griega

- Surgió en la **zona oriental del mar Mediterráneo,** como resultado de la unión de **diversos pueblos** e influencias: **minoicos, aqueos** y **dorios.** En su historia se diferencian tres etapas: **arcaica** (entre los siglos VIII-VI a. C.), **clásica** (siglo V a. C.) y **helenística** (siglos IV-II a. C.).
- Las ciudades-Estado griegas se denominaban **polis.** Eran pequeños Estados independientes, formados por una ciudad propiamente dicha y los pueblos y campos que la rodeaban. Cada polis tenía su propio gobierno, leyes, moneda y ejército.
- Atenas instauró una **democracia** (siglo V a. C.). Sus principales **instituciones** eran la asamblea, los magistrados (estrategas y arcontes), los tribunales populares y la ***boulé,*** que elaboraba las leyes y elegía a los magistrados.
- Los griegos sentaron las bases de la **ciencia** y la **filosofía,** al buscar una explicación racional para todo lo que los rodeaba. En las polis griegas también surgió el **teatro.**
- El **arte griego** se caracteriza por la **armonía,** el **equilibrio** y el respeto a las **proporciones.** Su **arquitectura** era **adintelada,** y las columnas se construían según los **órdenes arquitectónicos dórico, jónico** y **corintio.** La **escultura** griega tomaba como modelo al **ser humano.** Los artistas buscaban representar un cuerpo humano **proporcionado** y para ello fijaron unas reglas que llamaron **cánones.** Los griegos también desarrollaron la **pintura** y la **cerámica.**

### La civilización romana

- La **leyenda** cuenta que los gemelos **Rómulo y Remo** fundaron la ciudad de **Roma** en el año **753 a. C.** El poblado estaba formado por **siete colinas,** y se situaba en las cercanías del **río Tíber.**
- En la historia de Roma se diferencian tres etapas políticas: **Monarquía** (753-509 a. C.), **República** (509-27 a. C.) e **Imperio** (27 a. C.-395 d. C.).
- Las **ciudades** tuvieron gran importancia en la civilización romana. Tenían **planta cuadrada** y estaban organizadas en cuadrículas. Su centro era el **foro,** la plaza central donde se levantaban los principales edificios públicos.
- La **agricultura** fue la base económica de Roma. La tierra se trabajaba con nuevas técnicas, como el arado y el regadío. También tuvo mucho desarrollo el **comercio,** gracias a la construcción de numerosas calzadas y al empleo de una moneda única.
- La **cultura romana** se extendió rápidamente gracias al uso de una lengua común, el **latín,** de la que derivan muchas lenguas actuales. El **derecho** romano ha servido de base para todas las legislaciones posteriores.
- Los romanos levantaron muchos **edificios públicos** (templos, termas, etc.). Estuvieron muy influidos por el arte griego, pero también introdujeron novedades, como el arco y la bóveda, en arquitectura; el **retrato** y los **relieves** en escultura; o los **mosaicos,** en pintura.
- Los romanos eran **politeístas,** pero adoptaron muchas de las creencias de otros pueblos, como ocurrió con el **cristianismo,** que había surgido en Palestina y que se convirtió en la religión oficial del Imperio en el año 380.

### La península ibérica durante la Edad Antigua

- En el primer milenio a. C., la península ibérica estaba habitada por los **pueblos prerromanos: iberos** y **celtas.** Con el paso del tiempo dieron lugar a nuevos pueblos, llamados **celtíberos.**
- La existencia en la Península de minerales como el oro y la plata motivó la llegada de pueblos colonizadores, como los **fenicios, cartagineses** y **griegos,** que aportaron **avances** como la metalurgia del hierro, la moneda o la escritura.
- La **conquista romana** de la Península se inició en el siglo III a. C. y en el año 19 a. C. el emperador Augusto la concluyó. Los romanos dividieron **Hispania** en provincias, explotaron sus riquezas, levantaron grandes ciudades, e introdujeron sus instituciones y su lengua, el **latín.**

**Anota en tu cuaderno la opción correcta:**

1. ¿Quién tenía el máximo poder político y religioso en Mesopotamia?

a) El faraón. c) El emperador.
b) El rey-sacerdote. d) El sumo sacerdote.

2. ¿Cómo llamaban los romanos al dios creador de todos los dioses?

a) Anu. c) Zeus.
b) Amón. d) Júpiter.

3. ¿Cuál fue la etapa de mayor esplendor de las polis griegas?

a) Clásica. c) Oscura.
b) Arcaica. d) Helenística.

4. ¿Cómo se denominaba a la parte más alta de las polis?

a) Ágora. c) Acrópolis.
b) Cella. d) Santuario.

5. ¿Qué organismo ateniense se encargaba de elaborar las leyes?

a) La asamblea. c) Los arcontes.
b) La *boulé*. d) El tribunal popular.

6. ¿Cómo se denominaba a las familias fundadoras de Roma?

a) Patricias. c) Padres fundadores.
b) Plebeyas. d) Cónsules.

7. ¿En qué edificio público romano se impartía justicia?

a) En el templo. c) En la basílica.
b) En el mausoleo. d) En la terma.

8. ¿Qué emperador convirtió al cristianismo en la religión oficial del Imperio?

a) Constantino. c) Octavio Augusto.
b) Trajano. d) Teodosio.

Unidad 6

# La Europa medieval

## SUMARIO

- El Imperio bizantino
- El Imperio carolingio
- El feudalismo
- Mahoma y la expansión del islam
- La península ibérica durante la Edad Media

## TÉCNICAS DE TRABAJO

- Análisis de un mapa histórico

# 1 • El final del mundo romano y el comienzo de la Edad Media

En el año 395, el emperador **Teodosio** dividió el Imperio romano entre sus dos hijos: **Honorio** recibió el **Imperio de Occidente** y **Arcadio** el **Imperio de Oriente.** Pero ambos corrieron suertes muy distintas.

## 1.1 • El Imperio bizantino

El **Imperio de Oriente** recibió el nombre de **Imperio bizantino** y estableció su capital en **Constantinopla (actual Estambul).** Ocupaba buena parte de la península balcánica, Egipto y parte del norte de África, Asia Menor, Palestina y Siria.

El Imperio bizantino vivió su periodo de **máximo esplendor** en los **siglos VI y VII,** con los emperadores **Justiniano** y **Heraclio.** Estos ampliaron el Imperio hacia Occidente y llegaron a ocupar el sur de las penínsulas ibérica e itálica, y el norte de África occidental. Justiniano, además, recogió en un código el derecho romano, que siglos más tarde fue la base del derecho moderno. También hizo que se construyeran caminos, acueductos y grandiosos edificios públicos en Constantinopla, como la iglesia de Santa Sofía (Figura 1).

1 Interior de la Iglesia de Santa Sofía. Famosa por su gran cúpula, fue construida por Antemio de Tralles e Isidoro de Mileto durante el reinado del emperador Justiniano I.

En el Imperio bizantino, el emperador *(basileus)* acumulaba todos los poderes políticos y religiosos: se le consideraba el representante de Dios en la Tierra. La sociedad era **jerárquica:** en la cúspide se situaban la nobleza y el clero, y en la base los campesinos y los comerciantes. La economía estaba basada en la agricultura, las manufacturas de tejidos y el comercio, gracias a su posición estratégica entre Oriente y Occidente.

A partir del **siglo XI,** el Imperio bizantino entró en **crisis.** Las regiones más ricas fueron ocupadas por los árabes, lo que provocó un fuerte declive económico, agravado por la limitación del comercio y la **disminución del rendimiento** agrícola. Los campesinos abandonaron los campos para **trasladarse a las ciudades,** que eran más seguras. Cada vez había **menos dinero** y no había suficientes tropas para defender las fronteras. Los **enemigos exteriores** (árabes y turcos) fueron ocupando cada vez más territorios hasta que, en 1453, la capital, Constantinopla, cayó en manos del sultán otomano **Mehmet II.**

### Herencia bizantina ?

Gracias a los bizantinos usamos el tenedor, ya que fueron ellos los primeros que lo utilizaron cuando todo el mundo, en Europa, comía con los dedos.

También son los responsables de la utilización de la pasta en la cocina europea, porque mantuvieron estrechos contactos con China, de donde procede esta forma de elaboración del trigo.

## Actividades

1. ¿Qué emperador romano dividió el Imperio romano? ¿De qué forma lo hizo? ¿En qué siglo ocurrió?
2. Busca información en Internet sobre el código de Justiniano. ¿Qué importancia tiene?
3. Indica en tu cuaderno si las siguientes afirmaciones son verdaderas o falsas:
   a) El Imperio bizantino llegó a conquistar toda la península ibérica.
   b) El *basileus* era el representante de Dios en la Tierra.
   c) El comercio era una de las actividades fundamentales de la economía bizantina.
   d) Constantinopla fue conquistada por los turcos otomanos en el año 1453.

## 1.2 • El Imperio carolingio

En el año 476, el **Imperio romano de Occidente** cayó en manos de los **pueblos bárbaros,** que en los últimos siglos se habían establecido en sus fronteras.

Los historiadores consideran este acontecimiento como el inicio de una nueva etapa histórica, la **Edad Media,** que se prolongó hasta el año 1453.

El territorio que ocupaba el antiguo Imperio se distribuyó entre diferentes **pueblos, todos ellos de origen germánico:**

- Los **visigodos.** Ocuparon el **sur de la Galia** y la **península ibérica.**
- Los **alamanes.** Se establecieron **en torno al Rin.**
- Los **francos.** Se asentaron en el **norte de la Galia.**
- Los **burgundios.** Ocuparon el **noreste de la Galia.**
- Los **ostrogodos.** Se establecieron en la **península itálica** y en **Dalmacia.**

El **reino de los francos** adquirió especial relevancia, ya que se convirtió en el origen del **Imperio carolingio.**

Los reyes francos estaban bajo el dominio de los nobles, y uno de ellos, **Carlos Martel,** fue quien frenó el avance de las tropas musulmanas hacia Europa en la **batalla de Poitiers,** en el año 732. Su hijo **Pipino** fue nombrado rey e inició así la **dinastía carolingia.**

El hijo de Pipino, llamado **Carlos** como su abuelo, heredó la corona en el año 768. Inició una serie de conquistas y se hizo de este modo con un **gran imperio** que se extendía por la actual **Francia,** el este de **Alemania,** el norte de **España,** el norte de **Italia** y la actual **Austria.** En el año 800 recibió la corona imperial en Roma, de manos del papa León III. Carlos pasó a ser conocido como **Carlomagno** (Carlos el Grande) (Figura 2).

**Carlomagno** reforzó la seguridad de sus territorios, los dividió en condados o marcas y otorgó mucho poder a los nobles. Se convirtió en el **defensor de la cristiandad** y durante su reinado se dio gran **impulso a la cultura,** con grandes pensadores como **Alcuino de York** o **Rabano Mauro.**

A la muerte de Carlomagno comenzó el declive del Imperio carolingio: su hijo Luis apenas pudo mantenerlo y sus nietos, en el **Tratado de Verdún** (843), lo dividieron en tres reinos: **Francia, Lotaringia** y **Germania.**

### Actividades

4. ¿Cuándo terminó la Edad Antigua? ¿Y la Edad Media?
5. ¿Qué pueblo germánico se asentó en la península ibérica? ¿Y en la Galia?
6. Explica en tu cuaderno cómo surgió el Imperio carolingio. ¿Por qué países actuales se extendía este imperio?
7. ¿Qué importancia tuvo la batalla de Poitiers? ¿Quiénes se enfrentaron en ella?
8. ¿Qué relación había entre Carlos Martel y Carlomagno?
9. ¿Qué ocurrió con el Imperio carolingio tras la muerte de Carlomagno?

### Los bárbaros +

Los romanos llamaban *barbarus* (extranjeros) a todos los pueblos que vivían fuera de sus fronteras *(limes).* Sin embargo, estos pueblos eran muy numerosos y tenían diferente nivel cultural.

Algunos de ellos eran los visigodos, los francos, los suevos o los ostrogodos.

Característica común a todos ellos es que eran pueblos seminómadas que se dedicaban a la ganadería y que se organizaban en tribus.

### Carlomagno emperador ?

Carlomagno fue coronado emperador en la Navidad del año 800.

El papa León III le impuso la corona imperial en la basílica de San Pedro en Roma en la noche del 25 de diciembre.

2 Coronación de Carlomagno. Las numerosas luminarias que alumbraban los altares hacían relucir la gran cantidad de objetos de plata y oro que guardaba la basílica.

# 2 • El feudalismo

### La ceremonia de vasallaje

En esta ceremonia, el vasallo tenía que presentarse de rodillas, sin sombrero y sin armas ante su señor. El señor recogía a su vasallo, lo levantaba y le entregaba un saquito con tierra como símbolo del feudo.

3 En la ceremonia del vasallaje entre un monarca y un noble ambos enlazaban sus manos *(inmixtio manum)*.

El **feudalismo** fue el **sistema político, económico** y **social** que se desarrolló en Europa occidental en el periodo de la Edad Media comprendido entre los **siglos IX** y **XIV.**

## 2.1 • ¿Por qué surgió el feudalismo?

En el **siglo IX** los reinos europeos vivían una etapa de **inseguridad** provocada por las **invasiones** de los musulmanes, los vikingos o normandos y los húngaros, o por las **guerras** con los territorios vecinos.

Para hacer frente a estas amenazas, los reyes otorgaron tierras a los nobles, llamadas **feudos,** a condición de que las defendieran en su nombre. El acuerdo establecía un **pacto de fidelidad** o **de vasallaje:** el rey entregaba el feudo a cambio de que el noble le prometiera **obediencia, respeto, consejo** y **ayuda militar.** Pero el noble podía considerarse casi independiente, ya que tenía en sus manos la potestad de elaborar **leyes,** recaudar **impuestos** e impartir **justicia en su territorio.**

A su vez, los **campesinos libres,** que también se sentían inseguros por las guerras, los saqueos y las invasiones, **entregaban sus tierras** a los nobles a cambio de **protección** y del **derecho a seguir viviendo en ellas.** Con ello, se convertían en siervos de por vida de los nobles y no podían abandonar nunca el feudo. Con el tiempo, esta servidumbre se hizo hereditaria.

## 2.2 • ¿Cuándo surgió el feudalismo?

El origen del feudalismo se encuentra en el **Imperio carolingio,** cuando **Carlomagno** cedió mucho poder a los nobles de su corte para que defendieran sus territorios, ducados y condados.

Los herederos de Carlomagno y los monarcas de los demás países europeos no tuvieron más remedio que continuar con este sistema, ya que la debilidad de las monarquías impedía reclutar tropas, recaudar impuestos o impartir justicia en todos los confines de sus reinos.

### Actividades

10. ¿Qué es el feudalismo? Explícalo en tu cuaderno con tus propias palabras.

11. Copia las siguientes frases en tu cuaderno y complétalas:

a) Para hacer frente a las amenazas, los reyes otorgaron tierras a los ▭, llamadas ▭, a condición de que las defendieran en su nombre.

b) El acuerdo entre el ▭ y los nobles establecía un pacto de fidelidad o de ▭ : el rey entregaba el feudo a cambio de que el noble le prometiera obediencia, respeto, consejo y ayuda ▭.

c) Los ▭ entregaban sus tierras a los nobles a cambio de ▭ y del derecho a seguir viviendo en ellas.

12. ¿Cuándo surgió el feudalismo? ¿Por qué?

## 2.3 • ¿Qué era un feudo?

El **feudo** era un amplio territorio que el rey entregaba a un señor feudal, que podía ser **laico** o **eclesiástico.**

En el feudo vivían los campesinos que trabajaban como siervos para el señor feudal. El **feudo** se dividía en **dos partes** (Figura 4):

| Partes del feudo | |
|---|---|
| Reserva señorial | – Era la parte que el señor controlaba directamente.<br>– En ella trabajaban obligatoriamente los siervos.<br>– Solían ser las mejores tierras, prados y bosques. |
| Mansos | Eran las parcelas que el señor entregaba a los siervos para que las trabajaran, a cambio de una parte de la cosecha. |

El centro del feudo era la residencia del señor. Normalmente se trataba de un **castillo,** donde se refugiaban los campesinos en caso de necesidad. Si el señor era un clérigo, el centro del feudo podía ser un **monasterio** o una **abadía.**

El señor feudal tenía toda la **autoridad** en su feudo y recibía las siguientes **rentas:**

- La **parte de la cosecha** pactada con los campesinos.
- Las **primicias** (primeros frutos) o determinados cultivos especiales o animales.
- El **trabajo obligatorio** de los campesinos en la reserva señorial.
- Los **impuestos** por el uso de ciertas propiedades del señor del feudo: el molino, el horno, los puentes, la herrería, los bosques, los prados, etc.

El feudo pasaba de padres a hijos a través de la **herencia.**

4 Organización de un feudo.

1. Tierras comunales. Tierras de bosque y pasto para el ganado pertenecientes a todo el feudo.
2. Castillo. Vivienda del señor.
3. Reserva señorial. Tierras del señor cultivadas por los campesinos.
4. Mansos. Tierras cedidas por el señor a los campesinos.
5. Aldea. Viviendas de los campesinos.

## 2.4 • La sociedad feudal

La **sociedad** se dividía en tres grupos, llamados **estamentos:** la **nobleza,** el **clero** y el **tercer estado** (campesinos, artesanos, comerciantes, etc.). La nobleza y el clero eran los estamentos **privilegiados** porque poseían riqueza y poder, y **no pagaban** impuestos. El tercer estado sí debía pagar tributos. Apenas había **movilidad social:** lo normal era que cada persona perteneciera durante toda su vida al estamento de la familia en la que había nacido.

### Actividades

13. ¿Qué es un feudo? ¿En qué dos partes se dividía?
14. ¿Qué beneficios o rentas obtenía el señor feudal?
15. Explica en tu cuaderno cómo estaba organizada la sociedad feudal y señala dos diferencias con respecto a las sociedades actuales.
16. ¿Te parece justa la organización de la sociedad feudal? Justifica en tu cuaderno la respuesta.

## 2.5 • La economía y el resurgir de las ciudades

5 El arado normando, introducido hacia el siglo XI, permitió hacer surcos más profundos, con lo que la tierra era más productiva.

A partir del **siglo XI,** la economía medieval comenzó una lenta mejoría gracias a diversos **factores:**

- **Disminuyeron las guerras.** Habían finalizado ya las grandes invasiones que siguieron a la caída del Imperio romano. Además, hubo menos enfrentamientos entre señores feudales.
- **Avanzaron las técnicas agrícolas.** Se introdujo un nuevo tipo de **arado,** el **normando,** más eficaz (Figura 5). También se empezó a utilizar el **estiércol** de animales para abonar la tierra y la **rotación trienal,** que dejaba descansando en barbecho solo una tercera parte de la tierra, en lugar de la mitad.
- **Aumentó la población.** Como la tierra era más productiva, había más alimentos y disminuyeron las enfermedades y la mortalidad. La población europea pasó de 45 millones de personas en el año 1100 a 75 millones en el siglo XIV.
- La **artesanía se desarrolló** de forma importante. Como había mayor demanda, surgieron talleres donde se fabricaban **manufacturas.** Los artesanos se organizaron en **gremios,** que eran asociaciones de trabajadores de un mismo oficio, para defenderse, ayudarse entre sí, controlar los precios y la calidad del producto, etc.
- **Resurgió el comercio** gracias a los periodos de paz, al incremento del consumo por el aumento de la población y al auge de los productos manufacturados. Se abrieron **nuevas rutas** en el Mediterráneo y en el Báltico, y surgieron asociaciones de comerciantes, llamadas ***hansas.*** También empezaron a utilizarse nuevos instrumentos financieros, como el **crédito** o las **letras de cambio,** que significaron el nacimiento de la banca.

Todos estos factores favorecieron el **resurgir de la vida urbana,** tras varios siglos de predominio del mundo rural. Las ciudades acogieron a muchos campesinos que querían huir de la miseria del campo o del dominio feudal y que encontraron en ellas mejores oportunidades para sobrevivir. Los reyes concedían **fueros** a las ciudades, para reducir el poder de la nobleza. Sus habitantes podían constituir su propio gobierno municipal, por lo que no estaban sujetos a ningún poder feudal. También tenían permiso para celebrar **ferias,** lo que atraía mucho dinero, así como a compradores y vendedores de lugares lejanos. Algunas ferias ganaderas de la actualidad tienen su origen en la Edad Media.

Las viejas ciudades se revitalizaron y surgieron otras nuevas, los **burgos.** Aunque la mayoría eran pequeñas, algunas como Milán, Venecia o París superaban los 100 000 habitantes. Europa, poco a poco, se iba haciendo más urbana.

**Barbecho**

Terreno agrícola que no se siembra durante uno o dos años para que descanse o se regenere.

**Letra de cambio**

Documento que puede ser intercambiado por la cantidad de dinero que figura en él, en el plazo y el lugar convenido.

**Fueros**

Privilegios o ventajas exclusivas otorgados por los reyes a un municipio, un territorio o una persona.

## Actividades

17. Elabora en tu cuaderno un mapa conceptual con los diversos factores que permitieron la mejora de la economía a partir del siglo XI.

18. ¿Por qué los reyes ayudaron a las ciudades?

19. ¿Qué fueron los burgos?

20. Busca información en Internet sobre cómo se dice burgo en otras lenguas europeas e indica en tu cuaderno tres ejemplos de ciudades que tengan su origen en la época medieval.

## 2.6 • El final de la Edad Media

Entre los **siglos XIV** y **XV** se produjo una **profunda crisis** que acabó con el sistema medieval y dio lugar a una nueva etapa: la **Edad Moderna.**

Esta **crisis** fue de varios **tipos:**

- **Económica** y **política:** a comienzos del siglo XIV se inició una época de malas cosechas por sequías e inundaciones. El **agotamiento de los campos** hizo que muchas tierras de cultivo quedaran abandonadas. Las **guerras** entre señores feudales volvieron a ser frecuentes. Muchos campos fueron arrasados y se **interrumpieron las rutas comerciales.** El conflicto más importante que se produjo en esta época fue la **Guerra de los Cien Años** (1337-1453), entre Francia e Inglaterra (Figura 6).
- **Demográfica:** la población disminuyó rápidamente. Hubo una enorme mortandad provocada por el hambre y, sobre todo, por la **peste negra,** una enfermedad que, a partir de 1347, acabó con más de un tercio de la población europea.
- **Social:** las **protestas** se hicieron frecuentes. Los campesinos se rebelaron contra el aumento de impuestos y el endurecimiento de sus condiciones de la vida. Las **revueltas campesinas** más importantes, llamadas *jacqueries,* sucedieron en Francia, en 1358: los campesinos asaltaron castillos y palacios señoriales. También hubo conflictos sociales en las ciudades, por la carestía de vida, la falta de alimentos y la acumulación de poder político en manos de los más poderosos. Las **revueltas urbanas** eran habituales y a menudo la ira de los más pobres se dirigía contra algunas minorías, como los **judíos.**

### La peste negra ?

También conocida como peste bubónica, pasó de las ratas al ser humano y causó millones de muertes en pocos años. Según los escritos de la época, "los vivos apenas eran suficientes para enterrar a los muertos".

### El odio hacia los judíos

La crisis económica hizo que surgiera un gran odio hacia los judíos, porque muchos de ellos se dedicaban a prestar dinero y a recaudar impuestos. Así, por ejemplo, en el año 1391 se produjeron matanzas de judíos en Sevilla y en algunas ciudades castellanas.

Para salvar la vida, muchos decidieron dejar su religión y convertirse —al menos en apariencia— al cristianismo. A partir de entonces se los llamó conversos.

6 Combate entre tropas inglesas y francesas durante la Guerra de los Cien Años.

## Actividades

21. Haz un esquema en tu cuaderno que explique la crisis de la Edad Media.
22. ¿Qué fueron las *jacqueries*?
23. ¿Por qué hubo conflictos en el campo y en las ciudades? ¿Qué reivindicaban los campesinos y los habitantes de las ciudades?

# 3 • El islam y Mahoma

El **islam** es una **religión monoteísta,** es decir, considera que existe un solo Dios (**Alá** en árabe). **Mahoma** es su último profeta. El libro sagrado del islam es el **Corán,** que fue revelado a Mahoma por el arcángel Gabriel.

El islam surgió en la península arábiga, situada en **Oriente Próximo.** Esta es una **zona desértica** que estaba habitada por **pastores** nómadas y **agricultores,** establecidos en los escasos oasis que había. Su ubicación geográfica la convirtió en una zona de paso obligado para las **caravanas** que comerciaban con productos procedentes de Oriente. Las **tribus** que habitaban allí antes de que surgiera el islam eran **politeístas** y solían **peregrinar** a La Meca, ya que en esta ciudad se encontraba la **Kaaba,** una reliquia considerada sagrada.

En este entorno nació **Mahoma,** en **La Meca,** hacia el año 570, y en su juventud se dedicó al pastoreo. Según la tradición islámica, con 40 años tuvo una **revelación:** el arcángel Gabriel le anunció que era el profeta de Dios **(Alá).** Desde entonces, su objetivo fue predicar la **nueva religión:** el **islam.**

Al principio no tuvo mucho éxito con sus predicaciones, e incluso fue perseguido por las autoridades de La Meca. En el **año 622** Mahoma **huyó** a Medina, una ciudad donde tenía un importante grupo de seguidores. Esta huida a Medina se conoce como la **hégira** y es fundamental para los musulmanes porque su calendario empieza a contar a partir de ese momento.

Mahoma y sus seguidores **lucharon** contra los dirigentes de La Meca y conquistaron la ciudad en el año 630. Allí falleció el profeta, en el año **632.** Tras su muerte, el islam continuó su **expansión** y en poco más de un siglo había conquistado **Oriente Próximo,** el **norte de África** y **la mayor parte de la península ibérica** (Figura 7).

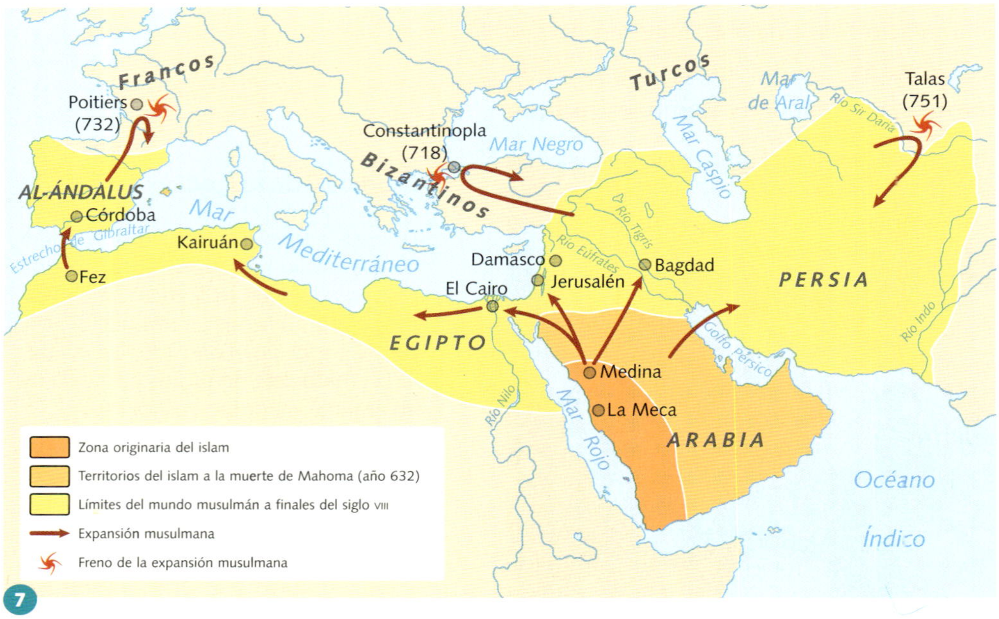


7 La expansión del islam.

## Actividades

24. ¿Dónde surgió el islam? ¿Qué tipo de religión tenían los habitantes de esa zona antes del surgimiento del islam?

25. Busca información en Internet sobre el profeta Mahoma y redacta en tu cuaderno una ficha biográfica que indique las fechas de su nacimiento y muerte, y los principales acontecimientos de su vida.

26. ¿Qué es la hégira? ¿Por qué es importante para los creyentes musulmanes?

27. Según el calendario musulmán, ¿en qué año nos encontramos en este momento? Indica en tu cuaderno al menos otros dos calendarios que estén en uso en la actualidad. Según ellos, ¿en qué año nos encontramos?

## 3.1 • La conquista musulmana de la península ibérica: al-Ándalus

**Al-Ándalus** es el nombre que recibió el territorio de la península ibérica que estuvo bajo dominio islámico entre los años **711** y **1492.**

La **conquista** de la península ibérica se produjo dentro de la expansión territorial que tuvo lugar bajo el califato de la familia omeya, cuya capital era Damasco. La llevó a cabo el gobernador del norte de África, **Muza,** junto a su lugarteniente, **Tarik,** que dirigían un pequeño ejército formado por bereberes. En el año **711** cruzaron el estrecho de Gibraltar para enfrentarse con el **rey visigodo Rodrigo** en la **batalla de Guadalete.** Los musulmanes vencieron y en poco menos de diez años ocuparon toda la península, excepto el norte.

El territorio conquistado se incorporó al califato como una nueva provincia, o **emirato,** dependiente de Damasco. Se llamó **al-Ándalus** y la capital se estableció en **Córdoba.**

En el año 750 la **familia omeya** fue asesinada en Damasco por un grupo rival, los abasíes. Un miembro de los omeyas, llamado **Abd al-Rahman I,** se refugió en al-Ándalus, donde recibió el apoyo de las elites locales para proclamarse **emir independiente.**

En el año 929, el emir **Abd al-Rahman III** se proclamó **califa** y concentró así en su persona tanto el poder político como el religioso. De esta forma al-Ándalus se convirtió en un califato y comenzó su etapa de mayor esplendor. **Córdoba,** la capital, era la ciudad europea más importante del momento.

Pero en 1031 las luchas internas disolvieron el califato. El territorio se dividió en más de 25 reinos, llamados **taifas.** Aunque en lo económico estos reinos lograron cierta prosperidad, no tuvieron la fuerza suficiente para oponerse a los reinos cristianos, a los que debieron pagar tributos o **parias.**

En el año 1085, los cristianos tomaron Toledo. Para frenar su avance, las demás taifas pidieron ayuda al Imperio **almorávide,** asentado en el norte de África, y más tarde a los **almohades,** también habitantes del norte de África. Pero los reinos cristianos derrotaron a los almohades en las **Navas de Tolosa** (1212) y conquistaron casi todo al-Ándalus.

La única taifa que resistió al avance cristiano fue el **reino nazarí de Granada,** que ocupaba buena parte de las actuales Granada, Málaga y Almería. Gracias al comercio marítimo y a la agricultura de regadío podía obtener beneficios con los que pagar impuestos a los reyes castellanos, a cambio de su supervivencia.

Los monarcas nazaríes construyeron un gran palacio en Granada, al que llamaron **Alhambra.** Sin embargo, poco a poco, el reino fue perdiendo territorio hasta que, en **1492,** fue definitivamente derrotado por los **Reyes Católicos.**

**Califa**

Jefe político y religioso para la comunidad musulmana. Se le consideraba el representante de Dios en la tierra y la máxima autoridad política y judicial.

**Emir**

Jefe político y militar, pero sin autoridad religiosa.

**La Giralda de Sevilla**

Fue edificada durante el periodo almohade. Era el minarete de la mezquita de la ciudad y uno de los edificios más altos del mundo en su época (Figura 8). La Giralda tiene una hermana gemela, la Koutoubia de Marrakech (Marruecos), edificada por los almohades un poco antes. Y hay una tercera hermana, la torre Hassan (Rabat, Marruecos), que nunca se terminó.

8 La Giralda de Sevilla.

## Actividades

28. Elabora en tu cuaderno un eje cronológico sobre las distintas etapas por las que pasó al-Ándalus.

29. ¿Cuál fue la etapa de mayor esplendor de al-Ándalus? ¿Qué fueron los reinos de taifas? ¿Cuándo surgieron?

## 3.2 • La economía de al-Ándalus

9 La noria es un invento creado en Oriente Medio que llegó a Europa tras la conquista musulmana de la península ibérica. Sirve para extraer agua y trasladarla a un lugar elevado.

La **economía andalusí** fue muy **próspera.** Al-Ándalus se convirtió en uno de los territorios más desarrollados de Europa y en la puerta de entrada de muchas novedades y técnicas que beneficiaron a todo el continente.

Esta prosperidad se basó en los siguientes **factores:**

| **Factores que favorecieron la prosperidad de la economía andalusí** | |
|---|---|
| Moneda única | El dinar de oro y el dírham de plata se empleaban como monedas de referencia en todo el mundo musulmán, y eran muy apreciados por su valor y estabilidad. |
| Sistema de impuestos eficaz | Los tributos recaudados por el Estado permitían sostener una Administración muy compleja y eficaz. |
| Agricultura avanzada | Los musulmanes introdujeron nuevas técnicas que aumentaron la productividad de la tierra, como el regadío mediante acequias y norias (Figura 9). También importaron nuevos cultivos procedentes de Oriente, como el arroz, el algodón, los cítricos o el cáñamo. El olivo y los cereales seguían constituyendo la base de la agricultura. |
| Artesanía de calidad | Los trabajos en cuero, textil, hierro o cerámica alcanzaron gran fama y se exportaban por todo el Mediterráneo. El Estado controlaba su producción. |
| Comercio muy activo | Al-Ándalus era el nexo de unión entre Europa, África y Oriente. A través de sus puertos se exportaban artesanías y productos agrarios, y llegaban bienes de lujo como oro, plata, marfil, seda, especias y también esclavos (Figura 10). En las ciudades, había mercados (zocos) en los que se podían encontrar todo tipo de productos. |

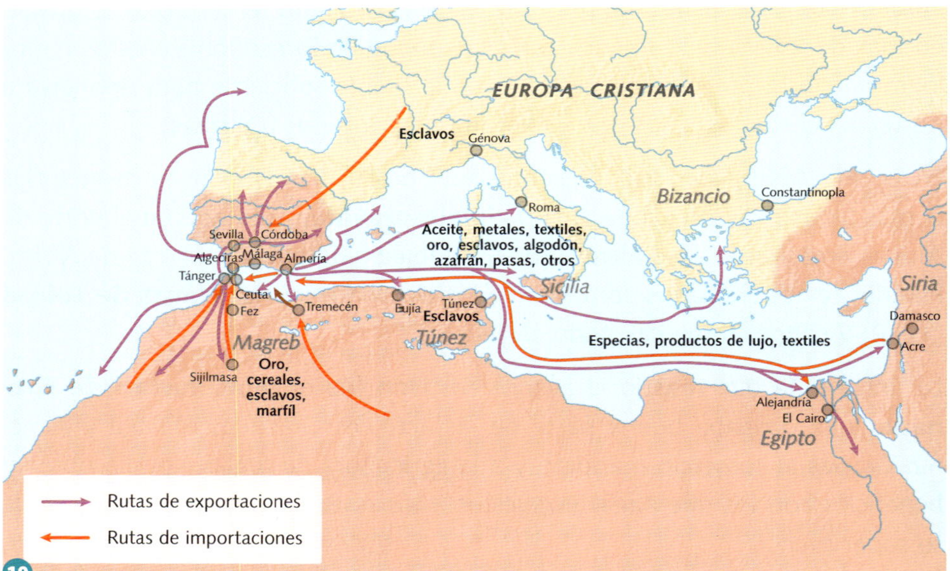


10 Las rutas comerciales en al-Ándalus.

## Actividades

30. Explica en tu cuaderno qué novedades aportaron los musulmanes a la agricultura.

31. Fíjate en la Figura 10 y explica en tu cuaderno cómo estaba organizado el comercio en al-Ándalus. ¿Qué mercancías se exportaban? ¿Cuáles se importaban? ¿De dónde procedían estas últimas?

# 4 • Los reinos cristianos de la península ibérica

Tras la **derrota** en la **batalla de Guadalete** (711), algunos nobles visigodos se refugiaron en las montañas del norte peninsular, desde donde lideraron la resistencia contra los musulmanes. Este fue el origen de los **nuevos reinos** que surgieron en el norte entre los **siglos VIII** y **IX.**

- El **reino asturleonés.** Los nobles visigodos refugiados en la zona montañosa de Asturias eligieron como jefe a **Pelayo.** Al mando de sus tropas, se enfrentó contra un ejército musulmán en la batalla de **Covadonga** (722) y obtuvo una victoria que afianzó su poder (Figura 11). La capital se trasladó desde Cangas de Onís a Oviedo y los reyes astures iniciaron una política de **expansión territorial.** En el siglo IX el reino se extendía desde la actual Álava, en el este, hasta Galicia, en el oeste. La expansión continuó en los años siguientes hacia el río Duero, que se convirtió en la frontera con al-Ándalus en la época del rey Alfonso III. En el siglo X la capital se trasladó a León y el reino pasó a denominarse **reino de León.**
- El **reino de Castilla.** La región más oriental del reino de León era un **territorio fronterizo,** donde se producían continuos enfrentamientos con los andalusíes. Para conseguir una defensa mejor, este territorio se dividió en condados, y se entregó cada uno a un noble. El conde de Castilla, **Fernán González,** unió todos los condados en el año 951 y se independizó del rey de León. El aumento del poder de los condes castellanos propició que, en 1035, **Fernando I** convirtiera el condado en reino.
- El **reino de Navarra.** Sus orígenes están vinculados a la **Marca Hispánica.** El conde **Íñigo Arista** se independizó del Imperio carolingio y se proclamó **rey de Pamplona** a principios del siglo IX. La llegada de una nueva dinastía, los **Jiménez,** motivó la **expansión territorial** por La Rioja y Álava y un cambio en la denominación del reino. Desde el siglo X pasó a llamarse **reino de Navarra.** El momento de máximo esplendor se alcanzó con **Sancho III el Mayor,** a principios del siglo XI. Su reino se extendió por los condados aragoneses, Castilla y una parte de León, y se convirtió en el principal rey cristiano de la Península.
- Los **condados aragoneses.** Aragón, Sobrarbe y Ribagorza eran tres **condados pirenaicos** relacionados también con la **Marca Hispánica.** El conde **Aznar Galíndez** proclamó la independencia del **condado de Aragón** a principios del siglo IX. Un siglo más tarde, los tres condados quedaron bajo dominio navarro. En 1035 recuperaron su independencia y, con **Ramiro I,** se unieron en un solo territorio: el **reino de Aragón.**
- Los **condados catalanes.** También estuvieron vinculados a la **Marca Hispánica.** Los condes eran de origen franco y dependían del emperador carolingio. A finales del siglo IX, **Wifredo el Velloso** reunió bajo su poder a los condados más importantes y rompió con la dominación franca.

11 Pelayo lideró sus tropas en la batalla de Covadonga y las condujo a la victoria. Las crónicas cristianas dicen que el ejército musulmán contaba con 187 000 hombres, pero las crónicas musulmanas quitan importancia a la batalla y sostienen que solo fue una escaramuza.

### La Marca Hispánica

A finales del siglo VIII, el territorio peninsular que iba desde los Pirineos hasta el río Ebro formaba parte del Imperio carolingio. Se denominaba la Marca Hispánica y estaba dividida en condados. Los condes que los dirigían tenían como objetivo detener el avance de los musulmanes hacia el norte. Con el paso del tiempo, los condes fueron adquiriendo mayor poder y autonomía, hasta que consiguieron su independencia aprovechando la disolución del Imperio carolingio.

## Actividades

32. Elabora en tu cuaderno un eje cronológico sobre la formación de los reinos cristianos peninsulares.

## 4.1 • La Corona de Castilla

Tras convertirse en reino con **Fernando I, Castilla** poco a poco fue expandiéndose. Con **Fernando III** se unificaron, por herencia, los reinos de Castilla y de León (1230) y así surgió la **Corona de Castilla.** Su sucesor, **Alfonso X El Sabio,** además de conquistar nuevos territorios, fue un gran impulsor de la cultura y prestó gran apoyo a la **Escuela de Traductores de Toledo** (Figura 12).

12 Alfonso X El Sabio fue un monarca interesado por la cultura y el conocimiento, autor de obras como las *Cantigas* de Santa María, el *Libro de los Juegos* o *Las Siete Partidas*.

En el siglo XIV se produjo una **guerra civil** (1356-1369) entre **Pedro I** y **Enrique de Trastámara.** Al ganar este último, apoyado por la nobleza, accedió al trono una nueva dinastía, los Trastámara. El aumento del poder de la nobleza continuó en los años siguientes, a costa de la monarquía, lo que dio lugar a nuevas guerras civiles, como ocurrió en el reinado de **Enrique IV.**

En el siglo XIV **Castilla** tuvo una fuerte expansión económica, lo que permitió el crecimiento de la población y de las ciudades. La **agricultura** se basaba en la vid, el cereal y el olivo. La **ganadería** tuvo un gran desarrollo, principalmente gracias a la oveja merina, cuya lana se dedicaba a la industria textil y a la exportación. **Alfonso X** favoreció esta actividad económica, con la creación, en 1273, del **Honrado Concejo de la Mesta,** que alcanzó mucho poder. La **industria,** aún incipiente, se apoyó en la fabricación de paños de lana. El **comercio** se expandió mediante las ferias, como la de Medina del Campo, y hacia el norte de Europa con la exportación de lana y hierro.

**Honrado Concejo de la Mesta**

Gremio que agrupaba a los ganaderos de Castilla y León y que protegía sus intereses al organizar la trashumancia y establecer unos caminos, llamados cañadas reales, por los que el ganado podía transitar libremente.

La sociedad castellana estaba dominada por la **nobleza,** enriquecida por la conquista, poseedora de grandes extensiones de tierra y con mucha influencia sobre la Corona. El otro estamento privilegiado, el **clero,** también recibió muchos territorios y tributos gracias a la repoblación de las tierras conquistadas. La **burguesía** y el **campesinado,** obligados a pagar tributos, tuvieron escaso desarrollo. El descontento de los campesinos provocó algunas revueltas, como la de los irmandiños en Galicia. En la base de la pirámide social estaban dos minorías religiosas: los **mudéjares** y los **judíos,** que a veces fueron perseguidos.

**Mudéjares**

Musulmanes que permanecieron viviendo en el territorio reconquistado por los cristianos.

La Corona de Castilla se fortaleció apoyada en tres **instituciones:**

- La **monarquía:** el rey gobernaba el reino, impartía justicia, dictaba las leyes y dirigía al ejército. Estaba asesorado por una corte de nobles y funcionarios, más tarde sustituida por un **Consejo Real.**
- Las **Cortes:** estaban formadas por representantes de la nobleza, el alto clero y las principales ciudades castellanas. Asesoraban al rey, pero no dictaban leyes.
- Los **municipios:** se vieron beneficiados durante la repoblación, ya que los reyes les otorgaron **fueros,** por lo que tenían gran autonomía frente a los nobles.

## Actividades

33. ¿Con qué actividad económica guardaba relación el Honrado Concejo de la Mesta? ¿Qué rey lo creó?

34. ¿Qué instituciones se encargaban de asesorar al rey? ¿Quiénes las integraban?

## 4.2 • La Corona de Aragón

La **Corona de Aragón** se formó en **1137** cuando se unieron los **condados catalanes** y el **reino de Aragón.**

13 Lonja de la Seda, Valencia. Gracias a su expansión por el Mediterráneo, la Corona de Aragón vivió un fuerte crecimiento de su actividad comercial. Los mercaderes compraban productos procedentes de Oriente, como seda, especias o laca, que luego revendían en Europa con altos beneficios.

**Aragón** finalizó su etapa de reconquista en el siglo XIII, cuando se anexionó los reinos musulmanes de **Mallorca** y **Valencia.** A partir de ese momento, limitada su expansión hacia el sur peninsular por el reino de Castilla, Aragón se expandió por el **Mediterráneo** hasta conformar un verdadero imperio: en el siglo XIII, Pedro III ocupó **Sicilia;** en el siglo XIV, Jaime II conquistó **Cerdeña,** y los almogávares, mercenarios al servicio de la Corona aragonesa, los **ducados de Atenas** y **Neopatria;** en el siglo XV, Alfonso V conquistó **Nápoles.**

El **comercio** fue el gran motor de la economía aragonesa, favorecido por la expansión por el Mediterráneo y la fundación de los **consulados del mar** (Figura 13). **Cataluña** impulsó su **industria textil** y el puerto de Barcelona vivió una etapa de esplendor, así como el de Valencia. El territorio de Aragón estaba, sin embargo, poco poblado, y vivía de la agricultura y la ganadería.

En la cumbre de la pirámide social aragonesa estaba la **nobleza.** En ella había dos grupos: la **alta nobleza,** que poseía grandes territorios y riquezas, y la **pequeña nobleza,** que perdió peso al terminar la reconquista. El otro estamento privilegiado, el **clero,** poseía mucha influencia y grandes riquezas, principalmente el **alto clero.** La **burguesía** se vio muy beneficiada por la expansión territorial, lo que le permitió enriquecerse mediante el comercio. Los **campesinos** se dividían entre propietarios libres y siervos de los señores feudales.

A mediados del **siglo XIV** comenzó una grave **crisis económica,** que se acrecentó con la **peste negra** a partir de 1348. En el campo, los campesinos se rebelaron contra los señores feudales. En las ciudades también aumentó la conflictividad social entre los pequeños artesanos y comerciantes, por un lado, y los gobiernos municipales, dirigidos por nobles y grandes burgueses, por el otro. Esta situación de tensión desembocó en una cruenta **guerra civil** (1462-1472).

Desde el punto de vista político, la Corona de Aragón estaba formada por varios reinos y territorios, como los reinos de Aragón, Valencia y Mallorca, los condados catalanes y las distintas posesiones en el Mediterráneo. Cada una de estas entidades **tenía sus propias leyes** e **instituciones.**

Todos los reinos estaban representados en las **Cortes de Aragón.** Además, había instituciones particulares de cada reino, como la **Generalidad** en Cataluña y en Valencia, o el **Justicia Mayor** en Aragón. Los municipios de las ciudades más importantes tenían gran autonomía, como el **Consejo de Ciento,** una asamblea de notables de la ciudad de Barcelona.

### Actividades

35. ¿Cuáles fueron los principales conflictos sociales que se produjeron en Aragón en este periodo? ¿Por qué causas?

36. ¿Con qué territorio estaba relacionado el Justicia Mayor? ¿Y las Cortes de Aragón?

## Análisis de un mapa histórico

Un **mapa histórico** nos aporta información gráfica sobre un acontecimiento del pasado, de manera que podemos observar los hechos a partir de una representación visual.

Tomaremos como ejemplo el mapa de la Figura 14.

Para analizarlo, debemos seguir los siguientes **pasos:**

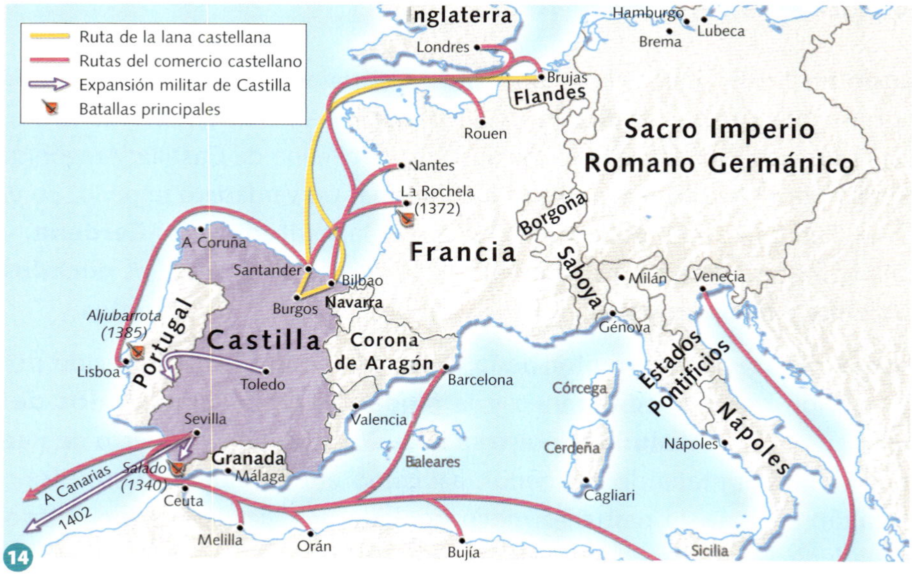


14 Rutas comerciales castellanas y expansión atlántica a finales de la Edad Media.

1. Primero tenemos que **clasificarlo,** y para ello hay que observar el título del mapa, la fecha de los acontecimientos y el ámbito geográfico. En nuestro ejemplo, el título es *Rutas comerciales castellanas y expansión atlántica a finales de la Edad Media*, la época son los siglos XIV y XV y el ámbito geográfico es Europa occidental.
2. Después **analizaremos** el mapa, según los colores y las leyendas que aparecen. En nuestro ejemplo, Castilla se representa en color morado y el resto de Europa en gris claro. Las leyendas y las líneas de colores que aparecen en el mapa nos indican qué rutas seguían la lana y el comercio castellanos, hacia dónde se expandió militarmente Castilla y cuáles fueron las batallas principales.
3. A continuación, **explicaremos** los acontecimientos históricos que aparecen en el mapa. En nuestro caso, la expansión castellana durante los siglos XIV y XV, tanto desde el punto de vista económico, gracias a la lana y al comercio, como militar.
4. Por último, **relacionaremos** el mapa con el tema que estamos trabajando. Escribiremos en nuestro cuaderno un pequeño resumen con el contenido del mapa relacionado con los apartados que hemos estudiado. En el caso del ejemplo, comentaremos que Castilla experimentó una expansión de dos tipos y en dos direcciones: por un lado, una expansión económica y comercial, que se orientó hacia el norte de Europa y el Mediterráneo, con las ciudades de Burgos, Santander y Bilbao como focos principales; por otro, una expansión militar orientada hacia el Atlántico, única vía posible, ya que si lo hubiera hecho hacia Europa o el Mediterráneo habría chocado inevitablemente con otros reinos poderosos, como Inglaterra, Francia o Aragón.

### Actividades

1. Analiza este mapa histórico de la Figura 15 según las pautas que acabas de estudiar.

15 Expansión castellana en Andalucía durante los siglos XIII a XV.

## Elabora un eje cronológico

1. Realiza en tu cuaderno un eje cronológico que ordene los siguientes acontecimientos. Indica la fecha de cada uno de ellos.
   a) Hégira.
   b) Inicio de la Edad Media.
   c) Conquista de Constantinopla por los otomanos.
   d) Comienzo del reinado de Carlomagno.
   e) Batalla de Covadonga.
   f) La dinastía de Trastámara comienza a reinar en la Corona de Castilla.

## Razona y explica

2. ¿Por qué entró en crisis el Imperio bizantino a partir del siglo XI? ¿Cuándo desapareció este imperio?
3. ¿Cómo surgió el Imperio carolingio?
4. Explica en tu cuaderno la importancia que tuvieron los siguientes personajes: Carlos Martel, Justiniano, Teodosio, Mahoma, Abd al-Rahman I, Jaime I de Aragón.
5. Explica cuándo y por qué surgió el sistema feudal.
6. ¿Qué progresos vivió la agricultura a partir del siglo XI? Explica en tu cuaderno cómo influyeron esos avances en la población.
7. Razona en tu cuaderno qué diferencias había entre la civilización islámica y la europea durante la Edad Media. ¿Cómo eran la religión, la organización política y la economía en cada una de ellas?

## Analiza el texto

8. Lee el siguiente texto y responde en tu cuaderno a las preguntas.

**La concesión de un feudo**

Sea por todos conocido cómo yo, Alfonso, por la gracia de Dios, rey de Aragón, conde de Barcelona, marqués de Provenza, doy y concedo a ti, Guillem de Anglesola, mi castillo de Mur, y lo tendrás con servicio y fidelidad. Te doy y concedo este castillo con todos sus términos y pertenencias, salidas y las mejoras que hagas en él; además recibirás 60 medidas de trigo, las cuales anualmente me solían dar los habitantes del término de este castillo. Te lo doy y te lo concedo en feudo, me harás servicio y me tendrás fidelidad perpetua, tanto a mí como a mis sucesores. Lo poseeréis por mí y por los míos, tú y tu progenie a perpetuidad, y nos daréis a nosotros y a nuestros enviados la potestad del mismo, tanto airados como aplacados, tantas veces cuantas os lo pidiéramos por todos los siglos.

Fragmento de la concesión de un feudo por Alfonso II, 1192

   a) Resume el texto. ¿A qué acontecimiento hace referencia?
   b) ¿Cómo se manifiesta el pacto de fidelidad en el texto?
   c) Explica qué era un feudo.

## Busca información en internet

9. Busca información en internet sobre la Guerra de los Cien Años y realiza en tu cuaderno una pequeña investigación sobre este conflicto que responda a las siguientes cuestiones.
   a) Fechas de origen y finalización del conflicto.
   b) Países enfrentados y causas del enfrentamiento.
   c) Averigua quién fue Juana de Arco y qué papel desempeñó durante la guerra.
10. Busca en Internet el significado de los siguientes términos: gremio, feria, burguesía y arado normando.

## Trabaja con la ilustración

11. Observa el mapa siguiente y contesta en tu cuaderno a las preguntas.

   a) ¿A qué acontecimiento hace referencia este mapa? ¿En qué año tuvo lugar?
   b) ¿Qué imperio se estaba repartiendo? ¿Quién lo había creado?
   c) ¿En qué año había sido coronado emperador su creador?

## ¿Verdadero o falso?

12. Indica si las siguientes afirmaciones son verdaderas o falsas y escribe correctamente en tu cuaderno las que son falsas.
   a) El imperio bizantino tenía un sistema de gobierno democrático a cuya cabeza estaba un califa.
   b) El islam es una religión monoteísta en la que Alá es el único dios.
   c) Constantinopla era la capital del Imperio romano de Oriente.
   d) El clero era el único estamento privilegiado porque no tenía que pagar impuestos.
   e) El pacto de fidelidad o vasallaje establecía unas relaciones personales de dependencia entre el rey y los nobles.

# 6 IDEAS CLAVE Y AUTOEVALUACIÓN

## El final del mundo romano y el inicio de la Edad Media

- En el año 395 **Teodosio** dividió el Imperio romano entre sus dos hijos: **Honorio** (Imperio de Occidente) y **Arcadio** (Imperio de Oriente).
- El **Imperio bizantino:** su capital era Constantinopla. En los siglos VI y VII alcanzó **máximo esplendor** gracias a **Justiniano** y **Heraclio,** pero en el siglo XI entró en crisis y, finalmente, en 1453 el sultán otomano **Mehmet II** ocupó la capital y acabó con el Imperio bizantino.
- El **Imperio carolingio:** el **reino de los francos** fue origen del Imperio carolingio. Carlos Martel frenó el avance de las tropas musulmanas en Europa en la batalla de Poitiers. Su hijo Pipino fue nombrado rey e inició la dinastía carolingia. En el año 800 **Carlomagno** recibió la corona imperial: dividió su territorio en condados y otorgó mucho poder a los nobles. Sus nietos se repartieron su imperio en el Tratado de Verdún (843).

## El feudalismo

- **Sistema político, económico** y **social** que se desarrolló en Europa occidental entre los siglos IX y XIV. Surgió por la inseguridad provocada por las constantes guerras e invasiones. El rey proporcionaba tierras a los nobles a cambio de obediencia, respeto, consejo y ayuda militar (vasallaje). Los campesinos entregaban sus tierras a los nobles a cambio de su protección y se convertían en siervos.
- **Sociedad feudal:** organizada en tres estamentos: la **nobleza** y el **clero** eran privilegiados porque no pagaban impuestos; el **tercer estado** sí tenía la obligación de pagar tributos.
- A partir del siglo XI **mejoró la economía,** aumentó la población, se desarrolló el comercio y la artesanía y resurgió la vida urbana. En los siglos XIV y XV hubo una profunda crisis que acabó con el sistema medieval.

## El islam y Mahoma

- El **islam** es una religión que tiene un solo Dios, **Alá.** Surgió en la península arábiga. **Mahoma** fue el creador del islam y su profeta.
- La **península ibérica** estuvo bajo **dominio islámico** entre los años 711 y 1492. El **último reino musulmán** fue el reino **nazarí de Granada,** que en 1492 fue definitivamente conquistado por los Reyes Católicos.
- La **economía andalusí** fue muy próspera: moneda única, sistema de impuestos eficaz, agricultura avanzada, artesanía de calidad y comercio muy activo.

## Los reinos cristianos de la península ibérica

- **Reino asturleonés.** Algunos nobles visigodos se refugiaron en las montañas asturianas y eligieron jefe a Pelayo. Batalla de Covadonga (722). Expansión territorial: en el siglo X la capital se traslada a León.
- **Reino de Castilla.** Era la región más oriental del reino de León: territorio fronterizo que se dividió en condados. El conde de Castilla, Fernán González, unió todos los condados y se independizó del rey de León. En 1035 Fernando I convirtió el condado en reino.
- **Reino de Navarra.** Orígenes vinculados a la Marca Hispánica. Íñigo Arista se proclamó rey de Pamplona. Con la dinastía de los Jiménez se da una expansión territorial por La Rioja y Álava. Nueva denominación: Reino de Navarra. Sancho III el Mayor: momento de máximo esplendor.
- **Condados aragoneses.** Aragón, Sobrarbe y Ribagorza, vinculados a la Marca Hispánica. Siglo IX: Aznar Galíndez independizó el condado de Aragón. En 1035: los condados se convierten en el reino de Aragón.
- **Condados catalanes.** De origen franco, dependían del emperador carolingio. Wifredo el Velloso rompió con la dominación franca.
- **Corona de Castilla.** Fernando III unificó los reinos de Castilla y León. En el siglo XIV hubo una guerra civil que concluyó con la llegada al trono de Enrique de Trastámara.
- **Corona de Aragón.** En el siglo XIII se anexiona Valencia y Mallorca. Expansión por el Mediterráneo: Sicilia (siglo XIII), Cerdeña y ducados de Atenas y Neopatria (siglo XIV), y Nápoles (siglo XV).

---

**Anota en tu cuaderno la opción correcta:**

1. ¿Qué emperador romano dividió el Imperio entre sus dos hijos?

a) Arcadio.
b) Honorio.
c) Teodosio.
d) Constantino.

2. ¿Dónde frenó Carlos Martel el avance musulmán por Europa?

a) En la batalla de Poitiers.
b) En la batalla de Verdún.
c) En la batalla de Covadonga.
d) En la batalla de York.

3. Las asociaciones de comerciantes en la Edad Media se llamaban:

a) *Hansas*.
b) Gremios.
c) Letras de cambio.
d) Ferias.

4. ¿Cómo se llamaban las parcelas que el señor entregaba a los siervos para que las trabajaran?

a) Reserva señorial.
b) Mansos.
c) Diezmos.
d) Tierras comunales.

5. ¿Qué estamento tenía la obligación de pagar tributos?

a) La nobleza.
b) El clero.
c) El tercer estado.
d) Ninguno.

6. La huida de Mahoma desde La Meca a Medina se conoce como:

a) La yihad.
b) La hégira.
c) El ramadán.
d) La Kaaba.

7. ¿A qué familia pertenecía Abd al-Rahman I?

a) Los abasíes.
b) Los visigodos.
c) Los bereberes.
d) Los omeyas.

8. ¿Qué institución castellana asesoraba al monarca?

a) Los fueros.
b) Las Cortes.
c) La mesta.
d) El ejército.

Unidad 7

# Europa durante la Edad Moderna

**SUMARIO**

- El Estado moderno
- El humanismo y la nueva ciencia
- La Reforma y la Contrarreforma
- La monarquía hispánica
- Francia e Inglaterra

**TÉCNICAS DE TRABAJO**

- Elaboración de un árbol genealógico

# 1 • El Estado moderno

Durante la **Edad Moderna** (1453-1789), en la mayoría de los reinos europeos se implantó una nueva forma de gobierno, la **monarquía autoritaria.** Según este modelo político, el **rey** era la **máxima autoridad** de su territorio.

En la Edad Media, el poder político había estado repartido entre numerosos señores feudales, pero en la Edad Moderna los monarcas impusieron su autoridad sobre todos ellos y los tomaron bajo su mando.

## Los instrumentos de las monarquías autoritarias

Para fortalecer su poder, los reyes se sirvieron de diversos **instrumentos:**

- Unificaron el **territorio nacional.** El rey mandaba sobre todas las tierras, aunque sus dueños fueran los nobles o la Iglesia.
- Establecieron una **Hacienda Real,** para cobrar impuestos.
- Crearon una **burocracia** con **funcionarios** que trabajaban a su servicio.
- Organizaron un **ejército permanente** costeado por el monarca, que además estaba al frente de este.
- Constituyeron un **cuerpo diplomático** para relacionarse con otros países.
- La **corte** dejó de ser itinerante. Los reyes dejaron de viajar de castillo en castillo y se establecieron en las ciudades más importantes de sus reinos (Figura 1).

Gracias a todas estas medidas adoptadas por los soberanos surgieron los Estados modernos (Figura 2).

**Burocracia**

Grupo social formado por los funcionarios o empleados públicos.

1 Palacio de Versalles, Francia. Cuando los reyes adquirieron mayor poder, construyeron enormes palacios como símbolo de su autoridad.

Europa a finales del siglo XV. 2

## Actividades

1. ¿En qué siglos comenzó y terminó la Edad Moderna?
2. ¿Qué es una monarquía autoritaria? Explica en tu cuaderno cuáles son sus características.
3. Compara el mapa de la Figura 2 con el mapa actual que aparece en el anexo de este libro, y menciona en tu cuaderno al menos tres diferencias.

# 2 • La sociedad durante la Edad Moderna

En la **Edad Moderna,** la sociedad mantenía una estructura **estamental,** como en la Edad Media. La posición social de cada persona venía determinada por su nacimiento y casi no existía movilidad social.

La **nobleza** y el **clero** conservaron sus privilegios. No pagaban impuestos, poseían la mayor parte de las tierras y ocupaban los principales cargos administrativos y militares. Además, los juzgaban tribunales especiales, no se les sometía a castigos denigrantes y no realizaban trabajos manuales.

El número de **burgueses** aumentó gracias al desarrollo económico que se produjo en esta época. Pero, a pesar de que disfrutaba de grandes riquezas, la burguesía seguía perteneciendo al tercer estado y, por tanto, carecía de privilegios y tenía que pagar impuestos.

La mayoría de la población era **campesina** y tenía que pagar impuestos a sus señores y a la Corona. Los campesinos llevaban una vida muy dura, con unas condiciones muy exigentes. Algunos dejaron de ser siervos y se convirtieron en campesinos libres, pero sus circunstancias no mejoraron mucho (Figura 3).

3

Fiesta campesina. El día a día del campesinado en la Edad Moderna consistía, excepto los días de fiesta o de mercado, en trabajar de sol a sol. Los campesinos representaban más de las tres cuartas partes de la población y su trabajo era fundamental para sostener a toda la sociedad.

En la Edad Moderna seguía habiendo **esclavos.** Los más numerosos eran los que procedían de África, y su destino habitual era América. Pero en Europa también había esclavos (la mayoría de raza negra) porque los nobles a los que pertenecían los consideraban exóticos.

### Las mujeres en la Edad Moderna ?

En la Edad Moderna, la mujer estaba totalmente supeditada al hombre. Su función era organizar el trabajo doméstico, tener hijos y encargarse de su cuidado y educación, por lo que el matrimonio era el fin habitual de la mayoría.

Para poder casarse, debía aportar una dote, que variaba según la situación económica familiar.

## Actividades

4. Elabora en tu cuaderno un esquema de la sociedad en la Edad Moderna.

5. Menciona en tu cuaderno algunos de los privilegios de la nobleza y el clero.

6. ¿Qué te parece que la nobleza y el clero no pagaran impuestos? Justifica en tu cuaderno la repuesta.

7. Busca información en Internet y averigua qué era la dote en la Edad Moderna.

# 3 • La economía

En la **Edad Moderna,** la **economía** vivió **dos etapas** bien diferenciadas: el **siglo XVI,** que fue un siglo de **recuperación** económica, y el **siglo XVII,** que fue un periodo de **crisis.**

Los **aspectos fundamentales** de la economía fueron los siguientes:

- **Agricultura.** La **producción** era **escasa,** ya que las técnicas agrícolas no habían variado desde la Edad Media. Se usaban aún el **barbecho,** herramientas poco eficaces y pocos animales de tiro. El trigo, la cebada, la vid y el olivo eran los productos más importantes.
  En los Países Bajos e Inglaterra sí se introdujeron importantes **novedades técnicas,** como la introducción de nuevos cultivos (zanahorias, colza, plantas forrajeras...), el uso de abonos y la selección de semillas. Esto permitió que aumentara la producción.
- **Ganadería.** Destacaban la **ovina** (Castilla e Inglaterra) y la **bovina** (centro de Europa) (Figura 4).
- **Manufacturas.** Vivieron un **gran auge** la imprenta, la siderurgia (en Países Bajos, Inglaterra y Francia), la industria textil (lana, lino y cáñamo) y los artículos de lujo (sedas, brocados, muebles y armas).
- **Comercio.** Experimentó un **gran desarrollo** porque se intensificó el tráfico en las viejas rutas y se abrieron otras nuevas.
  En el siglo XVI el Mediterráneo (Figura 5) y el Báltico fueron los principales ejes comerciales, y en el siglo XVII la actividad se trasladó al Atlántico y al Índico.
  Surgieron entonces **sociedades comerciales,** como la Compañía Holandesa de las Indias Orientales y la Compañía Británica de las Indias Orientales, que comerciaban con Indonesia y la India.
- **Finanzas.** La **banca** aportó el dinero para los viajes y la producción de manufacturas. Así se pusieron las bases del **capitalismo comercial,** que tuvo tanta importancia en los siglos posteriores.
  La teoría económica dominante en la Edad Moderna fue el **mercantilismo,** que defendía que la riqueza de un Estado dependía de los **metales preciosos** que tuviera en su poder. Por eso era tan importante el **comercio** de oro, plata y piedras preciosas.

4 Durante la Edad Moderna, la ganadería en Castilla seguía estando controlada por el Honrado Concejo de la Mesta, uno de los gremios más poderosos y que más ingresos proporcionaba a la Corona.

5 Puerto de la ciudad de Venecia. El desarrollo del comercio durante la Edad Moderna generó grandes beneficios a las compañías comerciales; pero también corrían grandes riesgos, especialmente al comerciar con lugares lejanos, por los peligros y la inseguridad que había tanto en las rutas terrestres como en las marítimas.

## Actividades

8. Indica en tu cuaderno si las siguientes afirmaciones son verdaderas o falsas:

a) La base de la economía de la Edad Moderna era la agricultura.
b) El siglo XVI fue una época de recuperación económica.
c) La teoría económica de la Edad Moderna fue el liberalismo.
d) La banca aportó el dinero necesario para viajes y negocios.

9. Elabora en tu cuaderno un esquema de la agricultura en la Edad Moderna.

10. ¿Qué tipo de manufacturas vivieron un auge en la Edad Moderna? ¿Cuáles fueron las compañías comerciales más importantes?

# 4 • El humanismo y la nueva ciencia

En la **Edad Moderna,** las **actividades intelectuales** y **artísticas** se desarrollaron especialmente en Europa. Se vivió una reforma del pensamiento que rompió con el periodo anterior. Esta **renovación intelectual** recibió el nombre de **humanismo.**

Las **características** principales del **humanismo** fueron las siguientes:

- El **ser humano** se convirtió en la **medida** de todas las cosas y se situó en el centro del pensamiento de los intelectuales **(antropocentrismo).**
- Se recuperó el saber de la **Antigüedad clásica** (Grecia y Roma) como principal fuente de inspiración (filosofía, oratoria, arte, etc.).
- Creció el interés por la **observación** y el **análisis de la naturaleza,** basado en la investigación, la experimentación y el análisis crítico.
- Las **lenguas nacionales** empezaron a emplearse como vehículo cultural y sustituyeron gradualmente al latín y al griego.

Este nuevo movimiento cultural se inició en **Italia** hacia 1450 y desde allí se difundió por toda **Europa** a lo largo del siglo XVI. La difusión del humanismo se vio favorecida con diversos **instrumentos:**

- La **imprenta** de tipos móviles, inventada por **Gutenberg** hacia 1450. Sirvió para multiplicar la producción de libros, lo que permitió que se abarataran los precios y llegaran a más lectores.
- Las grandes **bibliotecas,** como la Biblioteca Vaticana (la más grande de su tiempo), que se abrieron al público.
- Las **academias,** en las que los eruditos discutían sobre filosofía, arte o literatura bajo el patrocinio de un **mecenas.** La más importante fue la Academia de los Médicis en Florencia.
- Las **universidades,** que sirvieron para difundir estas nuevas ideas y para explorar nuevos campos de conocimiento.

En el siglo XVII nació la **ciencia moderna.** Se desarrolló el razonamiento basado en la **experiencia:** se planteaban hipótesis y se obtenían deducciones (método empírico). Esta fue la forma de trabajar de los **grandes científicos** y **pensadores** de la época, como **Galileo** Galilei, Johannes **Kepler,** René **Descartes** o Isaac **Newton.**

## Actividades

11. Elabora en tu cuaderno un esquema de las características del humanismo.
12. ¿Cuáles fueron los instrumentos del humanismo?
13. Indica en tu cuaderno si las siguientes afirmaciones son verdaderas o falsas:

a) La ciencia moderna nació en el siglo XVI.
b) Las academias favorecieron la expansión de la cultura y el conocimiento.
c) La ciencia moderna se basa en el método empírico.

14. Busca información en Internet sobre las investigaciones de Newton y Kepler.

### Mecenas

Persona o institución rica y poderosa que protege a los artistas.

### Método empírico

Recogida de gran cantidad de datos a partir de la observación de un fenómeno natural para llegar a establecer una ley o conclusión de carácter general.

### Los humanistas

Erasmo de Róterdam fue uno de los humanistas más importantes. Se interesó por los problemas religiosos y fue uno de los más firmes defensores del humanismo cristiano, al unir la religión con la razón.

6 Erasmo de Róterdam.

Otros humanistas destacados fueron Marsilio Ficino, Giovanni Pico della Mirandola, Juan Luis Vives o Antonio de Nebrija.

# 5 • Reforma y Contrarreforma

A finales de la Edad Media la Iglesia católica recibió fuertes críticas por la **falta de piedad religiosa** entre sus altos cargos, el **gusto por el lujo,** la **escasa formación moral** de algunos clérigos y la **venta de indulgencias** para obtener dinero para la construcción de la basílica de San Pedro (Roma).

Por estos motivos, algunos religiosos decidieron romper con la Iglesia de Roma y crear sus propias iglesias, que recibieron el nombre de **protestantes** y fueron considerados herejes por la Iglesia católica. Este proceso se llamó **Reforma.**

Los **dos reformistas** más importantes fueron:

- **Martín Lutero.** Fundó una nueva religión, llamada **luteranismo,** que rechazaba la autoridad del papa de Roma. Defendía que es posible **salvarse mediante la fe** (y no solo mediante las buenas acciones) y que cualquier cristiano puede ser **sacerdote.** Lutero recibió el apoyo de buena parte de los príncipes alemanes, interesados en combatir la autoridad del emperador Carlos V.
- **Juan Calvino.** Fundó una nueva religión, llamada **calvinismo.** Defendía la **predestinación,** es decir, que Dios elige a los que alcanzarán la salvación y el ser humano no puede hacer nada para cambiar esta decisión. El **trabajo** y el **éxito** en los negocios son **señales** de esa predestinación, por lo que esta fue la religión elegida mayoritariamente por los burgueses de los Países Bajos.

En **Inglaterra, Enrique VIII** rompió con la Iglesia de Roma porque el papa Clemente VII no admitió su divorcio de Catalina de Aragón. Fundó una nueva religión, el **anglicanismo,** en la que el rey es el jefe de la Iglesia y la jerarquía eclesiástica está sometida al Estado.

## La Contrarreforma

Ante esta ruptura, la Iglesia católica impulsó un movimiento de **cambio interno,** llamado **Contrarreforma.** Su postura se plasmó en el **Concilio de Trento** (1545-1563) (Figura 7).

Las **decisiones** tomadas en el Concilio de Trento fueron las siguientes: se reafirmaron los **dogmas de fe** católicos, que se declararon incuestionables; aumentó la **disciplina** y la **formación** de los religiosos mediante la creación de seminarios; se prohibió la venta de **indulgencias;** se reformó el **Tribunal de la Santa Inquisición** y se crearon **nuevas órdenes religiosas,** como la **Compañía de Jesús,** que se mostró muy activa a la hora de combatir el protestantismo.

## Actividades

15. ¿Por qué algunos religiosos estaban descontentos con la Iglesia católica?
16. Elabora en tu cuaderno un esquema con las características del luteranismo, del calvinismo y del anglicanismo.
17. ¿Cuáles fueron las reformas impulsadas en el Concilio de Trento?

### El protestantismo

Las nuevas iglesias que aparecieron en la Reforma se llaman protestantes por la *Protesta de Espira* (1529), en la que los príncipes alemanes rechazaron la anulación de la tolerancia religiosa que el emperador Carlos V les había concedido anteriormente.

### Vocabulario

**Indulgencias.** Eran el perdón de los pecados cometidos que otorgaba la Iglesia católica a cambio de dinero.

**Herejía.** Idea o creencia religiosa contraria a los dogmas que sostiene la Iglesia.

**Dogmas de fe.** Son las verdades que la Iglesia de Roma considera inmutables.

**Seminario.** Institución religiosa dedicada a formar a los futuros sacerdotes.

**Tribunal de la Santa Inquisición.** Institución de la Iglesia católica que se dedicaba a perseguir la herejía en el seno de la Iglesia.

7 El Concilio de Trento fue la reacción de la Iglesia católica al auge del protestantismo.

# 6 • El auge de las monarquías autoritarias

En el **siglo xv** los reyes comenzaron a reforzar su autoridad, y avanzaron hacia el establecimiento de un poder absoluto **(absolutismo).**

Las **principales monarquías autoritarias** fueron las siguientes:

- **Castilla** y **Aragón.** A finales la Edad Media, los reyes castellanos competían por el poder con nobles y clérigos. En 1474 se coronó reina de Castilla a **Isabel I,** partidaria de reforzar la autoridad real y desbancar del poder a la nobleza y al clero. Para ello se valió de la ayuda de su esposo, el rey **Fernando II** de Aragón. Ambos son conocidos como los **Reyes Católicos** y con su matrimonio se unieron las coronas de Castilla y Aragón (Figura 8).

  Bajo su mandato se llevaron a cabo **importantes reformas:**

  - Crearon **nuevas instituciones** (consejos, secretarios reales, ejército profesional permanente, etc.).
  - Reforzaron el **sistema fiscal,** lo que permitió aumentar los ingresos de la Hacienda Pública.
  - Establecieron el **Tribunal de la Santa Inquisición,** para acabar con la herejía y perseguir a los falsos conversos y a quienes se apartaban de la fe católica.
  - **Expulsaron a los judíos** de sus reinos para alcanzar la unidad religiosa en todos sus territorios.

  Además conquistaron el reino nazarí de **Granada** y las islas **Canarias,** el reino de **Nápoles** e importantes plazas fuertes en el norte de África, como Melilla o Bujía (Argelia). También apoyaron la expedición de **Cristóbal Colón** que permitió descubrir **América** en 1492.

- **Francia.** Finalizada la Guerra de los Cien Años entre Francia e Inglaterra en 1453, **Luis XI** fortaleció la autoridad real frente a la nobleza y el clero, y puso en marcha una **monarquía autoritaria, centralista** y **absoluta.** Para ello buscó la alianza con la pequeña nobleza y la burguesía, e impulsó la **industria** y el **comercio.**
- **Inglaterra.** Vivió durante el siglo xv una sangrienta **guerra civil** llamada **Guerra de las Dos Rosas.** En ella dos familias de la nobleza, los **York** y los **Lancaster,** se enfrentaron por el trono real, lo que debilitó a la nobleza. Los monarcas aprovecharon esa debilidad para fortalecer la autoridad real, especialmente **Enrique VIII,** que aumentó los ingresos de la Hacienda Real y reforzó la seguridad del país.

8 Isabel I y Fernando II. Su reinado se caracterizó por la unidad religiosa en torno al catolicismo. Esa política hizo que el papa Alejandro VI les otorgase el título de Reyes Católicos.

## Actividades

18. Indica en tu cuaderno qué medidas de carácter religioso introdujeron los Reyes Católicos. ¿Qué objetivo perseguían con estas medidas?

19. ¿Qué instrumentos utilizó Luis XI de Francia para reforzar la autoridad real?

20. Busca información en Internet y explica en tu cuaderno por qué la guerra civil que vivió Inglaterra en el siglo xv se llamó Guerra de las Dos Rosas.

21. ¿Cómo fortaleció la autoridad real Enrique VIII de Inglaterra? ¿Qué nueva Iglesia fundó?

# 7 • La lucha por el dominio de Europa

Durante los **siglos XVI y XVII,** el **absolutismo** alcanzó su plenitud. Los monarcas, tras imponer su poder en el interior de sus reinos, pasaron a competir con el resto de las naciones por extender sus dominios.

## 7.1 • El Imperio de Carlos V

9 Retrato de Carlos V, obra de Tiziano.

En 1516 Carlos I (Figura 9), nieto de los Reyes Católicos, heredó las Coronas de Aragón y Castilla con sus dominios americanos, e instauró en estos reinos la dinastía de **Habsburgo,** o **Austria.** Carlos I heredó también otras posesiones en Europa y recibió el título de **emperador de Alemania,** por el que fue conocido como **Carlos V** (Figura 10).

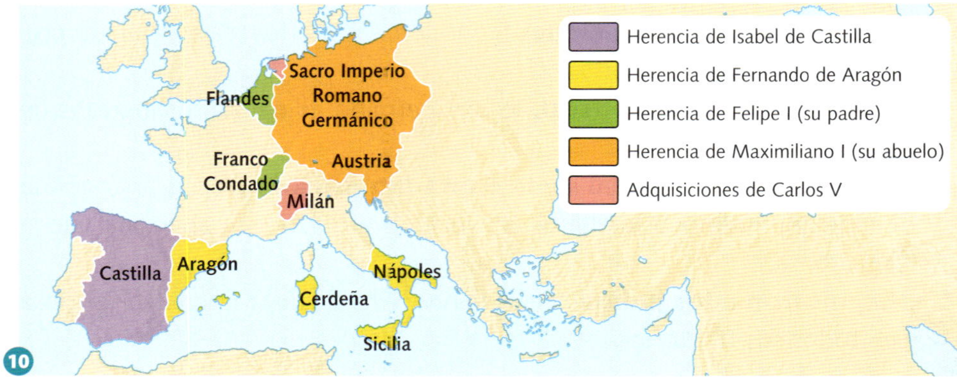


10 El Imperio de Carlos V en Europa.

Las cortes de Castilla y Aragón no recibieron bien la llegada al trono de Carlos V. Educado en Flandes, apenas hablaba español. Además, aumentó los **impuestos** para recaudar fondos con los que apoyar su candidatura al título de emperador alemán. Por ello, hubo **dos grandes revueltas internas:** la de las **Comunidades,** protagonizada por las ciudades castellanas, y la de las **Germanías,** con la rebelión de las ciudades de Mallorca y Valencia. Ambas fueron derrotadas por la Corona.

En **política exterior,** Carlos V tuvo que enfrentarse a tres grandes conflictos:

- La **rivalidad con Francia.** Fue motivada por el control sobre el Ducado de Milán. Carlos V venció en la batalla de **Pavía** (1525).
- La **expansión otomana por el Mediterráneo.** El sultán turco Solimán llegó a sitiar Viena, pero Carlos V logró frenar su avance.
- El **avance del protestantismo.** Carlos V, que era católico, intentó contener el protestantismo en sus territorios, lo que lo llevó a la guerra con algunos príncipes alemanes. La **Paz de Augsburgo** (1555) reconoció la libertad religiosa en el imperio.

### Juana la Loca, madre de Carlos V ?

A Juana I de Castilla se la conoce como Juana la Loca. Se la llamó así porque, supuestamente, enloqueció a causa de su marido, Felipe el Hermoso, primero por celos y luego por su repentina muerte.

La enfermedad de Juana posibilitó la llegada de su hijo Carlos al trono de Castilla y Aragón.

## Actividades

22. ¿Por qué las cortes castellana y aragonesa se enfrentaron a Carlos V? ¿Cuáles fueron las dos revueltas principales?

23. Explica en tu cuaderno los tres grandes conflictos que hubo de afrontar como emperador Carlos V en política exterior.

## 7.2 • La monarquía hispánica de Felipe II

A Carlos V le sucedió su hijo **Felipe II,** quien heredó su enorme imperio, excepto las posesiones austriacas de Centroeuropa y el título de emperador.

El **Imperio de Felipe II** se extendía por Castilla, Aragón, Flandes, Milán, Nápoles, Sicilia, plazas fuertes en el norte de África, las tierras en el continente americano y las islas Filipinas en Asia. Era el imperio más poderoso de su tiempo, del que se decía que "nunca se ponía el Sol". Fijó la capital en Madrid y reforzó el carácter autoritario de la monarquía, configurando la llamada **monarquía hispánica** (Figura 11).

11

Felipe II ordenó construir el Real Monasterio de San Lorenzo de El Escorial (1563-1584), un extraordinario conjunto arquitectónico que incluye un palacio real, una basílica, una biblioteca, un panteón, un colegio y un monasterio, y que simboliza el enorme poder que llegó a tener este monarca.

En **política interior,** Felipe II se enfrentó a la **revuelta de los moriscos** y la **rebelión de Aragón.** Además, impuso el espíritu de la **Contrarreforma** para frenar el avance del protestantismo.

En el **exterior,** tuvo que atender numerosos frentes:

- Derrotó a **Francia** en la batalla de **San Quintín** (1557).
- Venció a los **turcos** en la batalla de **Lepanto** (1571).
- Incorporó **Portugal** a la monarquía tras la batalla de **Alcántara** (1580).
- No consiguió sofocar la **revuelta en los Países Bajos,** que reclamaban su independencia.
- Sufrió una severa derrota cuando envió una armada contra **Inglaterra** (1588).

Los gastos que generaban las guerras constantes y la burocracia provocaron la **bancarrota de la Hacienda Pública.** Las deudas fueron en aumento, pese al oro y la plata que llegaban desde América.

### Moriscos

Eran los musulmanes que permanecieron en el reino de Castilla después de la expulsión decretada por los Reyes Católicos. Para poder quedarse, fueron obligados a convertirse al cristianismo, aunque en muchos casos se les acusó de seguir siendo musulmanes en secreto. La Inquisición los persiguió y vieron sus derechos restringidos, por lo que se rebelaron en varias ocasiones, hasta que Felipe III los expulsó definitivamente.

## Actividades

24. ¿Dónde estableció Felipe II la capital de la monarquía hispánica?
25. Explica en tu cuaderno los distintos conflictos a los que tuvo que hacer frente Felipe II en política exterior. ¿Qué reino incorporó a su imperio?
26. ¿Por qué entró en bancarrota la Hacienda Pública en tiempos de Felipe II?
27. Busca información en Internet y contesta en tu cuaderno: ¿quién mandó construir el Real Monasterio de San Lorenzo de El Escorial?

## 7.3 • Los reinados de Felipe III y Felipe IV

12 Felipe III. Delegó el ejercicio del poder en la persona del duque de Lerma, su valido. Posteriormente su hijo, Felipe IV, también renunciaría a ejercer su poder y lo delegaría en su propio valido, el conde duque de Olivares.

En el **siglo XVII,** con **Felipe III** (Figura 12) y **Felipe IV,** la monarquía hispánica comenzó una lenta decadencia.

Las **razones** de esta decadencia fueron las siguientes:

- El **descenso de la producción agrícola,** debido a la **despoblación del campo** por el reclutamiento obligatorio de los hombres para ir a la guerra (levas) y la emigración a las ciudades.
- El **deterioro de la industria,** incapaz de competir con las manufacturas del resto de Europa, más baratas.
- La **disminución de la población,** por las continuas epidemias, hambrunas y conflictos.
- Las **guerras permanentes** para intentar mantener el imperio. La derrota en la **Guerra de los Treinta Años** (1618-1648), que había enfrentado a España con las potencias protestantes y Francia, significó el inicio de la decadencia internacional.
- La **crisis de la Hacienda Real,** necesitada de ingentes ingresos para sostener los gastos de la corte, militares, etc.

## 7.4 • El reinado de Carlos II

**Valido**

Persona que gozaba de la confianza y la amistad de un rey y ejercía el poder político en su lugar.

**Carlos II** heredó la corona hispánica con solo cuatro años (Figura 13). Su madre, **Mariana de Austria,** ejerció como **regente** durante los primeros diez años del reinado.

Diferentes **validos,** como el jesuita **Everardo Nithard** o el **duque de Medinaceli,** ocuparon sucesivamente el poder ante la incapacidad del rey para gobernar.

Esa incapacidad fue aprovechada por el rey **Luis XIV** de Francia para conquistar importantes plazas fronterizas y forzar la firma de la **Paz de Nimega** (1678), en la que la monarquía hispánica perdió el Franco Condado y otros territorios en beneficio de **Francia,** que se convirtió en la **primera potencia europea.**

La profunda **crisis política** que se vivía en el reino se incrementó con el **problema de la sucesión.** Carlos II era estéril, por lo que las dinastías europeas se disputaban su fabulosa herencia.

En 1700 murió Carlos II y designó como heredero a **Felipe de Borbón,** candidato francés. De esta forma terminó el reinado de la dinastía de Habsburgo sobre los territorios españoles.

13 Carlos II (1665-1700), último rey de la casa de Austria en los reinos españoles.

### Actividades

28. ¿Cuáles fueron las causas de la decadencia española durante el siglo XVII?

29. ¿Qué país se convirtió en la primera potencia europea en perjuicio de la monarquía hispánica durante el reinado de Carlos II?

30. ¿Quién fue nombrado heredero de Carlos II? Investiga en Internet las consecuencias que tuvo esa elección. ¿Cómo se llamó el conflicto internacional que se desencadenó? Realiza una breve ficha en tu cuaderno sobre dicho conflicto. ¿Cómo concluyó ese conflicto?

## 7.5 • La Francia de los Borbones

Durante el **siglo XVII** Francia desbancó a la monarquía hispánica como la nación dominante en Europa. **Luis XIV** (Figura 14) creó el modelo de **monarquía absoluta,** con el que el país alcanzó su apogeo y que fue imitado por el resto de las monarquías europeas. El rey francés concentró todos los poderes en su persona, como quedaba patente en su lema: ***el Estado soy yo.*** Sus decisiones no admitían discusión alguna.

14 Luis XIV, también conocido como el Rey Sol, representa el modelo de monarca absolutista.

Luis XIV se apoyó en una extensa y eficaz **burocracia** que trabajaba a su servicio, así como en un **ejército permanente.** También creó un cuerpo de **diplomáticos** que defendía los intereses franceses en las cortes europeas.

Francia aprovechó la **Guerra de los Treinta Años** para convertirse en la gran potencia de Europa. En ella se enfrentaron Austria y España (ambas católicas), contra Inglaterra, las Provincias Unidas (Países Bajos), Suecia y Dinamarca (todas ellas protestantes).

Para debilitar a España, Francia, aunque era católica, se unió al bando protestante. Las paces de **Westfalia** (1648) y de los **Pirineos** (1659) sellaron la derrota española y la consolidación de Francia como potencia hegemónica.

## 7.6 • Inglaterra y la monarquía parlamentaria

Frente al modelo absolutista, dominante en casi toda Europa, en **Inglaterra** terminó por implantarse una **monarquía parlamentaria.**

El rey **Carlos I** intentó imponer una monarquía absoluta y limitar los poderes del Parlamento. Eso motivó la sublevación de los parlamentarios, dirigidos por **Oliver Cromwell.** Tras una guerra civil, los rebeldes vencieron y el rey fue ejecutado. La monarquía fue suprimida y se proclamó la **república** (1649).

En 1660, la monarquía fue restaurada en la persona de **Carlos II.** Pero su sucesor, **Jacobo II,** fue expulsado del trono por una nueva revolución, la **Gloriosa** (1688).

El Parlamento ofreció el trono a un nuevo rey, **Guillermo III,** a cambio de que aceptara la **Declaración de Derechos.** Mediante este documento, Inglaterra quedaba configurada como una monarquía parlamentaria. El poder del rey quedaba sujeto al **Parlamento,** que tenía amplios poderes y cuyos miembros eran designados mediante una **elección.**

**República**

Sistema político en el que no existe la figura de un rey que ha heredado el cargo y lo transmite a su descendencia. La máxima autoridad es el presidente, elegido por los ciudadanos.

## Actividades

31. ¿Qué dos bandos combatieron en la Guerra de los Treinta Años? ¿Qué país fue el gran vencedor?
32. ¿Qué monarca representa el modelo de rey absoluto? ¿Por qué?
33. Explica en tu cuaderno en qué instrumentos se apoyó Luis XIV para sostener su monarquía.
34. ¿Por qué en Inglaterra no se impuso una monarquía absoluta, como en Francia y otras naciones europeas?
35. Razona en tu cuaderno: ¿qué sistema político te parece mejor para un país, una monarquía absoluta o una parlamentaria?
36. Explica en tu cuaderno con tus propias palabras qué es una monarquía parlamentaria.

## Elaboración de un árbol genealógico

Un **árbol genealógico** es una representación gráfica y esquemática de las relaciones entre los distintos miembros de una familia y las generaciones que la componen.

Tomemos como ejemplo la **familia de Carlos V** (Figura 15):

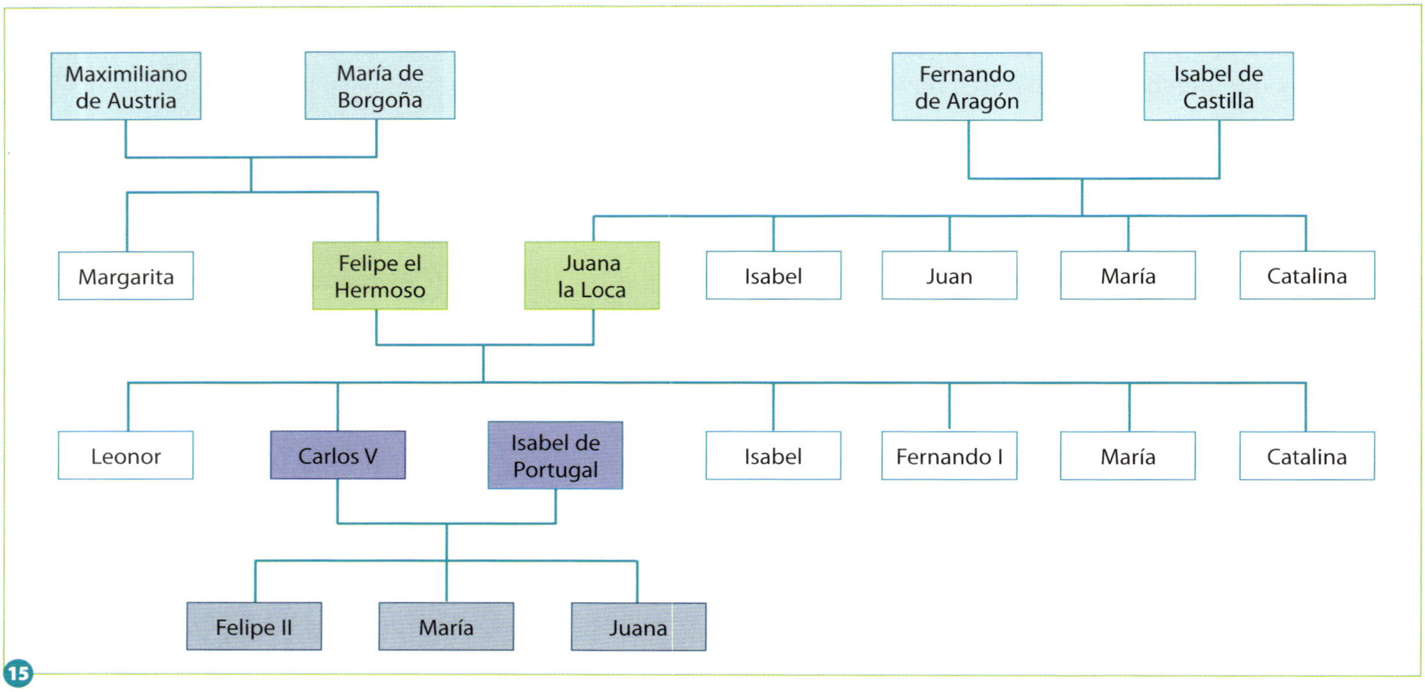


15 Árbol genealógico de Carlos V.

En este árbol genealógico puedes ver quiénes eran los abuelos de Carlos V (Maximiliano y María, los paternos, y Fernando e Isabel, los maternos), sus padres (Felipe el Hermoso y Juana la Loca), su esposa (Isabel de Portugal), sus hermanos (Leonor, Isabel, Fernando I, María y Catalina) y sus hijos (Felipe II, María y Juana).

En un árbol genealógico, la generación más antigua se representa en la parte más alta, y a partir de ella se va descendiendo por orden de antigüedad y jerarquía (bisabuelos, abuelos, padres, hijos, nietos, etc.). El matrimonio entre dos personas se representa con el símbolo └─┘ y los hijos que tienen en común se muestran unidos mediante el símbolo ┌─┐, con lo que podemos ver también quiénes son hermanos. Normalmente (aunque no siempre), el hermano mayor se coloca el primero por la izquierda. El árbol genealógico nos permite saber de un vistazo quién es padre de quién, hermano, tío, etc.

Los árboles genealógicos son una herramienta imprescindible para la investigación histórica, especialmente para estudiar la composición de las casas reales.

## Actividades

1. Ahora haz en tu cuaderno tu propio árbol genealógico. Representa en él a tus hermanos, padres, abuelos, bisabuelos, tíos… ¿Hasta dónde puedes llegar? Pregunta a tus padres y a tus abuelos el nombre de tus bisabuelos, tatarabuelos, etc.

## Trabaja un mapa conceptual

1. Elabora en tu cuaderno un mapa conceptual en el que expliques los instrumentos que emplearon los monarcas para reforzar su poder durante la Edad Moderna.

2. Representa en tu cuaderno mediante un mapa conceptual las características del humanismo y los instrumentos que favorecieron su difusión.

## Elabora un eje cronológico

3. Realiza en tu cuaderno un eje cronológico donde se ordenen los siguientes acontecimientos e indica la fecha de cada uno de ellos: muere Carlos II de Austria; la batalla de San Quintín; comienza el Concilio de Trento; la Paz de Westfalia; la revolución Gloriosa en Inglaterra.

## Razona y explica

4. ¿Qué dos grupos sociales apoyaron a los monarcas en su deseo de reforzar el poder real? ¿Por qué?

5. ¿La burguesía era un grupo privilegiado o no privilegiado? ¿Cómo intentó acceder a la nobleza?

6. ¿Qué es el mercantilismo?

7. ¿Qué importancia tuvo la imprenta, inventada por Gutenberg? ¿Por qué crees que fue importante que los libros se escribieran en las lenguas nacionales, en vez de en latín o en griego?

8. ¿Por qué el luteranismo y el calvinismo fueron llamadas religiones protestantes? ¿Cuál fue la respuesta de la Iglesia católica ante su surgimiento?

9. ¿Quién es la máxima autoridad de la Iglesia anglicana? ¿Y de la católica?

10. ¿Qué se reconoció mediante la Paz de Augsburgo?

11. ¿Quiénes fueron los moriscos? ¿Qué problemas tuvieron?

12. ¿Qué significa la frase *En el Imperio de Felipe II no se ponía nunca el Sol*?

13. ¿Qué es una monarquía parlamentaria?

14. Explica brevemente la importancia de los siguientes personajes históricos: Juan Calvino, Isaac Newton, Mariana de Austria, Oliver Cromwell.

## Busca información en Internet

15. Consulta un diccionario en Internet y define en tu cuaderno los siguientes términos:
    - Burocracia.
    - Mecenas.
    - Diplomacia.
    - Cuerpo diplomático.
    - Comuneros.
    - Siderurgia.
    - Antropocentrismo.

16. Busca información en Internet sobre la batalla de Lepanto e indica en tu cuaderno ¿qué famoso escritor participó en ella y perdió una mano?

## Completa las frases

17. Copia en tu cuaderno estas frases y rellena los huecos:
    a) La teoría económica dominante en la Edad Moderna fue el ____, que defendía que la riqueza de un Estado dependía de los ____ que tuviera en su poder.
    b) La difusión del humanismo se vio favorecida por diversos instrumentos: la ____ de tipos móviles, la apertura al público de las grandes ____, las ____, en las que se discutía sobre filosofía, arte o literatura, o las ____, en las que se exploraron nuevos campos de conocimiento.
    c) En 1700 murió ____ y designó como heredero a ____, candidato francés. Así, terminó el reinado de la dinastía de ____ sobre los territorios españoles.
    d) Durante el siglo XVII, ____ sustituyó a España como la nación dominante en Europa. El rey ____ creó el modelo de monarquía absoluta, que fue imitado por el resto de monarquías.

## ¿Verdadero o falso?

18. Copia estas frases en tu cuaderno e indica si son verdaderas o falsas:
    a) Felipe II, nieto de los Reyes Católicos, fue el primer monarca de la dinastía de Habsburgo que reinó en Castilla y Aragón.
    b) Lutero y Calvino fueron dos de los protagonistas principales de la Contrarreforma.
    c) El Parlamento inglés ofreció el trono a Carlos II, a cambio de que aceptara la Declaración de Derechos.
    d) La Contrarreforma católica se plasmó en el Concilio de Trento.

## Trabaja con la ilustración

19. Mira la siguiente tabla y responde en tu cuaderno a las preguntas:

**Población europea de los años 1500, 1600 y 1700**

| Reino | 1500 | 1600 | 1700 |
|---|---|---|---|
| Castilla | 7 000 000 | 8 300 000 | 7 000 000 |
| Francia | 16 400 000 | 18 500 000 | 20 000 000 |
| Inglaterra | 4 400 000 | 6 800 000 | 9 300 000 |
| Alemania | 12 000 000 | 14 000 000 | 15 000 000 |
| Italia | 10 500 000 | 13 300 000 | 13 300 000 |

a) ¿Cómo evolucionó la población de Castilla entre los años 1500 y 1700? ¿Y en el resto de los países?
b) ¿Qué causas motivaron el descenso demográfico en Castilla?
c) ¿Qué consecuencias crees que tuvo el descenso de la población en Castilla?

# 7 IDEAS CLAVE Y AUTOEVALUACIÓN

### El Estado moderno

- En la **Edad Moderna** surgió una nueva forma de gobierno, la **monarquía autoritaria:** el rey es considerado la máxima autoridad de su territorio.
- **Instrumentos** de la **monarquía autoritaria:** unificación territorial, Hacienda Real, burocracia de funcionarios, ejército permanente, cuerpo diplomático y corte estable.

### La sociedad en la Edad Moderna

- **Mantenía una estructura estamental:** la **nobleza** y el **clero** conservan sus privilegios. La **burguesía** aumentó gracias al desarrollo económico. La mayoría de la población eran **campesinos** que vivían en unas condiciones muy difíciles. Seguía habiendo **esclavos.**

### La economía

- Vivió **dos etapas:** el siglo XVI fue un siglo de crecimiento económico, mientras que el siglo XVII fue un período de crisis.

### El humanismo y la nueva ciencia

- El **humanismo:** se produjo una renovación del pensamiento, que convirtió al hombre en el centro de su estudio (antropocentrismo).
- En el **siglo XVII** nació la **ciencia moderna,** gracias al desarrollo del **método empírico** (Galileo, Kepler, Descartes, Newton).

### Reforma y Contrarreforma

- A finales de la Edad Media la Iglesia recibió fuertes críticas y algunos clérigos rompieron con Roma y crearon sus propias **iglesias reformadas: Martín Lutero** (luteranismo) y **Juan Calvino** (calvinismo).
  Por su parte, **Enrique VIII,** rey de Inglaterra, fundó una nueva religión, el **anglicanismo.**
- La Iglesia católica impulsó un movimiento de cambio interno que se llamó **Contrarreforma.** Su postura se plasmó en el Concilio de Trento.

### El auge de las monarquías autoritarias

- **Castilla** y **Aragón:** los **Reyes Católicos** (Isabel y Fernando) unieron las coronas de Castilla y Aragón y llevaron a cabo importantes reformas: crearon nuevas instituciones (consejos, ejército profesional permanente, etc.), reforzaron el sistema fiscal, implantaron la Inquisición y expulsaron a los judíos.
- **Francia: Luis XI** fortaleció la autoridad real frente a la nobleza y el clero.
- **Inglaterra: Enrique VIII** aumentó los ingresos de la Hacienda Real, reforzó la seguridad del país y creó la Iglesia anglicana.

### La lucha por el dominio de Europa

- El **Imperio de Carlos V:** en 1516 Carlos I ocupó el trono de Castilla y Aragón. Heredó numerosas posesiones en Europa y América, y recibió el título de emperador de Alemania.
- La **monarquía hispánica de Felipe II:** fijó la capital en Madrid y reforzó el carácter autoritario de la monarquía.
- La **decadencia de la monarquía hispánica:** en el siglo XVII, durante los reinados de **Felipe III, Felipe IV** y **Carlos II,** se inició una larga decadencia.
- **Francia: Luis XIV** consolida la **monarquía absoluta.**
- **Inglaterra:** tras una guerra civil y la Revolución Gloriosa (1688), Inglaterra se convirtió en una **monarquía parlamentaria.**

---

**Anota en tu cuaderno la opción correcta:**

1. Según la monarquía autoritaria, el rey es considerado en su territorio:

a) La máxima autoridad. b) *Primus inter pares.* c) El primer súbdito de Dios. d) Un señor feudal.

2. La teoría que considera al ser humano el centro del universo se llama:

a) Heliocentrismo. b) Teocentrismo. c) Antropocentrismo. d) Erocentrismo.

3. ¿Con qué rey se instaura en los reinos peninsulares la dinastía de los Habsburgo o de los Austrias?

a) Felipe II. b) Carlos V. c) Fernando el Católico. d) Felipe V.

4. ¿Dónde tuvo lugar la revuelta de las Comunidades?

a) En Aragón. b) En Murcia. c) En Castilla. d) En Milán.

5. ¿Qué religión defiende la predestinación?

a) Luteranismo. b) Catolicismo. c) Anglicanismo. d) Calvinismo.

6. ¿Qué paz puso fin al conflicto religioso en el Imperio alemán?

a) Paz de Múnich. b) Paz de Augsburgo. c) Paz de Cambrai. d) Paz de Utrecht.

7. ¿Quién ejerció como regente durante los primeros diez años del reinado de Carlos II?

a) El conde duque de Olivares. b) Su madre, Mariana de Austria. c) El duque de Lerma. d) Everardo Nithard.

8. ¿Qué tipo de Estado se estableció en Inglaterra cuando reinaba Guillermo III?

a) Monarquía absoluta. b) República. c) Imperio. d) Monarquía parlamentaria.

# Unidad 8

# El contacto entre culturas: Europa, Asia y América

**SUMARIO**

- El contacto con Oriente
- América antes de los europeos
- Europa descubre América
- La conquista y colonización de América
- Otros imperios coloniales

**TÉCNICAS DE TRABAJO**

- Utilización de Internet para realizar trabajos

# 1 • El contacto con Oriente

**Europa** y **Oriente** mantuvieron algunos contactos durante la Edad Media. La **Ruta de la Seda** funcionaba desde antiguo, pero fue el veneciano **Marco Polo** quien descubrió a los europeos medievales cómo eran **Asia central** y **China.**

### La Ruta de la Seda ?

Era una larguísima red comercial que unía Europa y China, pasando por Constantinopla. A través de ella llegaban a las cortes europeas muchos productos exóticos y de lujo, como piedras preciosas, marfil, laca, especias, vidrio y, lo más apreciado de todo, la seda, cuya fabricación era un secreto que solo conocían los artesanos chinos.

## 1.1 • China

Desde el año 221 a. C., **China** era un imperio gobernado por un **emperador** que reunía en su persona todos los poderes. El título de emperador pasaba de padre a hijo. En la **Edad Media** hubo tres familias, o **dinastías,** imperantes:

- La **dinastía Song.** Durante su mandato, China vivió un espectacular **desarrollo** del **comercio,** de la **cultura** y del **arte.** Sometió a los pueblos cercanos y los obligó a pagar tributos.
- La **dinastía Yuan.** Procedía del pueblo mongol, que invadió el territorio chino. Su etapa en el poder fue de **inestabilidad social** y de grandes desastres (inundaciones, peste, etc.). Gobernaba cuando Marco Polo llegó a Pekín, la capital del gran imperio.
- La **dinastía Ming.** Convirtió a China en la **primera potencia marítima** del mundo gracias a sus relaciones con el sur de Asia y Japón. En su época se iniciaron los contactos con portugueses y españoles.

La **cultura china** en la Edad Media era bastante **más avanzada** que la europea. Allí se conocía la pólvora, la brújula o el astrolabio (Figura 1); también el papel moneda, la imprenta, la tinta, la porcelana, los fideos, los exámenes, etc. Todos estos inventos llegaron a Europa gracias a los contactos que se produjeron a través de las rutas comerciales.

1 El astrolabio es un antiguo instrumento de navegación que servía para orientarse, ya que permitía calcular la posición y la altura de las estrellas en el cielo, y así determinar la hora y la latitud.

## 1.2 • Japón

En **Japón,** la máxima autoridad también era el **emperador.** Sin embargo, el mando político, administrativo y militar estaba en manos del **sogún,** o comandante del ejército, por lo que el emperador no tenía poder real. El sogún se elegía entre los miembros de una poderosa casta de guerreros, llamados **samuráis,** que se enfrentaron entre sí en numerosas **guerras civiles** para conseguir el poder que otorgaba el ***sogunato.***

En el país imperaba un sistema feudal pero, a pesar de ello y de las continuas guerras, la **cultura** y el **arte florecieron** durante esta época. Los primeros contactos con occidentales se produjeron en el siglo XV, con la llegada de mercaderes **portugueses** y misioneros **españoles.** Las **religiones** que se practicaban entonces en Japón eran el **budismo** y el **sintoísmo.**

### Vocabulario

**Budismo:** sistema filosófico y religión que tuvo su origen en las enseñanzas de Buda (siglo VI a. C.).

**Sintoísmo:** religión muy antigua de origen japonés, sin escrituras ni dogmas, pero con una rica mitología, que adora desde objetos cotidianos a determinados fenómenos de la naturaleza.

## Actividades

1. ¿Por qué se dice que la cultura china en la Edad Media era más avanzada que la europea? ¿Qué inventos conocían los chinos?
2. ¿Qué sistemas políticos había en China y Japón durante la Edad Media? Describe en tu cuaderno cómo estaba organizado cada país.

# 2 • América antes de los europeos

**América** comenzó a poblarse hace unos 40 000 años. Sus primeros pobladores llegaron desde **Asia.** Cuando **Colón** llegó a América (1492), los numerosos pueblos que la habitaban tenían grados de desarrollo y formas de vida muy diversos. Las **áreas** más evolucionadas eran **Mesoamérica** y el **área andina** (Figura 2).

## 2.1 • La cultura azteca

La **cultura azteca** estaba asentada en el centro de México. Su capital era **Tenochtitlan,** fundada en el año 1325 sobre un islote en medio de un lago. La ciudad llegó a tener unos 200 000 habitantes.

Hacia el año 1500, los **aztecas** eran el pueblo más **poderoso** de la región. Sus expediciones guerreras alcanzaban zonas muy alejadas y obligaban a otros pueblos a pagarles tributo o a comerciar con ellos.

La **sociedad** azteca estaba **muy jerarquizada.** Al principal gobernante lo llamaban ***tlatoani*.** En un escalón inferior se encontraban la **nobleza,** dedicada a la guerra, y los **sacerdotes.** Por debajo de todos ellos estaba el **pueblo llano** (artesanos, campesinos, etc.). También había **esclavos.**

La **economía** se apoyaba en el cultivo del **maíz,** entre otros productos (Figura 3), además del comercio y los tributos entregados por los pueblos sometidos. Las semillas de **cacao** se usaban como moneda.

La **escritura** azteca se basaba en dibujos, con los que se representaban cuestiones políticas, religiosas o administrativas. Además, los aztecas tenían un **calendario complejo** y creían en **numerosos dioses.**

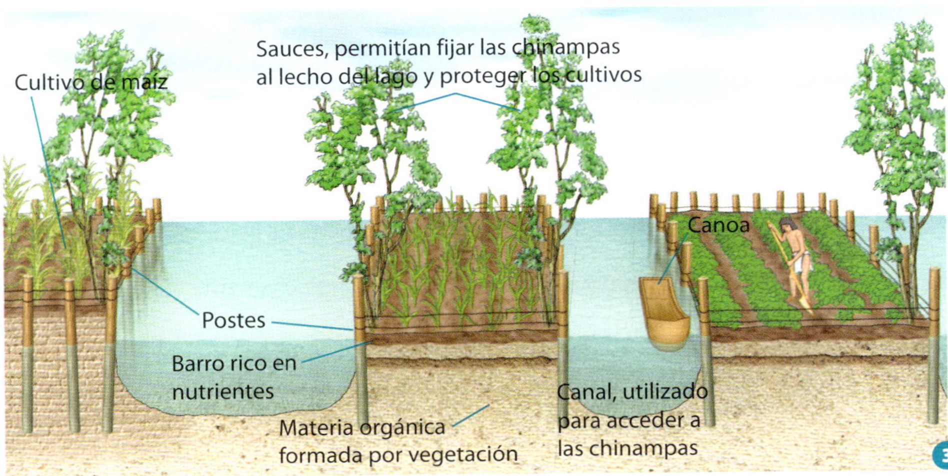


3

Los aztecas practicaban la agricultura por medio de chinampas, o islas artificiales, situadas en un lago y protegidas por postes. Conseguían hasta tres cosechas al año, gracias a la humedad constante y los nutrientes del lago.

### Los primeros americanos

Hace 40 000 años, con el descenso del nivel del mar debido a las glaciaciones, Asia y América quedaron unidas por el actual estrecho de Bering. Al seguir la caza, los grupos de población procedentes de Asia atravesaron esta zona y se instalaron en Alaska. A medida que el hielo se iba deshaciendo, estos pobladores fueron desplazándose hacia el sur. Poco a poco, en un proceso de miles de años, el resto del continente americano quedó finalmente poblado.

1. Mesoamérica: formada por parte de México y de Centroamérica. Aquí surgieron las culturas azteca y maya.
2. Área andina, en la zona central de los Andes. Aquí la cultura más avanzada fue la inca.

2

Áreas de América que estaban más evolucionadas antes de la llegada de los europeos.

## Actividades

3. ¿Cuáles eran las principales culturas que había en América cuando llegó Colón?
4. ¿Qué grupos sociales componían la sociedad azteca?

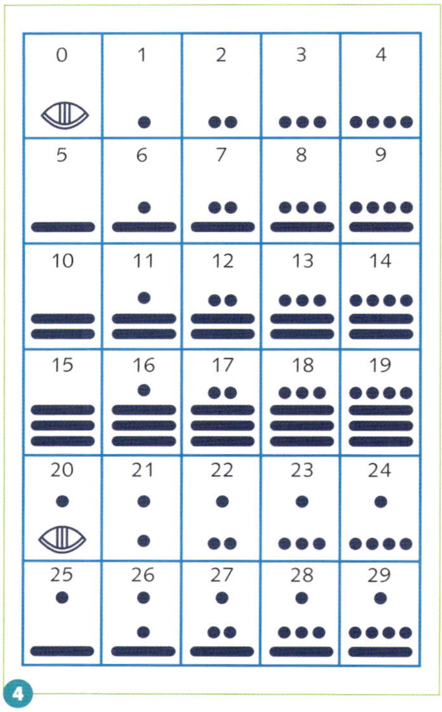


4 Sistema de numeración maya.

## 2.2 • La cultura maya

Los **mayas** se asentaron en el sur de México, Guatemala, Honduras, Belice y El Salvador. Sus descendientes viven actualmente en estos territorios.

La **cultura maya** alcanzó su mayor desarrollo entre los siglos III y VIII, en ciudades como **Tikal** o **Palenque;** pero, hacia el siglo VIII, estas fueron abandonadas o destruidas sin que hoy en día se conozcan las causas con certeza. A la llegada de los españoles, los mayas estaban **divididos** en **ciudades Estado.**

La economía se basaba en el **maíz,** el **tomate,** el **cacao,** los **frijoles** o la **calabaza,** que cultivaban en la selva mediante el sistema de **tala** y **quema.** También practicaban el comercio a larga distancia.

Su religión era **politeísta,** giraba en torno al cultivo del maíz, el alimento principal, y se hacían **sacrificios** a los dioses para asegurar su crecimiento o proteger las cosechas. Entre las deidades principales estaban **Chaac,** dios de la lluvia, y **Kukulkán,** dios del viento.

Los mayas formaron una cultura muy avanzada. Conocían el **número cero,** tenían grandes conocimientos sobre astronomía y crearon un calendario muy complejo. Empleaban un tipo de escritura **jeroglífica** (Figura 4).

## 2.3 • La cultura inca

Hacia el año 1500, el pueblo **inca** dominaba la región de los **Andes.** Su imperio se extendía por los territorios que hoy ocupan Ecuador, Perú, Bolivia y el norte de Chile y de Argentina. Una larga **red de caminos** conectaba **Cuzco,** la capital, con todas las provincias.

5 Los incas construyeron terrazas en las laderas de los Andes para poder cultivar alimentos, como estas situadas en la ciudad de Machu Picchu, en los Andes.

El máximo gobernante era el **inca,** considerado hijo del Sol. Por debajo estaban los **nobles** y los **sacerdotes,** además del **pueblo llano,** que cultivaba la tierra y pagaba tributos. Cada cierto tiempo, el pueblo trabajaba para el Estado, según un sistema llamado **mita.**

La economía se basaba en el **maíz** y la **patata,** que los incas cultivaban en terrazas en las laderas de las montañas (Figura 5). Domesticaron **llamas** y **alpacas,** de las que aprovechaban la carne y la piel. También fueron muy importantes la **metalurgia** del cobre y del oro, y la **artesanía** cerámica y textil.

La religión inca era **politeísta.** Los dioses principales eran **Inti** (el Sol) y **Viracocha** (creador y ordenador del universo).

## Actividades

5. ¿Cómo era la religión de los mayas y los incas? Indica en tu cuaderno algunos nombres de sus dioses.
6. ¿Qué productos agrícolas eran la base de la agricultura maya?
7. ¿En qué países actuales estaba asentada la cultura maya?
8. Explica en tu cuaderno las características de la economía inca.

# 3 • Europa descubre América

Aunque **Europa** sabía de la existencia de las culturas del Lejano Oriente, como China y Japón, el **mundo europeo** apenas sobrepasaba los límites de **Europa** y del **Mediterráneo.** Sin embargo, durante los siglos XV y XVI, **portugueses** y **castellanos** emprendieron grandes **viajes de exploración** y, en unas pocas décadas, incorporaron **África** y **América** al mundo conocido por ellos hasta entonces.

Varios **factores** favorecieron estas exploraciones:

- Los **avances técnicos,** como la **brújula,** el **astrolabio,** la **carabela** o **los mapas** cada vez más precisos, permitieron emprender viajes más largos y orientarse en medio del océano.
- La **toma de Constantinopla** por los turcos (1453). Este acontecimiento cerró la ruta terrestre entre Europa y Oriente, y obligó a buscar **rutas alternativas.**
- El **momento expansivo** que vivían Castilla y Portugal. Una vez terminada la Reconquista, su vía de expansión más lógica era el **Atlántico,** dada su privilegiada posición geográfica.

**La primera vuelta al mundo** +

El primer viaje alrededor del mundo lo emprendió Fernando de Magallanes, en 1519. Tras cruzar el Atlántico, la expedición recorrió Suramérica en dirección sur y en 1520 consiguió alcanzar el océano Pacífico, tras doblar el que se conoce hoy como estrecho de Magallanes. Al morir Magallanes en las islas Filipinas, tomó el mando Juan Sebastián Elcano. Tras muchas penalidades, en 1522, un único barco y 18 supervivientes consiguieron regresar a la Península y completar así la primera vuelta al mundo.

## Los viajes de Colón a América

El navegante genovés **Cristóbal Colón** creía que, por la forma esférica de la Tierra, se podía llegar a Asia cruzando el Atlántico. Presentó su proyecto a varios reyes europeos, que lo rechazaron. Los **Reyes Católicos,** en cambio, apoyaron su viaje y se comprometieron a concederle grandes privilegios si su misión tenía éxito. El acuerdo entre ambas partes se llamó **Capitulaciones de Santa Fe.**

En agosto de 1492 tres naves salieron de **Palos de la Frontera** (Huelva): la nao **Santa María** y dos carabelas, **La Pinta** y **La Niña.** Tras repostar en Canarias, se encaminaron al Atlántico. El **12 de octubre** avistaron tierra y desembarcaron en la isla de **Guanahaní** (Bahamas). Colón estaba convencido de que había llegado a **Cipango** (Japón) y emprendió **tres viajes más** (Figura 6). Gracias a expediciones posteriores de otros navegantes, se supo que se trataba de un **continente desconocido,** al que se llamó **América.**

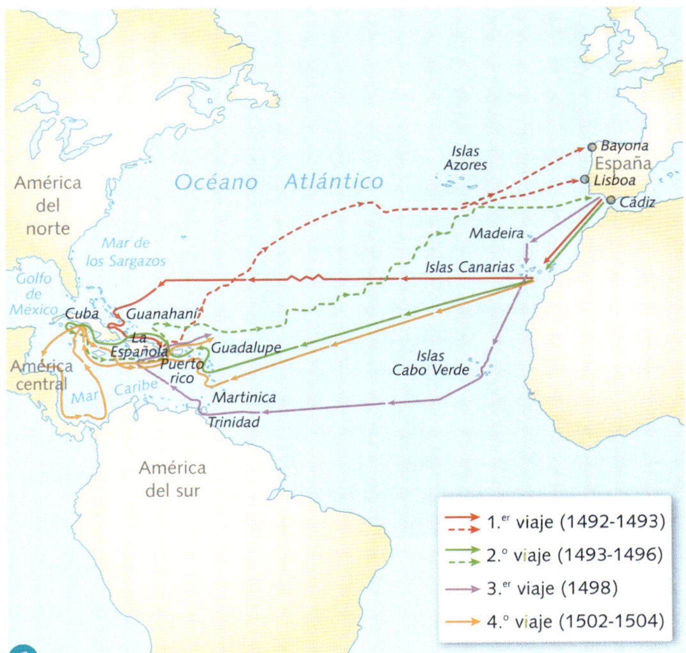


6 Los viajes de Colón a América.

## Actividades

9. ¿Cómo influyó la toma de Constantinopla por los turcos en el descubrimiento de América?

10. Fíjate en el mapa de la Figura 6 y contesta en tu cuaderno a las siguientes preguntas:

a) ¿Cuántos viajes realizó Colón?

b) ¿Qué territorios exploró en cada uno de ellos?

c) ¿Qué islas sirvieron de base durante los viajes de ida a América? ¿Y durante el regreso a España?

# 4 • La conquista de las nuevas tierras

7 Retrato de Hernán Cortés (1485-1547).

Una vez descubierto el nuevo continente, la **conquista** y la **exploración de América** se llevaron a cabo en apenas **cincuenta años.**

Los principales **factores** por los que se pudo hacer tan rápidamente, en territorios tan grandes y poblados, son los siguientes:

- La **superioridad militar,** pues los indígenas no conocían las **armas de fuego,** el **acero** o las **armaduras.** Tampoco el **caballo** o los **perros de presa,** que causaron terror entre los nativos.
- La **superioridad científica,** ya que los europeos disponían de planos, mapas, ingenieros, botánicos, etc.
- Las **luchas internas** que se vivían en los grandes imperios americanos, de las que se aprovecharon los castellanos.
- El afán de **riqueza** y **prestigio** de los conquistadores, que procedían de clases sociales desfavorecidas y buscaban en la conquista una forma de promoción social.
- Las **enfermedades** que introdujeron los conquistadores, como la viruela, que no existían en América y por eso provocaron muchos miles de muertos.

## 4.1 • La conquista del Imperio azteca

8 Tras varios días de lucha, los españoles, abrumados por las pérdidas, pusieron a Moctezuma en una azotea, para que hablase a su pueblo y negociase la salida de los españoles de la ciudad. Los mexica, descontentos, lanzaron piedras e hirieron de muerte a Moctezuma en la cabeza.

**Hernán Cortés** conquistó el **Imperio azteca** o **mexica** entre 1519 y 1521 (Figura 7).

**Cortés** solo contaba con 400 soldados cuando desembarcó en Veracruz. Inicialmente los aztecas recibieron bien a los españoles, incluso pensaban que eran dioses (por su aspecto y por los caballos que llevaban, que eran animales desconocidos para ellos).

A medida que los españoles avanzaban hacia **Tenochtitlan,** la capital del Imperio azteca, Cortés fue estableciendo relaciones amistosas con los pueblos enemigos de los aztecas, a los que estos habían sometido. Cuando los españoles entraron por fin en Tenochtitlan, Cortés hizo prisionero al emperador **Moctezuma** y se desató la guerra. Los españoles tuvieron que abandonar la ciudad con grandes pérdidas (Figura 8).

Finalmente Cortés, con la ayuda de los pueblos enemigos de los aztecas, consiguió derrotarlos en la batalla de **Otumba** (1521), para conquistar a continuación todo el Imperio azteca.

Una vez vencidos los aztecas, desde México se organizaron otras expediciones de conquista hacia **Panamá, Guatemala** y **Honduras.**

## Actividades

11. Explica en tu cuaderno qué factores favorecieron la rápida conquista de los territorios americanos.
12. ¿Cómo acogieron inicialmente los aztecas a los españoles? ¿Por qué?
13. Busca información en Internet sobre Tenochtitlan, la capital azteca, y describe brevemente en tu cuaderno sus características.

## 4.2 • La conquista del Imperio inca

**Francisco Pizarro** (Figura 9) y **Diego de Almagro** conquistaron el **Imperio inca** entre 1531 y 1533.

Tras dos años de exploraciones, **Pizarro** y **Almagro** consiguieron alcanzar **Perú,** dominado por los incas. Cuando llegaron los españoles, acababa de fallecer el inca **Huayna Capac,** y sus hijos **Atahualpa** y **Huáscar** se encontraban enfrentados en una sangrienta **guerra civil,** que terminó con la victoria del primero, pero que dejó a los incas muy debilitados.

Aún estaba celebrando su victoria Atahualpa, cuando su ejército fue derrotado por los españoles en la **batalla de Cajamarca,** en 1532. Él fue hecho prisionero y ejecutado. Después, aliado con los pueblos enemigos de los incas, **Pizarro** conquistó **Cuzco** en 1533, la capital inca, pero algunos incas siguieron resistiendo en las montañas durante bastantes años.

Derrotado el Imperio inca, **Almagro** y **Valdivia** conquistaron Chile, **Orellana** recorrió el Amazonas, **Pedro de Mendoza** fundó Buenos Aires, en Argentina, y **Jiménez de Quesada** conquistó Nueva Granada (Colombia).

## 4.3 • Otros territorios conquistados

En la **zona sur de América del Norte** los españoles realizaron numerosas exploraciones y conquistaron amplios territorios.

Entre los descubrimientos más importantes estuvieron los siguientes: **Ponce de León** desembarcó en la Florida en 1513 y tomó posesión de ella en nombre de la Corona de Castilla; más tarde fue explorada por **Narváez** y **Alvar Núñez Cabeza de Vaca,** que también exploraría Texas. **Hernando de Soto** exploró la mitad sur del río Misisipi y buena parte de los estados actuales de Georgia, Tennessee, Alabama, Carolina del Sur y Carolina del Norte. **Francisco Vázquez Coronado** exploró Colorado, Utah y Nuevo México. Finalmente, **Juan Rodríguez Cabrillo** exploró California a partir de 1540.

En el **océano Pacífico,** una de las expediciones españolas más importantes fue la de **Miguel López de Legazpi,** que culminó la conquista de las islas Filipinas en 1571 y fundó la ciudad de Manila.

9 Francisco Pizarro (1478-1541).

### El Cuarto del Rescate ?

Cuando Atahualpa fue hecho prisionero por Pizarro, el inca propuso, a cambio de ser liberado, rellenar la habitación en la que estaba preso dos veces, una de oro y otra de plata, "hasta donde alcanzara su mano". La habitación, que se conoce como el Cuarto del Rescate, medía 7,30 metros de ancho, 11,80 metros de largo y 3,10 metros de alto.

Los españoles aceptaron el regalo, pero aunque los incas cumplieron su parte, los españoles sentenciaron a muerte a Atahualpa y lo ejecutaron.

## Actividades

14. Elabora en tu cuaderno un esquema con las principales conquistas castellanas.

15. ¿Qué factores favorecieron la conquista del Imperio inca por parte de los españoles? ¿Encuentras alguna semejanza con la conquista del Imperio azteca? ¿Cuál?

16. Copia el siguiente texto en tu cuaderno y completa los huecos.

___ y Almagro conquistaron ___. Orellana recorrió el ___ y ___ fundó Buenos Aires. Legazpi conquistó las ___.

17. Indica en tu cuaderno si las siguientes afirmaciones son verdaderas o falsas:

a) Almagro conquistó México.
b) Atahualpa era el emperador azteca.
c) Cortés venció en la batalla de Cajamarca.

# 5 • La colonización de América

Los **territorios** conquistados quedaban bajo el **dominio** de la **Corona de Castilla.**

Para administrarlos, se crearon diversas **instituciones:**

- Los **virreinatos.** Dirigidos por un virrey, que era el representante del monarca castellano en el Nuevo Mundo. Inicialmente se crearon dos: **Nueva España** y **Perú.**
- Las **provincias.** Dirigidas por gobernadores.
- Los **cabildos.** Administrados por los alcaldes.
- Las **audiencias.** Aplicaban las leyes e impartían justicia.
- El **Consejo de Indias.** Asesoraba al rey y elaboraba las leyes específicas para los nuevos territorios.

Los **indígenas** americanos fueron considerados **súbditos** de la Corona castellana, por lo que legalmente eran **libres.** Sin embargo, los colonizadores establecieron la **encomienda,** un sistema de trabajo forzado. Las **injusticias** a las que eran sometidos los indígenas provocaron muchas **críticas,** como las de **fray Bartolomé de las Casas.** La Corona intentó combatir estos abusos mediante leyes, pero no llegaron a aplicarse correctamente y **muchos indígenas fallecieron** (Figura 10). Para suplir la mano de obra indígena, se recurrió a **esclavos** procedentes de África.

La **sociedad colonial** estaba constituida por **diversos grupos** encabezados por los **criollos,** nacidos en América de padres españoles, que controlaban las riquezas y el comercio. La mayoría de la población era **indígena,** aunque el número de **mestizos** era también abundante. Los **esclavos** negros ocupaban el nivel más bajo de la escala social.

Desde las minas americanas llegaron a Castilla grandes cantidades de **oro** y **plata.** También se explotaron los recursos agrícolas, lo que permitió que se trajeran a Europa nuevos productos como el **tomate,** la **patata,** el **maíz** o el **cacao.** El comercio entre la Península, América y Filipinas se establecía a través de la **Casa de Contratación,** con sede en Sevilla. Era un monopolio de la Corona que le permitía controlar la actividad comercial, el tránsito de personas y expediciones y recaudar importantes cantidades en impuestos. Los buques viajaban agrupados en flotas, para evitar ataques de los piratas. Desde Castilla se exportaban armas, manufacturas, vacas, ovejas, cerdos, trigo y vino, que eran productos desconocidos en América.

**Encomienda**

El encomendero recibía un grupo de indígenas que tenían que trabajar para él y pagarle tributos. A cambio debía protegerlos, darles alimento e instrucción religiosa.

10

Las guerras, el trabajo abusivo y las enfermedades introducidas por los conquistadores provocaron una rápida disminución de la población indígena americana.

**Mestizos**

Eran los hijos nacidos de padre y madre de diferentes razas, generalmente padre español y madre indígena.

## Actividades

18. ¿Qué organismo era el encargado de elaborar las leyes específicas de las colonias americanas?

19. ¿Qué era la encomienda? ¿Qué efectos tuvo sobre los indígenas?

20. ¿Qué productos llegaban de América a Europa? ¿Y al revés?

21. ¿Por qué era importante para la Corona controlar el comercio?

# 6 • Otros imperios coloniales

Además de Castilla, **otros países** también se interesaron por las tierras americanas, las exploraron y las conquistaron.

- El **Brasil portugués.** Castilla y Portugal rivalizaron por el control de la nueva ruta a través del Atlántico. Ambas potencias firmaron el **Tratado de Tordesillas** en 1494, que establecía una línea de demarcación: los territorios que quedaban al oeste de dicha línea pertenecían a Castilla, y los que estaban al este, a Portugal. Así, Portugal pudo legalmente emprender la conquista de Brasil, ya que una punta de ese territorio quedaba dentro del área portuguesa (Figura 11).

  **Pedro Álvares Cabral** fue el primero que llegó a tierras brasileñas, seguido más tarde por numerosos colonos en busca de riquezas. Los principales recursos extraídos fueron el **palo brasil** y la **caña de azúcar,** y para su explotación **se emplearon esclavos** negros llevados desde África.

11 El Tratado de Tordesillas.

- Las **colonias inglesas** en América del Norte. Las primeras se establecieron en **Terranova** y **Virginia** en el siglo XVI, pero la escasez de recursos provocó su abandono. En el siglo XVII se instalaron de nuevo colonos en Virginia y fundaron **Jamestown.** El aumento de población motivó que se formaran nuevas colonias, que fueron el origen de los Estados Unidos de América.
- El **Imperio holandés.** Las Provincias Unidas crearon un gran imperio colonial entre los siglos XVII y XIX. Gracias a la creación de las **Compañías de las Indias Orientales** y **Occidentales**, los barcos holandeses fundaron colonias en **Asia** (Ceilán, Indonesia), **América** (Nueva Ámsterdam, la Guyana) y **Oceanía** (Nueva Holanda, en la actual Australia, y Nueva Zelanda).
- El **Imperio francés.** Francia conquistó importantes territorios en América del Norte: buena parte del actual **Canadá** y de la **Luisiana,** en la cuenca del río Misisipi. En América del Sur ocupó la **Guayana,** y en el mar Caribe una parte de la isla de La Española (actual **Haití**). También estableció **factorías comerciales** en **África** (Seychelles, Senegal) y en la **India.**

### El origen de Nueva York ?

Nueva Ámsterdam fue el nombre que dieron los colonos holandeses a un fuerte en la isla de Manhattan, desde el que controlaban la bahía del río Hudson.

Los ingleses ocuparon la ciudad en 1664 y la llamaron Nueva York.

## Actividades

22. Explica en tu cuaderno qué consecuencias tuvo el Tratado de Tordesillas para el continente americano.

23. Elabora un resumen en tu cuaderno en el que anotes el nombre de todas las colonias de las potencias europeas, excepto Castilla, en América. Diferencia a qué país pertenecía cada colonia y en qué parte de América se encontraba cada una de ellas.

## Utilización de Internet para realizar trabajos

En **Internet** hay muchas herramientas y aplicaciones que nos pueden ayudar a hacer buenos trabajos. Te proponemos algunas de ellas.

### ¿Qué necesitas hacer?

1. **Encontrar información sobre un tema que te interesa.** Para ello, debes recurrir a los buscadores. Son herramientas que permiten encontrar la información que necesitas entre millones de páginas de Internet si escribes las palabras clave adecuadas. Hay muchos, y entre los más utilizados están Bing, Google, Yahoo, etc.
2. **Trabajar en equipo.** Algunas aplicaciones permiten elaborar un documento entre varios compañeros, guardar una copia de seguridad de los trabajos en grupo, compartirlos entre todo el equipo, mantener debates a distancia... Existen muchas opciones de almacenamiento y comunicación *on line*, como Dropbox, Google Drive, Skype, etc.
3. **Seleccionar y organizar la información que vas encontrando.** Puedes reunir en un solo sitio la información interesante que localices en tus búsquedas, tus blogs favoritos, hacer anotaciones y compartirlas con tus compañeros de equipo... Aplicaciones como Netvibes, Pinterest o Scoop.it te facilitan estas tareas.
4. **Publicar tus trabajos en distintos formatos.** La última fase de un trabajo de investigación es prepararlo para su difusión, para que pueda ser leído o visto por otras personas (profesores, compañeros, familia, lectores, etc.). En Internet existen muchas herramientas para presentar y compartir trabajos. Aquí tienes algunas de ellas:
   - Generar una publicación digital: Issuu, Paper.li, Scribd...
   - Crear un blog: Blogger, Wordpress...
   - Hacer una presentación con diapositivas: Slideshare, Prezi...
   - Publicar y compartir vídeos: Vimeo, Youtube...
   - Elaborar un póster multimedia o una infografía: Glogster, Piktochart...
   - Diseñar un cómic: Pixton, Toondoo...
   - Representar un mapa conceptual: Maptal, Pearltrees...
   - Representar una línea del tiempo: Dipity, Timetoast...

## Actividades

1. ¿Has utilizado antes alguna de las herramientas propuestas? Explora, al menos, tres que no conocieras y que te parezcan interesantes para tus trabajos.

2. Entra en Slideshare: http://es.slideshare.net/ y elabora una presentación con al menos cinco diapositivas que explique el descubrimiento de América. Para ello deberás utilizar texto e imágenes que encuentres en Internet. Recuerda que, para poder utilizar Slideshare, antes debes registrarte en la página.

## Razona y explica

1. ¿Qué avances técnicos eran conocidos en China pero no en la Europa medieval?
2. ¿Qué era un sogún? ¿Qué funciones desempeñaba?
3. Describe en tu cuaderno cómo estaba organizada la sociedad inca antes de la llegada de los españoles.
4. ¿Quiénes eran los criollos?
5. ¿Qué grupo ocupaba el nivel más bajo en las sociedades coloniales? ¿De dónde procedía y por qué llegó a América?
6. ¿Mediante qué acuerdo pudo Portugal conquistar el Brasil actual?
7. Explica en tu cuaderno cuáles fueron los motivos por los que los españoles pudieron conquistar tan rápidamente los imperios azteca e inca.
8. ¿Cuáles fueron los factores que favorecieron las exploraciones castellanas y portuguesas?
9. ¿Por qué en Canadá se habla francés, en Colombia español y en Brasil portugués?
10. ¿Cómo era la sociedad colonial en América bajo dominio español?

## Trabaja un mapa conceptual

11. Elabora en tu cuaderno un mapa conceptual que explique las áreas más evolucionadas y las culturas que había en América antes de la llegada de los europeos.
12. Realiza en tu cuaderno un mapa conceptual y explica a través de él el descubrimiento y la conquista de América. Ten en cuenta los siguientes aspectos:
    - Factores que favorecieron las exploraciones.
    - Los viajes de Colón.
    - Motivos de la rapidez de la conquista.
    - Conquista de México.
    - Conquista de Perú.
    - Otros territorios conquistados.
    - Otros imperios coloniales.

## Busca información en Internet

13. Consulta un diccionario en Internet y define en tu cuaderno los siguientes términos:
    a) Mita.
    b) Astrolabio.
    c) Carabela.
    d) Nao.
    e) Capitulación.
    f) Palo brasil.
14. Busca información en Internet y elabora en tu cuaderno una breve redacción que explique por qué el nuevo continente descubierto por Colón se llamó finalmente América.

## Completa las frases

15. Copia en tu cuaderno estas frases y rellena los huecos:
    a) Antes de la llegada de los europeos, las áreas más evolucionadas de América eran dos: ___, formada por parte de México y de Centroamérica; y el ___, en la zona central de los Andes.
    b) Avances técnicos como la ___, el ___, la ___ o los mapas cada vez más precisos permitieron emprender viajes más largos y orientarse en medio del océano.
    c) Hernán Cortés conquistó el Imperio ___, su capital, ___, y depuso a su emperador, ___.
    d) Castilla y Portugal firmaron el ___, lo que permitió a Portugal emprender legalmente la conquista de ___.
    e) El comercio entre la Península, América y Filipinas se establecía a través de la ___, con sede en ___.
    f) Francia conquistó importantes territorios en ___ del Norte: parte del actual ___ y la ___, en la cuenca del río Misisipi.

## ¿Verdadero o falso?

16. Copia estas frases en tu cuaderno e indica si son verdaderas o falsas:
    a) La cultura azteca se localizaba en México y la maya en Perú.
    b) Las Capitulaciones de Santa Fe fueron un acuerdo entre España y Portugal para repartirse los territorios descubiertos en América.
    c) Fernando de Magallanes conquistó el Imperio inca.
    d) Fray Bartolomé de las Casas criticó los abusos sobre la población indígena.
    e) Los criollos habían nacido en América y eran hijos de españoles.
    f) El comercio con América era un monopolio de la Corona.
    g) Las primeras colonias holandesas en América del Norte se establecieron en Terranova y Virginia en el siglo XVI.

## Trabaja con la ilustración

17. Mira las siguientes imágenes y responde en tu cuaderno a las preguntas:

    a) ¿De qué alimentos se trata?
    b) ¿De dónde son originarios cada uno?
    c) ¿Qué productos exportaba Castilla a América?
    d) Busca información en Internet y cita al menos tres productos más que hayan llegado a Europa a partir del descubrimiento de América.

# 8 IDEAS CLAVE Y AUTOEVALUACIÓN

## El contacto con Oriente

- **China:** estaba gobernada por un emperador que reunía en su persona todos los poderes. En la Edad Media hubo tres dinastías: Song, Yuan y Ming. La cultura china era muy avanzada: se conocía la pólvora, la brújula, el astrolabio, el papel moneda, la imprenta, los fideos, la porcelana, etc.
- **Japón:** la máxima autoridad era el emperador; sin embargo, el poder real lo ejercía un sogún, que pertenecía a una poderosa casta de guerreros llamados samuráis. En el país había un sistema feudal, pero a pesar de las continuas guerras florecieron la cultura y el arte.

## América antes de los europeos

- **Cultura azteca:** centro de México. Capital: Tenochtitlan. Sociedad muy jerarquizada: *tlatoani*, nobleza, sacerdotes, pueblo llano y esclavos. Economía: cultivo del maíz, comercio y tributos. Semillas de cacao como moneda. Escritura jeroglífica (basada en dibujos). Religión politeísta.
- **Civilización maya:** sur de México, Guatemala, Honduras, Belice y El Salvador. Economía: basada en el maíz, el tomate, el cacao, los frijoles y la calabaza. Religión: politeísta, giraba en torno al cultivo del maíz. Cultura muy avanzada, con escritura jeroglífica.
- **Civilización inca:** región de los Andes (Ecuador, Perú, Bolivia y el norte de Chile y de Argentina). Capital: Cuzco. Sociedad jerarquizada: inca (máximo gobernante), nobles, sacerdotes y pueblo llano. Economía: maíz y patata; llamas y alpacas; metalurgia del cobre y del oro; artesanía. Religión politeísta.

## Europa descubre América

- **Causas del descubrimiento de América:** avances técnicos (brújula, astrolabio, carabela o mapas); toma de Constantinopla por los turcos; momento expansivo que vivían Castilla y Portugal.
- **Los viajes de Colón a América:** Colón quería llegar a Asia cruzando el Atlántico. Los Reyes Católicos apoyaron su viaje (Capitulaciones de Santa Fe). En agosto de 1492 tres naves salieron de Palos de la Frontera (Huelva). El 12 de octubre avistaron tierra y desembarcaron en la isla de Guanahaní (Bahamas). Se trataba de un continente desconocido, al que se llamó América.

## La conquista

- Se llevó a cabo en apenas cincuenta años. **Razones:** superioridad militar, superioridad científica y luchas internas, el afán de riqueza y prestigio y las enfermedades.
- **Conquista de México:** conquistador: Hernán Cortés. Se alió con los enemigos de los aztecas para vencerlos. Desde México se iniciaron expediciones de conquista hacia Panamá, Guatemala y Honduras.
- **Conquista de Perú:** Francisco Pizarro y Diego de Almagro. Aprovecharon las disputas internas que había entre los incas para vencerlos. Almagro y Valdivia conquistaron Chile. Orellana recorrió el Amazonas. Pedro de Mendoza fundó Buenos Aires y Jiménez de Quesada conquistó Nueva Granada.
- **Otros territorios conquistados:** la zona sur de América del Norte (Texas, California, Florida, etc.). Las islas Filipinas, en el océano Pacífico.

## La colonización de las nuevas tierras

- **Instituciones administrativas:** virreinatos, provincias, cabildos, audiencias y Consejo de Indias.
- **Sociedad colonial:** criollos, indígenas, mestizos y esclavos negros. Los indígenas eran considerados súbditos libres, pero los colonizadores establecieron la encomienda, que era un sistema de trabajo forzado que generó numerosos abusos e injusticias y la muerte de muchos.
- **Economía:** oro y plata. Recursos agrícolas: el tomate, la patata, el maíz o el cacao. Comercio a través de la Casa de Contratación, con sede en Sevilla.

## Otros imperios coloniales

- **Portugal:** Brasil, conquistado por Pedro Álvares Cabral.
- **Inglaterra:** Terranova y Virginia, posteriormente abandonadas. En el siglo XVII los ingleses se instalaron de nuevo en Virginia y fundaron Jamestown.
- **Provincias Unidas:** colonias en Asia (Ceilán, Indonesia), América (Nueva Ámsterdam, la Guyana) y Oceanía (Nueva Holanda, en la actual Australia, y Nueva Zelanda).
- **Francia:** Canadá y la Luisiana en América del Norte, y en América del Sur y el Caribe, la Guayana y una parte de la isla de La Española (actual Haití).

---

**Anota en tu cuaderno la opción correcta:**

1. ¿Qué dinastía china era de origen mongol?

a) La dinastía Song. b) La dinastía Yuan. c) La dinastía Ming. d) La dinastía Sogún.

2. ¿De dónde procedían los primeros habitantes de América?

a) Europa. b) Asia. c) Oceanía. d) África.

3. ¿Dónde se localizaba la cultura azteca?

a) En los Andes. b) En México. c) En Argentina. d) En Norteamérica.

4. ¿En torno a qué elemento giraba la religión maya?

a) Al maíz. b) Al viento. c) Al cacao. d) A la lluvia.

5. ¿Cuál era la capital del Imperio inca?

a) Tenochtitlan. b) Viracocha. c) Cuzco. d) Kukulkán.

6. ¿En qué fecha llegó Colón a América?

a) El 2 de agosto de 1492. b) El 3 de septiembre de 1453. c) El 12 de octubre de 1492. d) El 6 de enero de 1453.

7. ¿Qué imperio conquistó Hernán Cortés?

a) El Imperio inca. b) El Imperio maya. c) El Imperio azteca. d) El Imperio tolteca.

8. ¿Qué país ocupó la Guayana, en América del Sur?

a) Portugal. b) Inglaterra. c) Provincias Unidas. d) Francia.

Unidad 9

# El arte durante las épocas medieval y moderna

## SUMARIO

- El arte islámico
- El románico
- El gótico
- El Renacimiento
- El Barroco y el Neoclasicismo

## TÉCNICAS DE TRABAJO

- Interpretación de una pintura

# 1 • El arte islámico

1 Sala de oraciones de la Mezquita de Córdoba.

1. Mihrab, púlpito desde el que la autoridad religiosa (imán) dirige el rezo.
2. Minbar, nicho que marca la dirección del rezo (hacia La Meca) o pequeña capilla situada en la quibla.
3. Muro de la quibla, orientado a La Meca.
4. Minarete, torre desde la que se llama a la oración.
5. Fuente, en la que se realizan las abluciones para purificarse.
6. Salas de oraciones (haram).

El **arte islámico** tomó numerosos elementos de las regiones por las que se fue extendiendo el islam. Combinó todos ellos y configuró un **arte unitario** y a la vez **diverso.**

La **arquitectura** fue el arte más destacado, con las **mezquitas** (Figura 1) y los **palacios** como edificios **más sobresalientes,** aunque se construyeron otros mucho más modestos, como las alcazabas, los zocos o los baños públicos.

La **mezquita** no tenía un estilo definido, aunque sí unas **estancias fijas** (Figura 2).

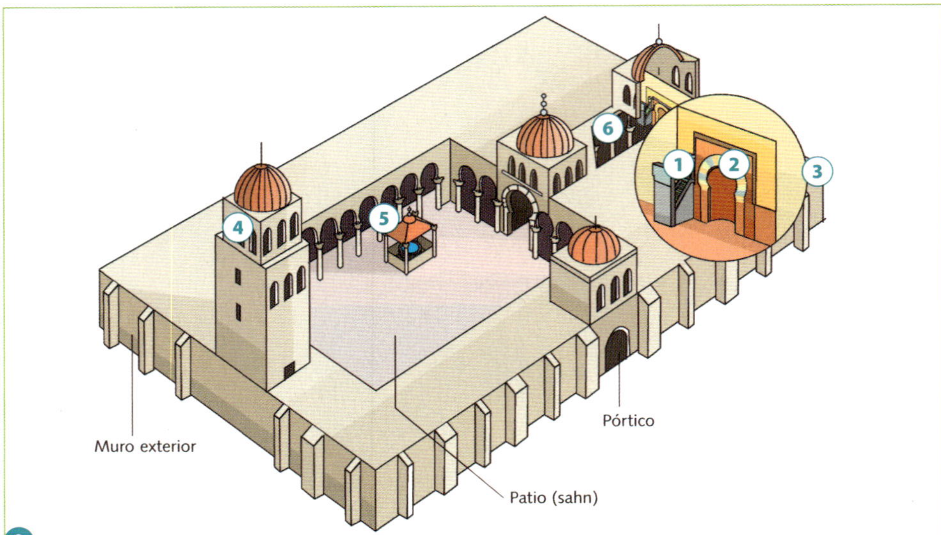


2 Planta y organización espacial de la mezquita.

Los **materiales** usados en la construcción eran sencillos (barro, yeso, madera). Los edificios tenían gran número de arcos, bóvedas y cúpulas. La decoración **exterior** era **escasa,** pero en el **interior** era **muy rica** y en ella se empleaban maderas, yesos, mármoles o mosaicos. Los **temas decorativos** solían ser vegetales, formas geométricas o versículos del Corán escritos en árabe.

El Corán prohíbe la representación de imágenes con el fin de adorarlas, por lo que la **pintura** y la **escultura** tuvieron **escaso desarrollo** en el mundo islámico. Sin embargo, encontramos un amplio catálogo de **artes decorativas,** como cerámica, metal, marfil, tejidos, marquetería o cristal. También destacaron las **miniaturas** para decorar libros, en las que se representaban escenas de la vida cotidiana.

## Actividades

1. Explica en tu cuaderno qué quiere decir que el arte islámico es unitario y diverso.
2. Elabora en tu cuaderno un esquema de las estancias de una mezquita. ¿En cuál de ellas se rezaba?
3. ¿Cuáles eran los temas decorativos que se utilizaban en la arquitectura islámica?
4. ¿Qué artes decorativas se desarrollaron en el arte islámico?

# 2 • El arte románico

El **románico** es el arte que se desarrolló en Europa occidental en plena **Edad Media,** entre los **siglos XI** y **XIII.** Fue un arte principalmente **religioso,** que pretendía **acercar la doctrina eclesiástica** a unos fieles que no sabían leer.

## 2.1 • Arquitectura

La manifestación más importante del arte románico fue la **arquitectura religiosa.** Las **características** de las iglesias románicas son las siguientes (Figuras 3 y 4):

- Se construyeron con **gruesos muros de piedra** reforzados con **contrafuertes.** Las ventanas eran pequeñas y escasas.
- Tenían **planta de cruz latina** y en el lugar donde se cruzaban los brazos, llamado **transepto,** se levantaba una torre llamada **cimborrio.**
- Las naves de la iglesia acababan en **ábsides** semicirculares.
- Las naves se cubrían con **bóvedas de cañón,** sostenidas por columnas unidas por **arcos de medio punto.**
- Tenían una **torre campanario** y un **claustro** (galería con columnas que rodea un jardín o patio interior).
- En las **iglesias de peregrinación,** las naves laterales rodeaban el altar mayor para formar la **girola** o deambulatorio.

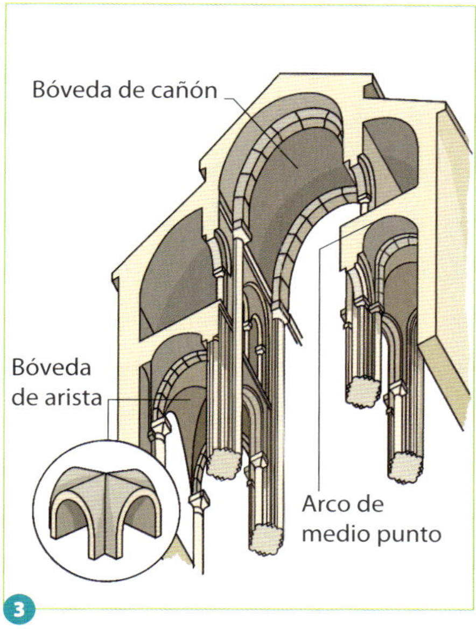


3 Elementos principales de la arquitectura románica.

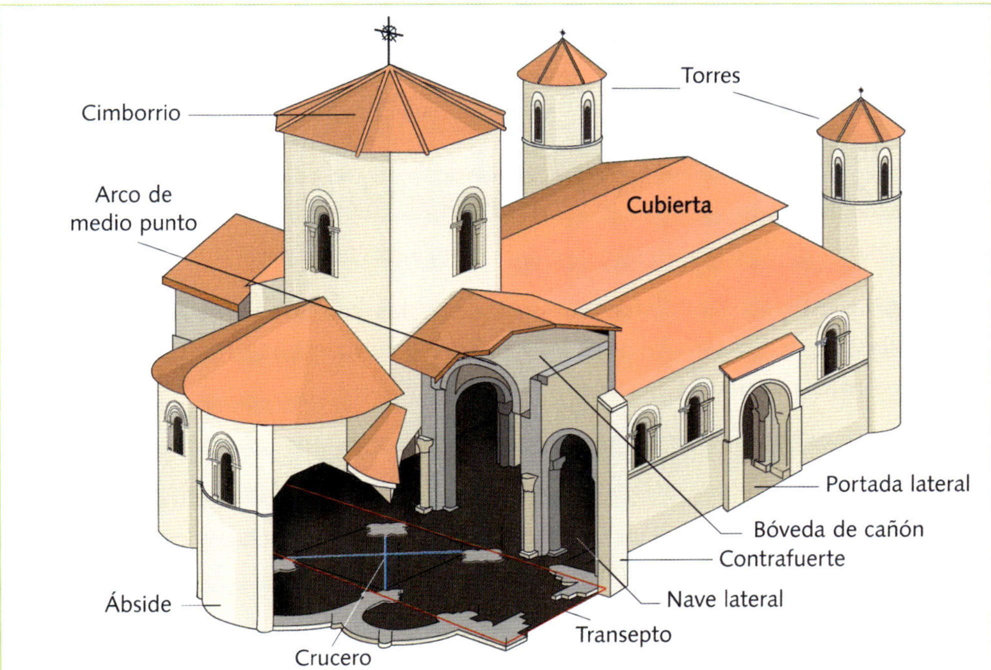

4 Iglesia románica de San Martín de Tours, en Frómista (Palencia).

## Actividades

5. Busca información en Internet sobre una iglesia románica española de tu elección y realiza una ficha en tu cuaderno en la que anotes sus principales características.

## 2.2 • Escultura y pintura

La **escultura** y la **pintura** del románico tenían **características** comunes:

- **Dependían de la arquitectura,** ya que su finalidad era decorar los edificios.
- Tenían una **función didáctica,** pues servían para enseñar a los fieles la doctrina de la Biblia.
- Eran **simbólicas:** no representaban la realidad tal cual, sino que los artistas buscaban reflejar la espiritualidad.
- **No se utilizaba la perspectiva:** las figuras se representaban vistas de frente.
- El **cuerpo humano** se mostraba **desproporcionado.** La cabeza, las manos y los ojos, muy grandes, eran las partes más destacadas.
- Los rostros eran **inexpresivos** y no había movimiento.
- Se seguía una **jerarquía,** ya que las figuras más importantes se representaban con un tamaño mayor.

Las **esculturas** estaban situadas en las **portadas** y en los **capiteles** de los templos. Habitualmente eran **relieves.** Había pocas **figuras aisladas,** también de temática religiosa (Figura 5).

5 Fachada de la Iglesia de Santiago en Carrión de los Condes (Palencia).

La **pintura** se hacía al **fresco** y ocupaba las **paredes del interior** de las iglesias. Se utilizaban **colores muy vivos** y se marcaban los **contornos** con tonos **más oscuros** (Figura 6).

**Pintura al fresco**

Técnica para pintar sobre paredes y techos en la que se emplean colores disueltos en agua de cal, que son extendidos sobre una capa de estuco fresco especialmente preparado.

6 Cristo bendiciendo en la iglesia de San Clemente de Tahull (Lleida).

## Actividades

6. Indica en tu cuaderno si las siguientes afirmaciones relacionadas con la escultura y la pintura románica son verdaderas o falsas:

a) Tenían una función didáctica.
b) Los rostros eran muy expresivos y las figuras muestran movimiento.
c) Se seguía una jerarquía en la colocación de las figuras.
d) Se utilizaba la perspectiva.
e) Eran simbólicas, porque los artistas buscaban reflejar la espiritualidad.

7. ¿Dónde se ubicaban las esculturas románicas? ¿Y las pinturas?

8. ¿Qué tipo de técnica se utilizaba para realizar las pinturas? ¿Cómo eran los colores?

# 3 • El arte gótico

El **gótico** se desarrolló entre mediados del **siglo XII** y el **siglo XV,** a finales de la **Edad Media.** Surgió en **Francia** gracias al renacer de las ciudades, impulsado por eclesiásticos y burgueses, y desde allí se extendió por toda Europa occidental. En cada país adquirió sus propias características.

## 3.1 • Arquitectura

La **arquitectura** era aún esencialmente religiosa: lo más representativo de este arte son las **grandes catedrales** (Figura 8). Se trataba de edificios **más elevados** y **menos pesados** que los románicos, gracias al empleo del **arco apuntado** y la **bóveda de crucería.** En el exterior se construyeron **contrafuertes** y **arbotantes** que permitían soportar el peso de las bóvedas y reforzaban los muros, que de ese modo podían ser más ligeros y dejar espacio a **grandes ventanales** cerrados con **vidrieras** de colores. Así, el interior de las catedrales se llenó de **luz** y de **color.** Las **naves** podían ser tres o cinco y la **central** siempre tenía **más altura** que las laterales (Figura 7).

En el gótico también se construyeron **edificios civiles** como palacios, ayuntamientos o lonjas.

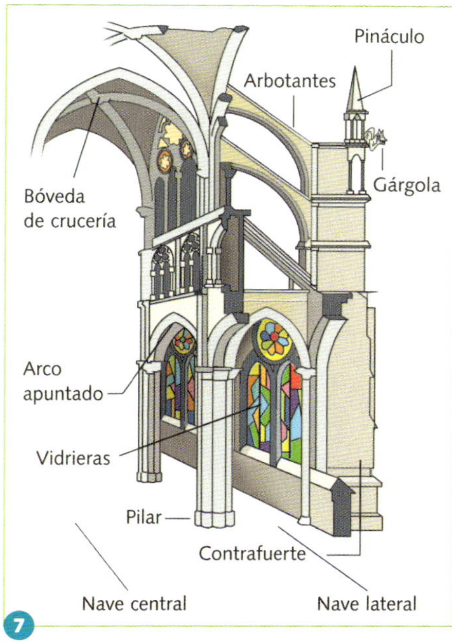


7 Elementos principales de la arquitectura gótica.

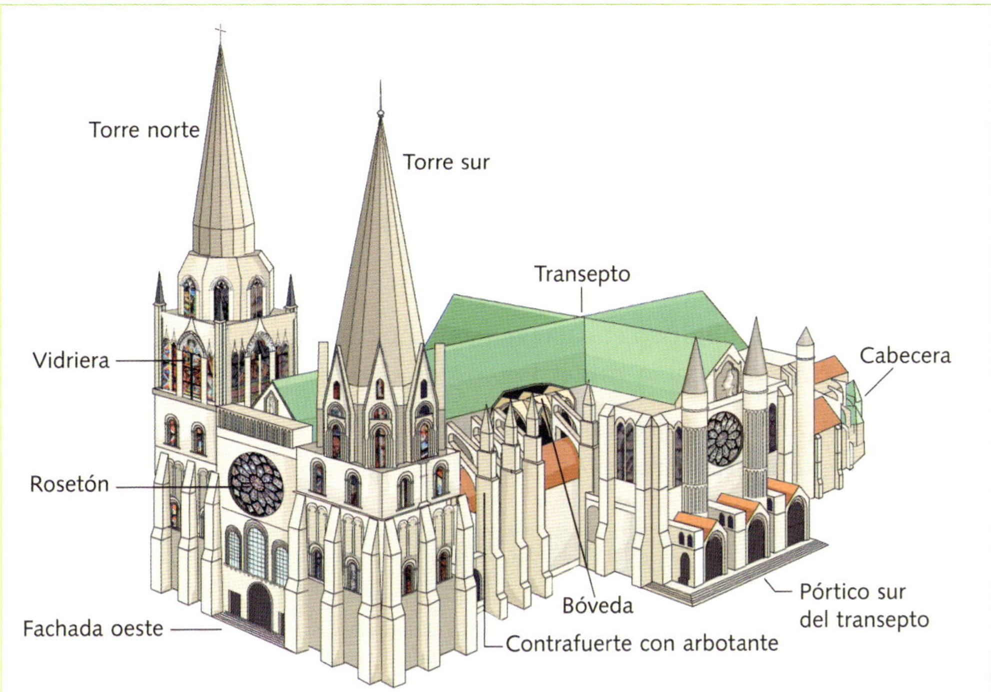

8 Catedral gótica de Burgos.

## Actividades

9. ¿Cuándo y dónde surgió el gótico? ¿Qué factores lo favorecieron?

10. Explica en tu cuaderno, con la ayuda de las Figuras 7 y 8, cuáles son las características de la arquitectura gótica.

11. Busca información en Internet y contesta en tu cuaderno a las siguientes preguntas: ¿Qué es un contrafuerte? ¿Y un arbotante? ¿Qué función tenían ambos elementos?

## 3.2 • Escultura y pintura

La **escultura gótica,** como sucedió durante el románico, decoraba las **portadas** de las catedrales y tenía un **fin didáctico.**

9 Pórtico de la Gloria de la catedral de Santiago de Compostela.

Las figuras, que eran mucho más proporcionadas y esbeltas que las del románico, se hicieron también **más realistas** y **menos rígidas:** se relacionaban entre sí y los rostros ya mostraban **expresiones** y **sentimientos** (Figura 9). También se utilizaron esculturas para decorar **tumbas** y **sepulcros** de los personajes más importantes que se enterraban en las catedrales. Las esculturas aisladas se hicieron más frecuentes. En **España** un escultor importante fue **Gil de Siloé.**

La **pintura mural** perdió importancia durante el gótico porque los muros se redujeron considerablemente. Se sustituyeron por **vidrieras.** También se realizaron muchos **retablos** para decorar los altares. Estaban pintados **sobre madera** y algunos alcanzaban grandes dimensiones.

La **pintura gótica** aportó las siguientes **novedades** respecto al románico:

- Aumentó el **realismo** de las figuras.
- Las figuras adquirieron una **proporción** más real.
- Los rostros mostraban más **sentimientos** y **expresividad.**
- Los fondos dorados fueron sustituidos por **paisajes** y **arquitecturas.**
- En las composiciones, los artistas manifestaban cada vez mayor interés por la **perspectiva.**
- La **temática religiosa** era aún la más importante, pero también se abordaron otros temas, como **retratos** o **escenas de la vida cotidiana.**

Entre otros **pintores importantes,** podemos citar al italiano **Giotto** (Figura 10), el catalán **Bernard Martorell** o el castellano **Fernando Gallego.**

10 Frescos de la capilla de los Scrovegni, Padua (Italia), obra de Giotto.

### Actividades

12. Copia las siguientes frases en tu cuaderno y complétalas:

a) La escultura gótica, como sucedió durante el románico, decoraba las portadas de las ___ y tenía un fin ___ .
b) Con respecto al románico, las figuras eran más ___ y menos ___ : se relacionaban entre sí y los rostros ya mostraban ___ y ___ .
c) Los pintores manifestaban cada vez mayor interés por la ___ . Aunque la temática religiosa era importante, también se abordaron otros temas, como ___ o ___ .

13. ¿Por qué las vidrieras sustituyeron a las pinturas en muchos edificios religiosos del gótico?

14. Indica en tu cuaderno tres diferencias entre la pintura del gótico y la del románico.

# 4 • El Renacimiento

El **arte renacentista** surgió en **Italia** y se desarrolló durante los **siglos XV y XVI.** Fue un nuevo estilo que se inspiró en el arte de la **Antigüedad** griega y romana, por lo que sus artistas buscaron la **belleza**, la **armonía** y la **proporción** (Figura 11).

11 En este retrato de una mujer joven, de Botticelli, podemos ver un buen ejemplo del ideal de belleza renacentista.

Por primera vez, los artistas eran reconocidos y obtenían fama y prestigio. Los **mecenas,** personas adineradas, sufragaban sus gastos y compraban sus obras. Algunos mecenas destacados fueron la familia **Médici** o **papas** como Alejandro VI, Julio II o León X.

En el **Renacimiento** se distinguen **dos periodos:**

- **Quattrocento.** Corresponde al **siglo XV.** Fue una fase de **ruptura con el gótico,** en la que los artistas comenzaron a inspirarse en las antiguas obras griegas y latinas. El foco principal estaba en la ciudad de **Florencia,** gracias al apoyo de la familia Médici.
- **Cinquecento.** Abarca el **siglo XVI** y fue la etapa de **plenitud.** El estilo se hizo más **refinado** y los artistas ya dominaban por completo las técnicas clásicas. **Roma,** por influencia de los papas, se convirtió en el foco principal, y desde allí el Renacimiento se **extendió por toda Europa.**

## 4.1 • Arquitectura

Los arquitectos renacentistas recuperaron de la arquitectura clásica grecorromana elementos como el **arco de medio punto,** la **bóveda de cañón,** las **columnas,** las **cúpulas** y el **frontón** en la fachada de los edificios, lo que dio como resultado construcciones hechas con **equilibrio** y **armonía.**

A diferencia de las enormes catedrales medievales, los edificios renacentistas se adaptaron a las **proporciones humanas.**

Los arquitectos más importantes fueron **Brunelleschi** y **Alberti** (Quattrocento) (Figura 12) y **Miguel Ángel, Bramante** y **Palladio** (Cinquecento).

12 Cúpula de la catedral de Florencia, obra de Brunelleschi.

## Actividades

15. ¿Cuáles son las características del arte renacentista?

16. Copia y completa en tu cuaderno la siguiente tabla sobre los dos periodos en que se divide el Renacimiento.

| Periodo | Siglo | Ciudad | Mecenas |
|---|---|---|---|
| .... | .... | .... | .... |
| .... | .... | .... | .... |

17. ¿Qué elementos rescataron los arquitectos renacentistas? ¿De qué época eran?

18. Elabora en tu cuaderno un esquema con los arquitectos de cada periodo del Renacimiento y busca en Internet al menos tres obras de cada uno de ellos.

## 4.2 • Escultura y pintura

13 *Moisés,* obra de Miguel Ángel.

Al igual que ocurrió con la arquitectura, la **escultura** y la **pintura renacentistas** también se inspiraron en la **Antigüedad clásica.** Los artistas se interesaron por representar el **cuerpo humano,** siempre de forma **proporcionada** y con **armonía.** Buscaron plasmar una **belleza idealizada,** muchas veces representada por figuras desnudas o paisajes irreales.

Los **escultores** más importantes fueron:

- **Ghiberti.** Autor de los relieves de las puertas del baptisterio de Florencia.
- **Donatello.** Creador de obras tan destacadas como el *David*.
- **Miguel Ángel.** Autor de algunas de las obras más importantes de la historia, como *Moisés, David* o *La Piedad* (Figura 13).

En **pintura,** los artistas buscaron representar la **profundidad** y dominar la **perspectiva.** Los cuadros muestran escenas no solo religiosas, sino también mitológicas, desnudos o retratos. Los **pintores más destacados** fueron:

- **Masaccio.** Pintó sobre todo escenas religiosas.
- **Fra Angélico.** Autor de *La Anunciación*.
- **Botticelli.** Autor de *La primavera* o *El nacimiento de Venus*.
- **Leonardo da Vinci.** Fue un artista polifacético: pintor, arquitecto, ingeniero, músico... Es autor de *La Gioconda* o *La última cena*.
- **Miguel Ángel.** Además de como escultor, ha pasado a la historia del arte como pintor de los frescos de la Capilla Sixtina del Vaticano.
- **Rafael.** Autor de los frescos de las estancias del Vaticano.

Otros artistas italianos importantes fueron **Tintoretto** o **Tiziano.**

14 *El martirio de San Mauricio,* obra de El Greco.

## 4.3 • El Renacimiento fuera de Italia

Durante el siglo XVI, el **Renacimiento** se extendió por Europa y dio lugar a la aparición de grandes artistas y obras de arte.

- En **Flandes.** Destacan pintores como **Van Eyck, El Bosco** o **Brueghel.**
- En **Alemania.** El pintor más importante es **Alberto Durero.**
- En **España.** En arquitectura sobresalen edificios como el **Palacio de Carlos V** (Granada), la fachada de la **Universidad de Salamanca** (de estilo plateresco) o el **Monasterio de San Lorenzo de El Escorial** (de estilo herreriano). En escultura destacan **Alonso de Berruguete** y **Juan de Juni.** En pintura, la figura principal es **El Greco** (Figura 14).
- En **Francia.** Destaca la arquitectura de castillos, entre los que sobresale el de **Chambord** y la reforma del **palacio de Fontainebleau.**

## Actividades

19. ¿Cuáles son las características principales de la escultura y la pintura renacentistas?

20. Explica en tu cuaderno qué quiere decir que los pintores buscaron representar la profundidad y la perspectiva.

21. Busca información en Internet sobre la obra de El Greco de la Figura 14 y elabora en tu cuaderno una breve ficha sobre sus características principales.

# 5 • El Barroco

El arte **barroco** se desarrolló entre los comienzos del **siglo XVII** y mediados del **XVIII.** Surgió en el contexto de la **Contrarreforma:** tras el Concilio de Trento, la Iglesia católica buscó una forma de transmitir **grandiosidad** y **espiritualidad** frente a la austeridad del protestantismo. También sirvió de **propaganda** a las **monarquías absolutas,** porque se usó para reflejar su poder.

El **tema religioso** es el que aparece con más frecuencia. El arte barroco buscaba impresionar, por lo que la **decoración** es **abundante.** Perseguía el **dramatismo,** el **realismo** y el **movimiento,** y para conseguirlo utilizó fuertes **contrastes de luz,** que rompían con el equilibrio clásico.

15 La columnata de la plaza de San Pedro del Vaticano es una de las obras más importantes de la arquitectura barroca. Tiene 284 columnas, de 16 metros de altura cada una.

## 5.1 • Arquitectura

La **arquitectura barroca** se **caracteriza** por:

- **Líneas curvas,** para crear una sensación de **dinamismo.**
- **Variedad de formas:** elementos a **diferentes alturas** y plantas muy diversas (elípticas, ovaladas, etc.). Los arcos se entrecruzan o se parten, las columnas se retuercen **(salomónicas),** etc.
- **Juegos de luces,** para crear **claroscuros:** la luz se concentra en determinados puntos y se diluye en otros.

El foco principal de la arquitectura barroca fue **Italia,** especialmente Roma, aunque se extendió por el resto de Europa. Los **arquitectos más importantes** fueron:

- **Bernini.** Realizó la **columnata de la plaza de San Pedro** (Figura 15), en el Vaticano, así como el Baldaquino y la Piazza Navona.
- **Borromini.** Autor de la **iglesia de San Carlos de las Cuatro Fuentes.**
- **Mansart.** Trabajó en el **Palacio de Versalles,** en la remodelación del **Louvre** y en la **iglesia de los Inválidos,** en Francia.
- **Wren.** Es autor de la **catedral de San Pablo** (Londres).
- **Churriguera.** Su estilo se caracteriza por una decoración recargada, como en el **retablo del convento de San Esteban** (Salamanca) (Figura 16).

16 Retablo del convento de San Esteban, en Salamanca, obra de Churriguera.

Los arquitectos también se interesaron por el **urbanismo** de las ciudades y proyectaron grandes plazas (como las **plazas mayores de Madrid** y **Salamanca**), jardines, palacios, etc.

Los jardines barrocos más famosos son los del **Palacio de Versalles,** diseñados por **Louis Le Vau.** Fuentes, estanques, parterres, canales y bosques decoran los alrededores del palacio; ocupan unas 800 hectáreas, que equivalen a unos 1500 campos de fútbol.

### Actividades

22. Define en tu cuaderno las características principales del arte barroco. Indica dos diferencias con respecto al arte renacentista.

23. ¿Qué quiere decir que el arte barroco sirvió de propaganda? ¿A quién? ¿Por qué?

## 5.2 • Escultura y pintura

17
En *El éxtasis de Santa Teresa,* de Bernini, se aprecian muchas de las características del arte barroco: la escena enmarcada con columnas, como si se tratara de un teatro; el movimiento en los rayos divinos que caen del cielo y en la santa que los recibe; la espiritualidad del tema tratado; etc.

La **escultura** y la **pintura barrocas** se **caracterizan** por:

- El **realismo.** Se abandona el idealismo del Renacimiento, y los objetos y las personas se representan tal y como son.
- La **teatralidad.** El artista muestra un escenario en el que sucede una acción.
- El **dramatismo.** Se representan sentimientos y **emociones.**
- El **movimiento.** Las figuras nunca están en reposo, sino en **tensión.** Mediante **líneas curvas** se consigue plasmar el movimiento de los cuerpos, de las ropas, etc. La sensación de movilidad también se consigue mediante los **juegos de luces** y **sombras.**

El **principal escultor** barroco fue **Bernini,** autor de *El éxtasis de Santa Teresa* (Figura 17) o de *Beata Ludovica Albertoni*. En **España,** los escultores trabajaron básicamente **temas religiosos,** por lo que las principales obras son **retablos.**

Los autores principales fueron **Alonso Cano, Gregorio Fernández** o **Martínez Montañés.**

La **pintura** barroca trató temas **religiosos, mitológicos, retratos, bodegones,** escenas de la **vida cotidiana,** etc. Los **principales pintores** del Barroco son:

- **Caravaggio.** Su pintura se caracteriza por el **tenebrismo,** un fuerte juego de contrastes entre la luz y la oscuridad, así como por el **realismo.** Es autor de *David vencedor de Goliat*.
- **Rubens.** Se caracteriza por el **naturalismo** y el **movimiento** de sus escenas. Su obra más famosa es *Las tres Gracias*.
- **Rembrandt.** Pintó paisajes, retratos y **escenas cotidianas,** temas del gusto de la burguesía holandesa. Es autor, entre otros grandes lienzos, de *La ronda de noche* y de *Lección de anatomía*.
- **Velázquez.** Trabajó todo tipo de temas. Su pintura se caracteriza por el **realismo,** el uso del **claroscuro** y la búsqueda de la **profundidad.** Es autor de *Las Meninas, La rendición de Breda, La Venus del espejo,* etc. (Figura 18).

18
*Las Meninas*, obra de Velázquez.

Otros grandes pintores del Barroco fueron **Carraci** (Italia), **Van Dyck** y **Jordaens** (Flandes), **Vermeer** y **Frans Hals** (Holanda), **Murillo, Ribera** y **Zurbarán** (España).

En Francia destacan **Nicolas Poussin** y **Georges de La Tour,** y en Inglaterra encontramos excelentes retratistas como **Sir Joshua Reynolds** y **Thomas Gainsborough**.

### Actividades

24. ¿Cuáles son las características principales de la escultura y la pintura barrocas?

25. Explica en tu cuaderno y con tus propias palabras qué son la teatralidad y el dramatismo propios del arte barroco.

26. Observa en esta misma página la Figura 18 con la imagen del cuadro de Velázquez *Las Meninas*. ¿Qué rasgos de su pintura identificas en el cuadro?

# 6 • Rococó, Neoclasicismo y Romanticismo

En el **siglo XVIII** y las primeras décadas del **XIX** surgieron tres grandes estilos artísticos: el **Rococó,** el **Neoclasicismo** y el **Romanticismo.**

## Rococó

El **Rococó** nació durante la **primera mitad** del **siglo XVIII,** en los salones y palacios **aristocráticos.** Fue, en realidad, una **derivación exagerada del Barroco.** La arquitectura se caracterizó por la **decoración abundante** en techos y paredes, con molduras, grandes espejos dorados, enormes cortinas, etc.

Los **pintores** trataron temas aristocráticos, como bailes o galanteos amorosos. Destacan **Fragonard** y **Watteau** (Figura 19).

19 *El columpio,* obra de Jean-Honoré Fragonard. Por su temática (el galanteo amoroso), su refinamiento y su sensualidad, este cuadro está considerado un símbolo del Rococó.

## Neoclasicismo

El **Neoclasicismo** nació a **finales del siglo XVIII,** como respuesta a los excesos decorativos del Rococó. El descubrimiento de las ruinas romanas de **Pompeya** y **Herculano** despertó el interés de los artistas por el arte **clásico** griego y romano, así como el gusto por las **formas sencillas,** la **proporción** y la **armonía.**

En **arquitectura**, destaca la **iglesia de la Magdalena** (París) (Figura 20). Los **escultores** rescataron el **idealismo** y la **serenidad** de los modelos clásicos. El **pintor** más importante fue **Jacques-Louis David,** cuya obra se caracterizó por representar **sentimiento** y **austeridad.**

## Romanticismo

El **Romanticismo** se desarrolló durante las últimas décadas del **siglo XVIII** y las primeras del **XIX**. Fue un movimiento no solo artístico, sino también ideológico. Se caracterizó por el sentimiento de **rebeldía** hacia la sociedad del momento (industrializada y racionalista), la **vuelta a la naturaleza,** que se consideraba el modelo de belleza, y la **defensa de la libertad** y la **creatividad del individuo,** huyendo de las normas que imponen los estilos artísticos. Lo **medieval,** lo **exótico** y las **leyendas** se pusieron de moda, porque eran temas alejados de la vida cotidiana.

La mejor expresión artística del Romanticismo se dio en el campo de la **pintura.** Destacan **Delacroix, Géricault, Friedrich** o **Turner**, cuyas obras reflejan **pasiones extremas,** misterio y poesía. La escultura romántica continúa en la línea del Neoclasicismo pero incorpora más movimiento y expresividad en los rostros de las figuras.

20 Iglesia de la Magdalena (París).

## Actividades

27. Indica en tu cuaderno dos diferencias entre el Rococó y el Neoclasicismo.
28. Observa la Figura 20. ¿A qué estilo artístico dirías que pertenece? ¿Por qué? ¿Qué elementos de la Antigüedad clásica identificas en ella?
29. Define en tu cuaderno las principales características del Romanticismo.

## Interpretación de una pintura

Desde tiempos prehistóricos, los seres humanos han creado **obras pictóricas.** Los bisontes de las cuevas de Altamira, las pinturas murales romanas, las decoraciones de las iglesias románicas, los paisajes impresionistas, etc.

Vamos a aprender ahora a interpretar cualquiera de estas obras de arte, y para ello utilizaremos como ejemplo el cuadro de la Figura 21, pintado en el año 1637.

21 *El nacimiento de la vía láctea,* obra de Rubens.

**Tema.** Puede ser un paisaje, un retrato, una escena mitológica o histórica, un bodegón. En nuestro ejemplo, el artista ha elegido un tema mitológico.

**Color.** Se emplean tonos cálidos (los que van del rojo al amarillo) o colores fríos (la gama cromática que abarca del verde al azul). En el cuadro del ejemplo se emplean colores cálidos en las figuras y fríos en el fondo, para llamar nuestra atención sobre la diosa.

**Luz.** Es un elemento fundamental en la pintura. Hay que buscar de dónde procede (de la derecha o la izquierda de la composición) y ver el juego que crea con las sombras para provocar efectos lumínicos. En nuestro ejemplo, la luz procede de la izquierda e impacta en la diosa Juno y el pequeño Hércules, protagonistas de la obra.

**Profundidad.** Nos permite crear efecto de perspectiva en un cuadro, la sensación de "tercera dimensión". Para ello, el artista suele colocar los elementos en diferentes planos con el fin de crear la ilusión óptica de la perspectiva. Es lo que ha hecho Rubens con los personajes del cuadro del ejemplo.

**Composición.** Es la manera de colocar los diferentes elementos en un cuadro. Puede ser geométrica (en forma de rectángulo, cuadrado o círculo), utilizando diagonales para situar a los personajes o los efectos de movimiento para crear sensación de dinamismo. En nuestro ejemplo, el pintor emplea diagonales y líneas verticales para organizar la composición.

**Pintura.** La pincelada puede ser rápida y pastosa, o muy detallista, sin que apenas se aprecie, como en los retratos de los pintores flamencos. En el cuadro de nuestro ejemplo, la pincelada se ha aplicado concienzudamente para no descuidar los detalles de las telas ni las anatomías de los personajes.

### Actividades

1. Copia y completa en tu cuaderno la siguiente ficha sobre la obra de la Figura 22. Busca en Internet la información que necesites.

| | |
|---|---|
| **Tema** | • • • • |
| **Color** | • • • • |
| **Luz** | • • • • |
| **Profundidad** | • • • • |
| **Composición** | • • • • |
| **Pintura** | • • • • |

22 *Judit y Holofernes,* obra de Caravaggio.

## Razona y explica

1. ¿Por qué la escultura y la pintura no fueron artes especialmente destacadas en el mundo musulmán?
2. ¿Cómo era la decoración en los edificios islámicos?
3. Sintetiza en tu cuaderno las diferencias que existen entre la pintura románica y la gótica.
4. ¿Por qué la escultura y la pintura románicas dependían de la arquitectura?
5. ¿Qué novedades aportó la arquitectura gótica con respecto a la del románico?
6. Explica en tu cuaderno el significado de los siguientes conceptos: girola, mihrab, cimborrio, transepto y minarete.
7. ¿Cuáles son los elementos principales que definen la arquitectura renacentista?
8. ¿Qué relación tiene el Barroco con la Contrarreforma?
9. ¿Qué quiere decir que el Romanticismo defendió la rebeldía frente a la sociedad del momento? Razona en tu cuaderno la respuesta.

## ¿Verdadero o falso?

10. Copia estas frases en tu cuaderno e indica si son verdaderas o falsas:

    a) La arquitectura fue el arte más destacado en el mundo musulmán, y sobresalieron las mezquitas y los palacios.
    b) Las esculturas románicas estaban situadas en los muros de los templos y junto al altar mayor.
    c) El Gótico se caracterizó por la construcción de grandes catedrales.
    d) El Renacimiento surgió en el contexto de la Contrarreforma.
    e) El Romanticismo fue, en realidad, una derivación exagerada del Barroco.

## Trabaja un mapa conceptual

11. Elabora en tu cuaderno un mapa conceptual que explique el arte románico. Ten en cuenta los siguientes aspectos:

    - Contexto histórico.
    - Características generales.
    - Arquitectura.
    - Escultura.
    - Pintura.

12. Elabora en tu cuaderno un mapa conceptual que explique el arte barroco. Ten en cuenta los siguientes aspectos:

    - Contexto histórico.
    - Características generales.
    - Arquitectura.
    - Escultura.
    - Pintura.

## Busca información en Internet

13. Busca información en Internet sobre la catedral de Santiago de Compostela y realiza una ficha en tu cuaderno en la que respondas a las siguientes cuestiones:

    a) ¿Cuándo se construyó?
    b) ¿A qué diferentes estilos artísticos pertenece?
    c) ¿Cuáles son sus principales características artísticas?
    d) ¿Por qué es uno de los principales destinos de peregrinación mundial?

## Completa las frases

14. Copia en tu cuaderno estas frases y rellena los huecos:

    a) El Románico es el arte que se desarrolló en Europa occidental en plena ____, entre los siglos ____ y ____. Fue un arte principalmente ____.
    b) El arte gótico se desarrolló entre mediados del siglo ____ y el siglo ____. Se inició en ____.
    c) El arte renacentista surgió en ____ y se desarrolló durante los siglos ____ y ____. Fue un nuevo estilo que se inspiró en el arte de la Antigüedad ____ y ____.
    d) En el arte barroco el tema ____ es el que aparece con más frecuencia. El arte barroco busca ____, por lo que la decoración es ____.
    e) El Neoclasicismo nació a finales del siglo ____ como respuesta a los excesos decorativos del ____. Los escultores neoclásicos rescataron el ____ y la serenidad de los modelos ____.

## Trabaja con la ilustración

15. Fíjate en la Figura 23 y responde en tu cuaderno a las preguntas:

23 *La ronda de noche*, obra de Rembrandt.

    a) Descríbela. ¿Qué elementos ves en ella?
    b) ¿A qué época crees que pertenecen los personajes? ¿Y a qué clase social?
    c) ¿A qué estilo artístico dirías que corresponde esta obra?
    d) Busca información en Internet sobre la obra y los personajes que aparecen en ella, y elabora una breve redacción con la información que encuentres.

# 8 IDEAS CLAVE Y AUTOEVALUACIÓN

### Arte islámico

- Tomó numerosos elementos de las regiones por las que se fue extendiendo el islam. Combinó todos ellos y configuró un **arte unitario** y **a la vez diverso.** La **arquitectura** fue el arte más destacado. **Edificios:** mezquitas, palacios, alcazabas, zocos y baños públicos. **Materiales:** sencillos, cubiertos por una decoración muy rica en el interior.

### Románico

- Se desarrolló en Europa occidental en plena **Edad Media (siglos XI-XIII). Arte religioso,** que pretendía acercar la doctrina eclesiástica a los fieles. **Arquitectura:** gruesos muros de piedra, ventanas pequeñas y escasas, plantas de cruz latina y naves que se cubrían con bóvedas de cañón. **Escultura** y **pintura:** dependían de la arquitectura y su función era didáctica (enseñaban a los fieles la doctrina de la Biblia). **Simbólicas:** los artistas buscaban reflejar la espiritualidad.

### Gótico

- Se desarrolló entre mediados del **siglo XII** y el **siglo XV.** Surgió impulsado por la Iglesia y la burguesía. **Arquitectura:** esencialmente religiosa (catedrales). Edificios más elevados y menos pesados. Empleo del arco apuntado y la bóveda de crucería. **Escultura:** figuras más proporcionadas y esbeltas, más realistas y menos rígidas; muestran expresiones y sentimientos. **Pintura:** pierde importancia la pintura mural. Se realizaron retablos para decorar los altares. Aumentó el realismo de las figuras.

### Rococó, Neoclasicismo y Romanticismo

- **Rococó:** surge durante la primera mitad del **siglo XVIII.** Es una derivación del Barroco: decoración muy abundante. **Pintores:** Fragonard, Watteau.
- **Neoclasicismo:** surge a finales del **siglo XVIII.** Gusto por el arte clásico. Proporción, formas sencillas, armonía. **Pintores:** Jacques-Louis David.
- **Romanticismo:** se desarrolla a finales del **siglo XVIII** y comienzos del **XIX.** Gusto por lo medieval y lo exótico. **Pintores:** Delacroix, Géricault, Friedrich, Turner.

### Renacimiento

- Surgió en **Italia,** inspirado en la **Antigüedad clásica,** y se desarrolló durante los **siglos XV y XVI.** Búsqueda de la belleza, la armonía y la proporción. **Periodos: Quattrocento** (siglo XV; capital: Florencia; mecenas: familia Médici); **Cinquecento** (siglo XVI; capital: Roma; mecenas: papas).
- **Arquitectura:** empleo de elementos clásicos: arco de medio punto, bóveda de cañón, columnas, cúpulas y frontón. **Arquitectos:** Brunelleschi y Alberti (Quattrocento); Miguel Ángel, Bramante y Palladio (Cinquecento). **Escultura:** interés por representar el cuerpo humano. Formas proporcionadas y armónicas. Belleza idealizada: figuras desnudas o paisajes irreales. **Escultores:** Ghiberti, Donatello y Miguel Ángel. **Pintura:** interés por representar la profundidad y dominar la perspectiva. **Pintores:** Masaccio, Fra Angélico, Botticelli, Leonardo da Vinci, Miguel Ángel, Rafael, Tintoretto y Tiziano.
- **Renacimiento fuera de Italia. Flandes:** Van Eyck, El Bosco, Brueghel. **Alemania:** Alberto Durero. **España:** edificios como el Palacio de Carlos V (Granada) o el Monasterio de San Lorenzo de El Escorial; en escultura destacan Alonso de Berruguete y Juan de Juni, y en pintura El Greco. **Francia:** edificación de palacios y castillos.

### Barroco

- Se desarrolló desde comienzos del **siglo XVII** hasta mediados del **siglo XVIII.** Surgió en el contexto de la **Contrarreforma.** Es un arte que busca impresionar, por lo que la decoración es abundante.
- **Arquitectura:** líneas curvas para crear sensación de dinamismo, juegos de luces para conseguir claroscuros. **Arquitectos:** Bernini, Borromini, Mansart, Wren y Churriguera. Importancia del urbanismo: plazas, jardines del Palacio de Versalles. **Escultura:** realismo, teatralidad, dramatismo y movimiento. **Escultores:** Bernini, Alonso Cano, Gregorio Fernández o Martínez Montañés. **Pintura:** temática variada. **Pintores:** Caravaggio, Rubens, Rembrandt, Velázquez, Vermeer, Poussin, Gainsborough.

---

**Anota en tu cuaderno la opción correcta:**

1. ¿Cómo se llama la sala de oraciones de las mezquitas?

a) Minarete. b) Mihrab. c) Shan. d) Haram.

2. ¿Cómo se llama la torre de las iglesias románicas?

a) Cimborrio. b) Transepto. c) Girola. d) Deambulatorio.

3. ¿Qué finalidad tenían las esculturas góticas?

a) Decorativa. b) Ornamental. c) Didáctica. d) Estética.

4. De los siguientes autores, un importante escultor gótico es:

a) Ferrer Bassa. b) Gil de Siloé. c) Diego Gelmírez. d) Maestro Martín.

5. ¿A qué proporciones se adaptaron los edificios renacentistas?

a) Divinas. b) Humanas. c) Militares. d) Geométricas.

6. ¿Dónde buscó la inspiración la escultura renacentista?

a) Egipto antiguo. b) Antigüedad clásica. c) Edad Media. d) Prehistoria.

7. ¿Cuál de estas características es propia de la arquitectura barroca?

a) Líneas rectas. b) Austeridad decorativa. c) Dinamismo. d) Formas simples.

8. ¿Qué estilo era una derivación exagerada del Barroco?

a) Rococó. b) Neoclasicismo. c) Renacimiento. d) Romanticismo.

# Proyectos finales

## Elaboración de una presentación sobre una ciudad

## Creación de un folleto sobre un emplazamiento histórico

## Elaboración de una visita taller a un museo

# Anexo

## PROYECTO FINAL 1

# Elaboración de una presentación sobre una ciudad

Imaginad que ya habéis terminado vuestros estudios y os ha contratado la consultora PRISMA, SA, que realiza estudios de mercado para empresas que necesitan información sobre determinadas ciudades y sus habitantes, con el fin de analizar la posibilidad de poder vender allí sus productos.

**Para trabajar en equipo formad grupos de tres alumnos.**

Cada grupo debe elegir una ciudad de la comunidad autónoma en la que vive y elaborar una presentación para la empresa cliente, describiendo las principales características de la ciudad elegida y de sus ciudadanos.

## Investigación

Como ayuda para realizar el estudio previo de la ciudad elegida, podéis consultar en Internet las siguientes páginas web:

- Agencia estatal de meteorología: www.aemet.es/es/portada. Encontraréis información sobre el clima.
- Instituto geográfico nacional: www.ign.es/web/ign/portal. Podéis encontrar mapas geográficos y planos de la ciudad.
- Instituto Nacional de Estadística: www.ine.es/welcome.shtml. Localizaréis información sobre población.
- Ministerio de Medio Ambiente: www.mapama.gob.es/es/. Podéis descubrir información sobre el medio ambiente.
- Ministerio de Fomento: www.fomento.gob.es. Encontraréis información sobre urbanismo.

## Análisis de una ciudad

Para conocer las características de la ciudad elegida y las necesidades, gustos y costumbres de sus habitantes, **cada miembro del grupo analizará un aspecto de la ciudad:**

- Un alumno estudiará el clima y el paisaje natural. Por lo tanto, tendrá que identificar el tipo de clima, el relieve, los ríos y el mar u océano de la ciudad.
- Otro alumno analizará la población. Para ello, deberá calcular las tasas de natalidad y mortalidad, el crecimiento vegetativo, la esperanza de vida, la densidad demográfica y si la ciudad tiene un saldo migratorio positivo o negativo.
- Por último, el tercer alumno estudiará qué tipo de ciudad es, por lo que tendrá que identificar cuáles son sus funciones y si está afectada por problemas de las ciudades actuales como la marginalidad, la pobreza o la contaminación.

## Puesta en común

A continuación, cada alumno expondrá sus conclusiones al resto de integrantes del grupo, y juntos elaboraréis una presentación en PowerPoint, en la que podéis incluir imágenes, para exponerla al resto de la clase, como si vuestros compañeros fuesen la empresa que os ha contratado.

## Reflexión, crítica y revisión

**Es importante que todos reflexionéis sobre lo que habéis aprendido del análisis llevado a cabo.**

Cada miembro del grupo tendrá que comparar sus conclusiones con el miembro de otro grupo que haya analizado el mismo aspecto en otra ciudad. De esta manera os daréis cuenta de las distintas características que tienen las ciudades y, por tanto, de las diferencias que existen entre sus ciudadanos.

Deberéis reflexionar sobre cómo el medio que rodea a las personas condiciona su estilo de vida.

## Producto final

### Presentación de PRISMA, SA sobre la ciudad de Alicante

PRISMA, SA

**Alicante** es una ciudad de la Comunidad Valenciana, situada en la costa, con un clima templado de tipo mediterráneo, y un paisaje natural de bosque mediterráneo.

Tiene una población de 330 525 habitantes. Es el segundo municipio más poblado de la comunidad y el undécimo del país. Forma una conurbación de 452 462 habitantes con muchas localidades de la comarca.

Se trata de una ciudad eminentemente turística, de servicios. Es uno de los principales destinos turísticos de España.

## Evaluación

**En este proyecto contarás con la evaluación de tu profesor, de tus compañeros y la tuya propia. Para cada una, puedes utilizar una tabla como la siguiente, recoger los datos y sacar tus propias conclusiones.**

| | Escaso (0-4,9) | Medio (5-6,5) | Bueno (6,6-7,9) | Excelente (8-10) |
|---|---|---|---|---|
| Actitud | • • • • | • • • • | • • • • | • • • • |
| Precisión del contenido | • • • • | • • • • | • • • • | • • • • |
| Redacción y presentación | • • • • | • • • • | • • • • | • • • • |
| Originalidad | • • • • | • • • • | • • • • | • • • • |
| Trabajo en equipo | • • • • | • • • • | • • • • | • • • • |
| Producto final | • • • • | • • • • | • • • • | • • • • |

**PROYECTO FINAL 2**

# Creación de un folleto sobre un emplazamiento histórico

Imaginad que ya habéis terminado vuestros estudios y os han contratado como informadores en el centro de interpretación de un emplazamiento histórico (un yacimiento arqueológico, un monumento, una localidad...), que recibe anualmente gran cantidad de visitantes.

**Para trabajar en equipo formad grupos de tres personas.**

Cada grupo debe elegir un emplazamiento de los citados en el apartado *Investigación* y elaborar un folleto turístico sobre dicho lugar histórico, para informar a los turistas que acudan a visitarlo.

## Investigación

Como ayuda para realizar el folleto turístico podéis consultar las siguientes páginas web:

- Yacimiento arqueológico de Numancia: www.numanciasoria.es/
- La cueva de Altamira: www.mecd.gob.es/mnaltamira/cueva-altamira/descubrimiento.html
- Yacimiento arqueológico de Ampurias: www.mac.cat/esl/Sedes/Empuries/Yacimiento-y-Museo-monografico/Recinto-arqueologico
- Mezquita catedral de Córdoba: www.mezquitadecordoba.org/
- Catedral de Santiago de Compostela: http://catedraldesantiago.es/
- Monasterio de San Millán de la Cogolla: www.monasteriodesanmillan.com/

## Análisis de un monumento

Para elaborar el folleto turístico **cada miembro del grupo se encargará de una parte de la tarea:**

- Un alumno localizará en Internet o en la biblioteca del centro un mapa del emplazamiento histórico que haya elegido y realizará un análisis explicativo del mismo, indicando su localización.
- Otro realizará un eje cronológico que englobe los principales sucesos históricos que acontecieron en el momento en que surgió el emplazamiento histórico, y a partir de él redactará un breve texto sobre su historia.
- Finalmente, el tercer alumno localizará en Internet o en la biblioteca del centro un breve texto explicativo sobre la época en la que surgió el emplazamiento histórico para incorporarlo al folleto.

## Puesta en común

A continuación, cada alumno expondrá sus conclusiones al resto de integrantes del grupo, y juntos elaboraréis un texto en Word de dos páginas que incluya imágenes y que expondréis al resto de clase, como si vuestros compañeros fuesen los visitantes del centro de interpretación.

## Reflexión, crítica y revisión

**Es importante que todos reflexionéis sobre el análisis que habéis llevado a cabo.**

Después de que cada grupo haya realizado la exposición de su folleto sobre uno de los emplazamientos propuestos, tendréis que reflexionar, juntos todos los grupos, sobre las diferencias existentes entre las culturas que han construido cada emplazamiento. Podréis comprobar cómo cada cultura que ha estado en nuestro país ha tenido sus propias costumbres y formas de concebir la vida, y lo diferentes que han sido entre ellas.

## Producto final

### Folleto turístico del yacimiento arqueológico de Numancia

## Evaluación

**En este proyecto contarás con la evaluación de tu profesor, de tus compañeros y la tuya propia. Para cada una, puedes utilizar una tabla como la siguiente, recoger los datos y sacar tus propias conclusiones.**

| | Escaso (0-4,9) | Medio (5-6,5) | Bueno (6,6-7,9) | Excelente (8-10) |
|---|---|---|---|---|
| Actitud | • • • • | • • • • | • • • • | • • • • |
| Precisión del contenido | • • • • | • • • • | • • • • | • • • • |
| Redacción y presentación | • • • • | • • • • | • • • • | • • • • |
| Originalidad | • • • • | • • • • | • • • • | • • • • |
| Trabajo en equipo | • • • • | • • • • | • • • • | • • • • |
| Producto final | • • • • | • • • • | • • • • | • • • • |

PROYECTO FINAL 3

# Elaboración de una visita taller a un museo

Imaginad que ya habéis terminado vuestros estudios y una empresa de gestión cultural, que trabaja para el Museo Nacional del Prado, os ha contratado para llevar a cabo una visita taller al museo para alumnos de Primaria.

**Para trabajar en equipo formad grupos de tres personas.**

La visita taller consistirá en acercar a los alumnos a la figura de un monarca español de la Edad Moderna y a algunos aspectos de su reinado, a partir de uno de sus retratos expuestos en el museo.

Cada grupo debe elegir un retrato de los citados en el apartado *Investigación*, comentar la obra y encuadrar al personaje en un pequeño árbol genealógico y dentro de los principales acontecimientos históricos que vivió. Posteriormente elaboraréis una ficha para acompañar las visitas escolares.

## Investigación

Como ayuda para realizar la visita taller podéis consultar las siguientes páginas web:

@

- Isabel la Católica: en la página web: www.museodelprado.es/ deberéis escribir en el buscador: *Isabel la católica, anónimo.*
- Reinado de los Reyes Católicos: en el apartado A, la carta, de la página web: www.rtve.es/ deberéis escribir en el buscador: *Memoria de España*, y allí escribir: *La monarquía de los reyes católicos.*
- Carlos V: en la página web: www.museodelprado.es/ deberéis escribir en el buscador: *Carlos V en la batalla de Mühlberg, Tiziano, Vecellio di Gregorio.*
- Reinado de Carlos V: en el apartado A, la carta, de la página web: www.rtve.es/ deberéis escribir en el buscador: *Memoria de España*, y allí escribir: *Carlos V, un monarca, un imperio y una espada.*
- Felipe II: en la página web: www.museodelprado.es/ deberéis escribir en el buscador: *Felipe II, Tiziano, Vecellio di Gregorio.*
- Reinado de Felipe II: en el apartado A, la carta, de la página web: www.rtve.es/ deberéis escribir en el buscador: *Memoria de España*, y allí escribir: *La España de Felipe II: un imperio sin emperador.*

## Análisis de una pintura en el museo

Para realizar la visita taller, cada miembro del grupo se encargará de una parte de la tarea:

- El primer alumno deberá interpretar el retrato del monarca, explicando quién es la persona representada y cuáles son las características artísticas del periodo en el que se realizó el retrato.
- El segundo alumno buscará en Internet información sobre el rey y su reinado.
  Deberá apuntar los principales acontecimientos históricos que tuvieron lugar durante ese reinado.
- El tercer alumno realizará un pequeño árbol genealógico del rey representado en la pintura.
  Deberá citar a sus abuelos, padres, hijos y nietos.

## Puesta en común

A continuación pondréis en común la información obtenida y elaboraréis una ficha en Word de dos páginas, en la que podréis incluir imágenes, que sirva para acompañar las visitas escolares y que incluya propuestas para experimentar e incorporar lo aprendido durante el itinerario por el museo.

## Reflexión, crítica y revisión

**Es importante que todos reflexionéis sobre el análisis que habéis llevado a cabo.**

Después de que cada grupo haya elaborado su ficha para el taller, tendréis que comparar la figura del rey estudiado con la de Felipe VI. Intentad encontrar al menos tres diferencias entre la forma de reinar del antiguo monarca y la del actual.

## Producto final

### Ficha sobre el retrato de Isabel la Católica

#### Explorar un retrato

En la visita al Museo Nacional del Prado podéis comprobar cómo un retrato representa a una persona con nombre y apellido. En este caso el retrato pertenece a la reina de Castilla Isabel la Católica. Es de finales del siglo XV, momento en el que los retratos presentan un mayor realismo, y se caracteriza por los tonos cálidos.

Isabel I era nieta de Enrique III de Castilla y Catalina de Lancaster, de Juan de Portugal e Isabel de Barcelos; hija del rey Juan II de Castilla e Isabel de Portugal. Casó con Fernando II de Aragón y tuvo cuatro hijas (Isabel, Juana, María y Catalina) y un hijo (Juan).

Junto a su marido, Fernando II, creó el primer Estado moderno en España. Pusieron las bases para un futuro único reino en la península ibérica a través de numerosas reformas en el gobierno, expandieron sus dominios con los territorios de Granada, Nápoles e islas Canarias, e impulsaron el descubrimiento de América de Cristóbal Colón.

## Evaluación

**En este proyecto contarás con la evaluación de tu profesor, de tus compañeros y la tuya propia. Para cada una, puedes utilizar una tabla como la siguiente, recoger los datos y sacar tus propias conclusiones.**

| | Escaso (0-4,9) | Medio (5-6,5) | Bueno (6,6-7,9) | Excelente (8-10) |
|---|---|---|---|---|
| Actitud | • • • • | • • • • | • • • • | • • • • |
| Precisión del contenido | • • • • | • • • • | • • • • | • • • • |
| Redacción y presentación | • • • • | • • • • | • • • • | • • • • |
| Originalidad | • • • • | • • • • | • • • • | • • • • |
| Trabajo en equipo | • • • • | • • • • | • • • • | • • • • |
| Producto final | • • • • | • • • • | • • • • | • • • • |

# Mapamundi físico

Océano Glacial Ártico
Tierra del Norte
Isla de Nueva Zemba
Islas de Nueva Siberia
Mar de Siberia oriental
Mar de Barents
Península de Tamir
SIBERIA
MESETA DE SIBERIA CENTRAL
LLANURA DE SIBERIA OCCIDENTAL
Estrecho de Bering
Península de Alaska
R. Yukón
Montes Verjoyansk
Montes de Cherski
Montes Kolima
R. Lena
R. Yenisei
R. Obi
R. Pechora
ESCANDINAVOS
Península de Kola
MESETA DE FINLANDIA
Lago Oniega
Lago Ladoga
LLANURA DE LA EUROPA ORIENTAL
MONTES URALES
Mar Báltico
R. Volga
URA EUROPEA
Mar de Ojotsk
Península de Kamchatka
Mar de Bering
Isla Aleutianas
Montes Stanovoi
Montes Yáblonoi
CÁRPATOS
R. Dniéper
R. Don
R. Danubio
BALCANES
MESETA DE KAZAJISTÁN
Mar Aral
R. Syr-Daria
Lago Baljash
Montes Altai
Montes Gran Shigan
R. Amur
Isla Sajalin
Isla Hokkaido
Elbrús 5366 m
Mar Negro
Mar Caspio
CÁUCASO
Península de Anatolia
Península Balcánica
R. Amu-Daria
MESETA DE MONGOLIA
Desierto de Gobi
Montes Kuen Lun
R. Hoang Ho (amarillo)
Península de Corea
Mar del Japón
Archipiélago Japonés
Fujiyama 3776m
Isla Kyushu
Mediterráneo
MESOPOTAMIA
R. Tigris
R. Éufrates
Montes Zagros
MESETA DE IRÁN
Montes Hindú Kusk
K2 8611 m
MESETA DEL TÍBET
GRAN LLANURA CHINA
Mar de la China Oriental
R. Yan Tse (azul)
Península Cirenaica
Península del Sinaí
Desierto de Libia
R. Nilo
Desierto de Arabia
Golfo Pérsico
Golfo de Omán
R. Indo
Everest 8848m
R. Ganges
R. Irawadi
R. Mekong
R. Si-Kiang
Isla Taiwán
Océano Pacífico
Macizo de Tibesti
DEL CHAD
Desierto de Nubia
Mar rojo
Península Arábiga
Mar Arábigo
Península del Indostán
Golfo de Bengala
Península de Indochina
Isla Luzón
Islas Filipinas
Islas Marianas
MESETA DE DARFUR
MACIZO ETÍOPE
Golfo de Adén
Cabo Guardafuí
Península de Somalia
Estrecho de Malaca
Mar de la China Meridional
Islas Carolinas
MESETA DE UBANGUI
Cabo Comorín
Sry Lanka
Isla Mindanao
MICRONESIA
Kenia 5199 m
R. Ubangui
CUENCA DEL CONGO
R. Congo
Lago Victoria
GRAN VALLE DEL RIFT
Isla de Sumatra
Isla de Borneo
Isla de Nueva Guinea
Islas Marshall
Islas Hawái
Kilimanjaro 5895 m
Lago Tanganica
Mandala 4700 m
Islas Salomón
Isla de Java
Isla Timor
MESETA DE KATANGA
MESETA DE ANGOLA
Lago Malawi
Cabo de Ámbar
Golfo de Carpentaria
Mar del Coral
MELANESIA
R. Zambebe
Canal de Mozambique
MADAGASCAR
Isla Mauricio
Océano Índico
Desierto de Tanami
GRAN CORDILLERA DIVISORIA
Islas Vanuatu
Desierto de Kalahari
R. Limpopo
Isla de Santa María
Cabo Noroeste
R. Orange
Montes Drakensberg
Cabo de Santa María
MESETA OCCIDENTAL
Lago Eyre
Gran Desierto Victoria
R. Darling
POLINESIA
Cabo de Leeuwin
Gran Bahía Australiana
ALPES AUSTRALIANOS
Mar de Tasmania
Isla Norte
Isla Sur
Islas de Nueva Zelanda
Estrecho de Bass
Isla de Tasmania
MESETA POLAR DEL SUR

# Mapamundi político

Océano Glacial Ártico
Mar de Barents
Mar de Siberia oriental
Mar de Ojotsk
Mar de Bering
ALASKA (EE. UU.)
RUSIA
Moscú
FINLANDIA
Helsinki
Tallin
ESTONIA
Riga
LETONIA
LITUANIA
Vilna
Minsk
BIELORRUSIA
POLONIA
Varsovia
Kiev
UCRANIA
MOLDAVIA
Chisinau
RUMANÍA
Bucarest
Budapest
HUNGRÍA
ESLOVAQUIA
Bratislava
SERBIA
Belgrado
BULGARIA
Sofía
Skopie
Tirana
GRECIA
Atenas
MACEDONIA
ALBANIA
KAZAJISTÁN
Astaná
GEORGIA
Tiflis
AZERBAYÁN
ARMENIA
Ereván
Bakú
Ankara
TURQUÍA
UZBEKISTÁN
Taskent
Biskek
KIRGUISTÁN
TURKMENISTÁN
Asjabad
TAYIKISTÁN
Dusambé
SIRIA
Damasco
LÍBANO
Beirut
Jerusalén
Ammán
IRAK
Bagdad
Teherán
IRÁN
AFGANISTÁN
Kabul
Islamabad
PAKISTÁN
Kuwait
KUWAIT
JORDANIA
ISRAEL
El Cairo
EGIPTO
Riad
ARABIA SAUDITA
Abu Dabi
Mascate
OMÁN
EMIRATOS ÁRABES UNIDOS
YEMEN
Sana'a
ERITREA
Asmara
DJIBOUTI
Yibuti
SUDÁN
Jartum
SUDÁN DEL SUR
Yuba
Adís Abeba
ETIOPÍA
SOMALIA
Mogadiscio
CHAD
Yamena
REPÚBLICA CENTROAFRICANA
Bangui
REPÚBLICA DEMOCRÁTICA DEL CONGO
UGANDA
Kampala
KENIA
Nairobi
RUANDA
Kigali
BURUNDI
Buyumbura
TANZANIA
Dar es Salaam
SEYCHELLES
Victoria
Moroni
COMORAS
MALAUI
Lilongüe
ZAMBIA
Lusaka
ZIMBABUE
Harare
MOZAMBIQUE
MADAGASCAR
Antananarivo
Port Louis
MAURICIO
BOTSUANA
Gaborone
Pretoria
Maputo
Mbabane
SUAZILANDIA
Maseru
LESOTO
SUDÁFRICA
MONGOLIA
Ulán Bator
CHINA
Pekín
COREA DEL NORTE
Pionyang
Seúl
COREA DEL SUR
JAPÓN
Tokio
NEPAL
Katmandú
BUTÁN
Timbu
BANGLADÉS
Dacca
Nueva Delhi
INDIA
Bombay
SRI LANKA
Colombo
MYANMAR
Naypyidaw
Vientián
LAOS
Hanoi
TAILANDIA
Bangkok
CAMBOYA
Phnom Penh
VIETNAM
Taipei
TAIWÁN
Manila
FILIPINAS
Océano Pacífico
MICRONESIA
PALAOS
Melekeok
ISLAS MARSHALL
Majuro
BRUNÉI
Bandar Seri Begawan
MALASIA
Kuala Lumpur
SINGAPUR
Singapur
INDONESIA
Yakarta
Dili
TIMOR ORIENTAL
PAPÚA NUEVA GUINEA
Port Moresby
NAURU
Yaren
KIRIBATI
Tarawa Sur
TUVALU
Vaiaku
ISLAS SALOMÓN
Honiara
MELANESIA
VANUATU
Port Vila
FIYI
Suva
TONGA
Nuku'alofa
POLINESIA
AUSTRALIA
Canberra
AUSTRALASIA
Wellington
NUEVA ZELANDA
Océano Índico

# Mapa de España físico

# Mapa de España político

# RESPUESTAS AUTOEVALUACIÓN

## 1

1 – c
2 – b
3 – c
4 – a
5 – b
6 – a
7 – d
8 – b
9 – a
10 – c

## 4

1 – b
2 – b
3 – b
4 – a
5 – b
6 – c
7 – d
8 – c

## 7

1 – a
2 – c
3 – b
4 – c
5 – d
6 – b
7 – b
8 – d

## 2

1 – c
2 – a
3 – d
4 – c
5 – a
6 – a
7 – a
8 – b

## 5

1 – c
2 – b
3 – a
4 – c
5 – b
6 – a
7 – c
8 – d

## 8

1 – b
2 – b
3 – b
4 – a
5 – c
6 – c
7 – c
8 – d

## 3

1 – c
2 – b
3 – c
4 – c
5 – b
6 – c
7 – a
8 – d

## 6

1 – c
2 – a
3 – a
4 – b
5 – c
6 – b
7 – d
8 – b

## 9

1 – a
2 – b
3 – d
4 – b
5 – b
6 – b
7 – c
8 – a